高等职业教育"十二五"规划精品教材

高等职业院校财经类专业系列教材

新编 会计基础

XINBIAN
KUAIJI JICHU

主　编　李洛嘉

副主编　陈苑红

主　审　刘　罡

参　编　谭明智

　　　　林方毅

　　　　王朝东

　　　　李建军

　　　　游秋琳

　　　　孙　静

　　　　吴晔波

　　　　陈　飞

　　　　苏　强

　　　　宫文勇

　　　　姜国平

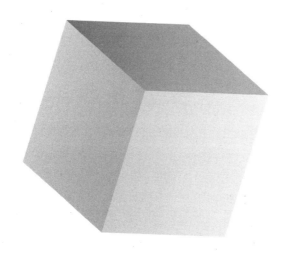

西南财经大学出版社

经济科学出版社

图书在版编目(CIP)数据

新编会计基础 /李洛嘉主编 . —成都:西南财经大学出版社,
2013.12

ISBN 978 – 7 –5504 –1198 –2

Ⅰ.①新… Ⅱ.①李… Ⅲ.①会计学 Ⅳ.①F230

中国版本图书馆 CIP 数据核字(2013)第 215892 号

新编会计基础

主 编:李洛嘉

副主编:陈苑红

责任编辑:汪涌波

助理编辑:高小田

封面设计:墨创文化

责任印制:封俊川

出版发行	西南财经大学出版社(四川省成都市光华村街55号)
网 址	http://www.bookcj.com
电子邮件	bookcj@foxmail.com
邮政编码	610074
电 话	028 –87353785 87352368
照 排	四川胜翔数码印务设计有限公司
印 刷	四川森林印务有限责任公司
成品尺寸	185mm×260mm
印 张	15
字 数	360 千字
版 次	2013 年 12 月第 1 版
印 次	2013 年 12 月第 1 次印刷
印 数	1— 3000 册
书 号	ISBN 978 –7 –5504 –1198 –2
定 价	29.80 元

高等职业教育"十二五"规划精品教材
高等职业院校财经类专业系列教材图书目录

书名	作者	定价	书号
新编会计基础	李洛嘉	29.80 元	978 - 7 - 5504 - 1198 - 2
新编会计基础同步训练	李洛嘉	32.00 元	978 - 7 - 5504 - 1239 - 2
新编会计基础项目实训	游秋琳	20.00 元	978 - 7 - 5504 - 1257 - 6
新编会计综合实训	蒋 虹	29.00 元	978 - 7 - 5504 - 1181 - 4
新编统计基础	祝 刚	28.00 元	978 - 7 - 5504 - 1217 - 0
新编统计基础同步训练	祝 刚	20.00 元	978 - 7 - 5504 - 1219 - 4

......

编写说明

教材作为教学的主要工具，既是联系教与学的有效途径，也是专业与课程建设的重要组成部分，更是专业与课程改革发展成果的凝结与体现。

对于高等职业教育来讲，教材建设历来是高职院校基本建设任务之一。高质量的教材是实施专业教学方案的主要载体、培养高质量的职业人才的基本保证和实现高等职业教育培养目标的重要手段。大力发展高等职业教育，培养和造就适应社会生产、建设、管理，服务质量和技术水平一流的高素质、应用型人才，需要我们高度重视高等职业教育的教材改革和建设，编写和出版体现高等职业教育特色的优秀教材。本系列教材正是在这一宏观背景下诞生的。

职业教育是就业准备教育、生活准备教育、职业生涯教育，即对劳动者的终身教育。为了实现这一目标，我们在教材的建设中形成了"宽基础、精专业、多岗位"的基本思路，构建了"基础模块、专业模块、拓展模块"，以实现"一年打基础、两年通专业、三年上岗位"的财经商贸类职业人才的培养目标。

"宽基础"是指在专业文化基础课教材的建设中，科学调整课程目标，推进此类教材的改革。在价值取向上坚持专业文化基础是培育学生综合素质的必备课程，避免单纯为保就业的技能要求而冲淡专业文化基础课的教学，削弱后劲；在内容上贴近学生、贴近专业、贴近生活，着重培养学生对知识的学习能力和迁移能力、对问题的分析和解决能力、对职业环境的适应能力以及一定的创新能力。

"精专业"是指在专业教材建设中，从培养学生专业核心能力和职业岗位能力两个方面入手，将专业基本知识与职业岗位基本要求进行有机整合，既考虑学生的"就业导向"，更关注学生的职业生涯发展。

"多岗位"是指为满足学生就业需要，针对财经商贸类典型职业岗位的基本要求而编写具有很强实战性的实训教材。这部分教材一般具有较为明显的时效性、新颖性和操作性，在教材内容中及时融入现时职业岗位的新技术、新技能、新方法、新规程的要求，目的就是把学生引入行。由于学生的就业具有较大的不确定性，所以在实训教材的建构中，选择了"多岗位"的设计来满足学生对不同岗位实训的需求。

采用"宽基础、精专业、多岗位"教材建设模式最大的优点就是可以有效地建构以专业人文素养、专业基础能力、典型职业岗位能力为主线的教材体系，使学生基础厚、专业强、就业好。

在继承原有教材建设成果的基础上，充分吸取近年来高职高专院校在探索培养高等技术应用型专门人才和教材建设方面取得的成功经验，本系列教材的编写特点是：

1. 加大实训教材开发力度

实训教材是站在专业的最前沿，紧密结合职业要求，与生产实际紧密相连，与相关专业的市场接轨，突出专业特色，渗透职业素质培养内容的载体。为了更好地体现高职教育特色，在本系列教材中我们加大了实训教材的开发力度。采取的主要方法是：对财经商贸类公共文化基础教材，采取加大练习和训练的方式来提升学生对知识的掌握能力；对专业性、实务性较强的课程，采取分步练习、强化训练、综合实训等方式进行学习，使学生既有较为扎实的专业理论基础，又有熟练的操作技能。

2. 组建"双师型"编者团队

在这套系列教材建设中，为了更好地实现加大实训教材开发、完善的目的，我们一方面增加了"双师型"编者的比例，另一方面采取邀请财经战线的一线技术专家审稿的措施，较好地体现了教材的实用性、先进性和技术性。在强调"双师型"作者比例的同时，我们还特别注意挑选一些具有一定教学经验、懂得教学规律、文字功底深厚的编写者，以保证教材的编写质量。

3. 方便教学的系统性设计

本系列教材在选题上强调系统性和配套性，所选教材绝大多数是财经商贸类专业的常用教材。在这批教材中，除了在主辅教材的配备上考虑了教学的实用性，更为教师的教学提供了很多附加信息，如教学课件（PPT）、相关制度及政策参考资料、练习的参考答案等，为教师在备课、授课、辅导等方面提供了诸多方便。

随着高等职业教育日益发展、壮大，高职教育教学改革必将结出丰硕的成果。我们将在教材的建设过程不断吸取改革成果的精华，使教材能更好地服务于教学，向学生传递先进的、科学的职业知识。

值此系列教材出版之际，我们要特别感谢经济科学出版社和西南财经大学出版社的全力支持和热情扶持，感谢出版社各位编校同志为教材的顺利出版付出的辛勤劳动，感谢他们对财经高职教育教材建设做出的重要贡献。

高职高专财经商贸类教材建设是一个漫长的过程，我们才刚刚起步。在我们的教材中必定存在诸多不当和错误之处，恳请读者不吝赐教，以备修订、更正。

高等职业教育"十二五"规划精品教材
　　　　　　　　　　　　　　　　　　　　编委会
高等职业院校财经类专业系列教材

2013 年 8 月

随着我国社会主义市场经济的发展，社会对会计职业人才也提出了越来越多的要求。为培养出更多符合社会需求的会计人才，我们遵循会计职业教育规律，按照国家对高等职业教育会计专业人才的培养目标，以会计职业规范为导向，精心编写了这套会计教材。

本套会计教材共三本，《新编会计基础》、《新编会计基础同步训练》和《新编会计基础项目实训》。其中，《新编会计基础》为主教材，《新编会计基础同步训练》和《新编会计基础项目实训》为辅助教材。

本套书是高等职业教育"十二五"规划精品教材，也是高等职业院校财经类专业的基础课程教材。

《新编会计基础》 本书是侧重于实用性和操作性的会计入门教材。长期以来，会计入门教材的内容主要是会计的基本理论和方法，内容大都比较抽象，专业名词过于集中，较难引起学生的学习兴趣。本教材采取"由表及里、由浅入深"的方式，通过循序渐进的阐述和大量实例，使学生逐步掌握会计的基本专业知识，有效地提高学生的专业知识水平和操作技能，增强分析问题和解决问题的能力。为帮助学生更好地掌握各章教学内容，本书除在各章前对学习内容进行归纳外，还在每章末编写了相应的"课后练习"，并附有参考答案。由教师在讲完有关章节教学内容之后，安排学生在课堂或课后进行相应的练习，并由教师根据学生完成情况进行评价。

此外，为方便教学，本套书配备了内容丰富的学习光盘，主要有与教材相匹配的"教学课件"和"教学辅助阅读资料"。"教学辅助阅读资料"包括企业现场图片、会计史、会计人物、会计准则、相关网址（如财政部、中华会计之家等）。这样，既有利于教师实施教学，也拓宽了教材的知识含量，还可使教学安排更加富有弹性，增强了教材的适用性，较好地解决了一些编者认为无法在课堂上讲解或没必要讲授的内容的调配问题。

在我国会计专业迅猛发展的今天，各类不同版本的会计教材层出不穷，但重要的是选择一套适合自己的教材。俗话说，万事开头难。学习任何知识，入门都比较困难。当你进入一个新的知识领域的时候，一个好的开始非常重要。会计是一门有着500多年历史的古老学科，历经无数会计人的辛勤耕耘，积累了丰硕的理论成果和技术成果，这些人类财富显然无法在一套书中穷尽。尤其对于会计初学者而言，我们只能取最适合其的部分。

本套书可作为高等职业院校、高等专科院校、成人高校、五年制高职的会计及相关专业的教学用书，也可作为社会从业人员的自学参考书和培训用书。

所有的参与者都为全套教材的编写付出了辛勤的劳动，真诚地希望我们的努力能对学习者有所帮助。对于书中的问题和不足，恳请读者指正。

《新编会计基础》由李洛嘉任主编，陈苑红任副主编，刘罡主审。全书共分十章。第一至六章由李洛嘉编写，第七章由谭明智编写，第八章由林方毅编写，第九章由王朝东编写，第十章由李建军编写，李洛嘉、游秋琳、孙静、吴晔波、陈飞、苏强、宫文勇和姜国平负责全书的教学课件制作和教学辅助资料的收集整理汇编。

编　者

2013 年 11 月 16 日

于成都光华村

MU LU **目录**

第一章 总论

本章教学内容提示

本章主要介绍会计的目标、含义、对象和方法，以及会计核算的基本程序。

本章教学要点概览

概念

G1 会计目标

G2 会计假设

G3 会计主体

G4 持续经营

G5 会计分期

G6 货币计量

G7 权责发生制

G8 会计的定义

G9 会计职能

G10 会计对象

G11 会计方法

G12 会计核算方法体系

分析

F1 认识企业会计目标

F2 不同会计信息使用者对会计信息的要求

F3 会计信息质量的内涵

F4 理解会计的实质和特点

F5 理解会计核算方法的概念和特点

F6 会计方法体系和会计核算方法

程序

C1 会计核算的基本程序

【情境导入】

华茂欣旺食品公司是由华强生物技术公司和凌茂农垦公司共同投资组建的一家股份制有限责任公司，注册资金 4 000 万元。资金构成为：总股本 3 000 万元，其中华强生物技术公司投资 1 600 万元，凌茂农垦公司投资 1 400 万元；另向银行取得三年期贷款 1 000 万元。该公司主要生产、销售绿色无公害的果蔬饮料、饮用纯净水及其他软饮料。自创设以来，由于产品品质优异、包装新颖，再加上先进的环保理念，公司迅速地在市场上取得了良好的销售业绩。12 月末，华茂欣旺食品公司公布的利润表①如表 1 - 1 所示：

表 1 - 1

利 润 表

编制单位：华茂欣旺食品公司　　　　　　　　　　　　　　　　　　　会企 02 表

2008 年 12 月　　　　　　　　　　　　　　　　　单位：元

项目	（12 月）本期金额	（1 ~ 11 月）上期金额
一、营业收入	860 000	5 500 000
减：营业成本	291 200	1 300 000
营业税金及附加	11 000	40 000
销售费用	100 000	400 000
管理费用	84 000	300 000
财务费用	16 200	95 000
二、营业利润（亏损以"－"号填列）	357 600	3 365 000
加：营业外收入	7 600	56 000
减：营业外支出	13 800	70 000
三、利润总额（亏损总额以"－"号填列）	351 400	3 351 000
减：所得税费用	52 710	502 650
四、净利益（净亏损以"－"号填列）	298 690	2 848 350
五、每股收益：		
（一）基本每股收益（每万元）	100	949
（二）稀释每股收益（每万元）		

【情境分析】

根据国家税法有关规定，首先，华茂欣旺食品公司在次月初向当地税务机关报送纳税申报表②时，应附送利润表等财务报表；其次，由于华茂欣旺食品公司的注册资金中含有银行贷款且数额较大，在公司与银行签订的贷款协议中规定，公司应于每个季度向银行报送主要财务报表；再次，按照公司章程，这张利润表还需按月提交董事会；最后，公司管

---

① 注：为方便学习，表 1 - 1 仅列出了主要报表项目。

② 企业纳税申报表主要包括增值税纳税申报表、消费税纳税申报表、企业所得税纳税申报表、个人所得税纳税申报表。

理层也非常关心利润表的情况。此外，由于公司良好的业绩，引起香港一家投资公司的关注，它们对利润表也产生了很大的兴趣。

当华茂欣旺食品公司将自己的财务报表向上述有关人员、部门报送时，公司也正在实现或部分实现自己的会计目标。

第一节 会计目标

一、会计目标的含义

会计目标是人们在特定的会计环境下构建会计模式、从事会计实践、实现会计目的所期望达到的境界和标准，是会计系统运行的导向和归宿。[①]

会计是一个以提供财务信息为主的经济信息系统。作为社会经济中的信息系统，会计的基本任务就是生成会计信息，并为会计信息使用者提供有关决策所需会计信息。在现代公司制度下，由于企业所有权和经营权相互分离，企业管理者负有受托责任。企业经营所需的各项资产一般为投资者的投入资本或向债权人借入的资金所形成，企业管理者有责任妥善保管并合理、有效地使用这些资产。因此，一方面，企业的会计信息应当反映企业管理者受托责任的履行情况，以有助于企业所有者对管理者的经营业绩、管理责任以及资源使用情况等做出正确评价；另一方面，为满足企业外部会计信息使用者对财务信息的需要，会计应当提供相应的财务信息，以有助于他们做出合理的投资、信贷及类似的决策。

在我国，企业一方面作为经营主体需要承担"经济责任"，另一方面作为社会成员还应承担"社会责任"。企业要实现经济与社会的全面协调发展，就必须将提高经济效益和社会效益作为自身追求的最高境界。与此相适应，企业在确立会计目标时，既要充分考虑自身的"经济效益"，也必须充分意识到自己的"社会责任"，并使会计目标与企业经营方向保持一致，以实现经济效益和社会效益的高度统一和持续提升。因此，会计目标除承担为会计信息使用者提供有关决策所需会计信息之外，还应具备一个更高层次的目标，即除了满足企业利益相关人的"经济效益"外，还应将保护社会公众利益作为确定会计目标的重要内容，如环境保护、诚实守信、公平竞争等；否则，企业必将为自己的行为付出巨大的代价。

二、会计信息使用者

企业的会计目标是为会计信息使用者提供正确评价企业和进行决策的会计信息。企业的会计信息使用者主要包括所有者、债权人、政府及社会机构、企业经营管理者和潜在投资者五类。

---

① 李端生. 会计目标若干理论问题的思考 [J]. 会计之友，2006 (27).

（一）所有者

所有者将资本投入到企业中，其目的是希望自己的资本能够保值增值，如"导入案例"中的华强生物技术公司和凌茂农垦公司就是华茂欣旺食品公司的所有者。由于所有者的利益与企业经营好坏直接相关，所以他们最关心的是投资的安全和收益。具体说，投资收益率是他们最为关心和重视的财务信息，最直接的就是"净利润"和"每股收益"。大多数所有者希望能从投资中收回尽可能多的收益，因而只要企业是盈利的，所有者就可能分享企业的利润。

（二）债权人

债权人是指对企业提供需偿还的资金的机构或个人。如"导入案例"中的"银行"就是华茂欣旺食品公司的债权人。债权人与所有者同样是将资本投入企业，但其采用的是信贷方式。他们也关心企业的经营状况，但他们只希望保证本金的收回，并按时收到相应的利息。因此，他们最关心的是债权的安全，包括贷款到期的收回和利息的偿付。所以，他们需要了解企业的偿债能力、盈利能力和现金流量，以及企业是否具有其他需要到期偿还贷款的能力。

（三）政府及社会机构

政府是国家经济的宏观管理部门，政府对经济行使行政管理和国有资产管理两种职能。政府一方面从宏观经济管理的需要出发，了解和关注企业的财务信息，另一方面从对市场和企业的经济行为进行监管的需要出发，要求企业提供所需财务信息。企业是社会的经济细胞。企业从事任何经济活动，都必须遵守国家制定的各项法律、法规、制度、规范，并按国家有关规定无条件提供会计信息及相关资料。与企业经济行为关系比较密切的部门主要有财政、税务、审计、物价、统计、工商等部门，其中最重要的是税务部门。税收是政府收入的重要来源，任何级别的政府税收部门都可以根据法律赋予的权限从企业获得税收。企业经营业绩越好，政府收到的税金越多。此外，一些中介机构，如会计师事务所接受政府的委托对企业进行审计或税收检查时，也需要查阅企业的会计资料。不过会计师事务所等中介也经常从另一个角度为企业提供服务，如会计咨询、税收筹划等。

（四）企业经营管理者

在所有权与经营权相互分离的情况下，企业经营管理者是所有者授权其经营管理企业的个人或组织。一方面，企业经营管理者通过掌握的财务信息进行企业管理，以提高经济效率和效益；另一方面，企业经营业绩是所有者对经营管理者进行评价和考核的依据，经营管理者业绩的好坏也影响到其是否会继续被所有者聘用。因而财务报表反映出的财务状况和经营成果对于企业的经营管理者至关重要。其次，企业内部职工也是会计信息的使用者。企业职工通过掌握的会计信息行使民主决策、管理、监督的职能，以保障职工在企业中的权益。

（五）潜在投资者

潜在的投资者通常指具有一定财力而等待投资机会但尚未采取投资行动的个人或群体。潜在投资者的形成与经济国际化及跨国公司的发展有着十分密切的渊源。进入20世纪80年代，世界经济国际化及跨国公司的发展，使企业对资金的需求量越来越多，单凭企业所有者、少数人的财力或其举债能力已无法应付企业扩充所需的资金，于是各种专业投资公司和投资基金应运而生。潜在的投资者在成为现实的投资者之前，必然会非常关注投资目标的经营业绩和效益，会计信息是他们必须关心的内容。

除上述会计信息使用者外，企业产品的消费者、客户、财务分析师等都有可能成为会计信息使用者。

企业所有者　　　　债权人　　　　政府及社会机构　企业经营管理者　潜在投资者

图1-1　会计信息的使用者

三、会计基本假设

会计假设又称会计基本前提或会计假定，是会计人员对会计核算所处的变化不定的社会经济环境所作的合理推断，是会计核算的前提条件。瞬息万变的社会环境决定了会计活动中必然存在诸多变化不定的因素。为了保证会计核算的正确进行，需要对某些影响会计核算基础的因素进行科学合理的推断，就形成了会计核算的基本前提。

会计核算的基本前提是针对会计核算空间范围、时间范围以及计量尺度等方面规定的基本假设和制约条件。我国于2006年颁发的《企业会计准则——基本准则》规定，会计核算的基本前提包括会计主体、持续经营、会计分期、货币计量和权责发生制。

（一）会计主体

会计主体又称为会计实体或会计个体。具体来讲，会计主体是指在我国工商行政机关注册的企业以及经主管机关批准成立的机关、事业单位以及社会团体部门，是能独立进行会计核算的单位。它明确了会计人员必须站在特定主体的立场上记录和报告该会计主体的经济活动。

会计主体假设规范了会计工作的空间范围①，从而规定了会计核算的内容与边界。主体假设表明，会计的边界是企业，而不是市场，在本质上，它只直接提供某个特定主体的微观经济信息。明确会计主体是开展会计核算工作的最基本前提之一。

需要注意的是会计主体不同于法律主体。一般情况下，法律主体必然是会计主体，但会计主体不一定是法律主体。例如，合伙企业不是法律主体，但却是会计主体。由此可见，会计主体可以是一个企业，也可以是若干个企业组成的企业集团或企业内部的某一单位，可以是企业法人，也可以是非法人。

（二）持续经营

持续经营是假设会计主体的经营活动将长期地持续下去，即假设在可以预见的未来，

---

① 葛家澍. 关于财务会计基本假设的重新思考［J］. 会计研究，2002（1）.

企业不会面临破产和进行清算。持续经营假设为会计核算限定了时间范围，是会计主体假设的延伸。因为，确定了会计主体，势必要假设该主体的存续时间。企业是否持续经营，在会计原则、会计方法的选择上有很大的差别。在持续经营的情况下，企业拥有的各项资产将在正常的经营过程中被耗用或出售，而它所承担的债务也将在正常的经营过程中被清偿，会计人员就可以在此基础上选择会计原则和会计方法。

由于持续经营是根据企业发展的一般情况所作的假定，而任何企业都存在破产、清算的风险。为此，需要企业定期对持续经营前提作出分析和判断。如果企业不再持续经营，就应当改变会计核算的原则和方法，并在企业财务报告中作相应披露。

（三）会计分期

会计分期就是将特定主体持续不断的生产经营活动人为地划分为若干期间。会计分期的目的是将持续进行的生产经营活动划分成连续、相等的期间，据以结算盈亏，按期编报财务报告。只有这样，才能定期确定企业的损益和编制财务报告，从而及时向会计信息使用者提供有关企业财务状况、经营成果和现金流量的信息。企业在持续经营中发生的经济业务可以归属于人为划分的各个期间。会计分期是持续经营假设的延伸，也是持续经营的客观要求。

此外，会计分期假设对于制定会计原则、会计程序和方法具有非常重要的影响。由于有了会计分期，才产生了本期与非本期的区别，才产生了权责发生制和收付实现制，才出现了应收、应付、预收、预付、递延等会计处理方法。我国的会计分期与公历制一致，并依次分为年度、半年度、季度和月度。

（四）货币计量

货币计量前提是指在会计核算中以货币作为统一的主要计量单位来计量、记录和报告企业的生产经营活动。但是，会计计量并不排斥非货币量度。在会计核算中，实际上是以货币度量为主，货币与非货币度量并用。

货币计量的另一个实质性假设是假定货币本身的价值不变或变化甚微，只有这样才能对会计主体发生的经济活动进行连续、系统的记录，综合汇总，并便于对不同时期的会计信息进行比较、分析、评价。但在发生恶性通货膨胀的情况下，货币购买力将大幅度下降，必将导致币值不变的会计假设严重脱离现实。因此，相应的通货膨胀会计理论和方法随之产生，如一般物价水平会计或现实成本会计。

在我国，会计核算以人民币作为记账本位币，境内企业编制的会计报告应以人民币反映，境外设立的中国企业向国内报送的会计报告也应折算为人民币。

（五）权责发生制

权责发生制是在持续经营和会计分期前提的基础上产生的。企业在开展经营活动时，经常会遇到货币收支与经济业务的发生不在同一会计期间的情况。为统一会计核算基础，我国《企业会计准则——基本准则》中提出了企业应当以权责发生制为基础进行会计确认、计量和报告。

所谓权责发生制，是指凡是当期已经实现的收入和已经发生或应负担的费用，不论款项是否收付，都应当作为当期的收入和费用；凡是不属于当期的收入和费用，即使款项已经收付，也不应当作为当期的收入和费用。与权责发生制相对应的是收付实现制，它是以实际收到现金或支付现金作为确认收入和费用的标准。收付实现制主要适用于不核算经营成果的行政事业单位。

综上所述，会计基本假设和会计实务的关系极为密切，是企业设计和选择会计方法的主要依据。会计只有在这些基本前提的基础上才能顺利进行核算工作，及时向会计信息使用者提供有助于决策的会计信息。

四、会计信息质量要求

会计信息是指会计人员为实现会计目标，根据会计准则和会计政策，按照一定的会计程序和方法，对企业所发生的经济业务进行处理和分析以后所提取的、具有一定使用价值的信息。为保证会计信息质量，自 2007 年 1 月 1 日起施行的《企业会计准则——基本准则》，对企业的会计信息质量做了明确的规范。主要内容如下：

（1）真实性。企业应当以实际发生的交易或者事项为依据进行会计确认、计量和报告，如实反映符合确认和计量要求的各项会计要素及其他相关信息，保证会计信息真实可靠、内容完整。

（2）相关性。企业提供的会计信息应当与财务会计报告使用者的经济决策需要相关，有助于财务会计报告使用者对企业过去、现在或者未来的情况作出评价或者预测。

（3）明晰性。企业提供的会计信息应当清晰明了，便于财务会计报告使用者理解和使用。

（4）可比性。同一企业不同时期发生的相同或者相似的交易或者事项，应当采用一致的会计政策，不得随意变更。确需变更的，应当在附注中说明。不同企业发生的相同或者相似的交易或者事项，应当采用规定的会计政策，确保会计信息口径一致、相互可比。

（5）经济实质重于形式。企业应当按照交易或者事项的经济实质进行会计确认、计量和报告，不应仅以交易或者事项的法律形式为依据。

（6）重要性。企业提供的会计信息应当反映与企业财务状况、经营成果和现金流量等有关的所有重要交易或者事项。

（7）谨慎性。企业对交易或者事项进行会计确认、计量和报告应当保持应有的谨慎，不应高估资产或者收益、低估负债或者费用。

（8）及时性。企业对于已经发生的交易或者事项，应当及时进行会计确认、计量和报告，不得提前或者延后。

会计信息是由会计人员制作提供的。会计人员的政治、业务素质和职业道德水平的高低，直接影响会计信息的质量。因此，提高会计信息质量的关键是要提高会计人员自身素质，才能真正地实现企业的会计目标。

第二节　会计含义

一、会计的实质

会计是在社会生产实践中产生和发展起来的。人类的生存和发展，离不开生产。因为只有生产活动能为人类的生存发展提供所需经济资源。会计作为一种经济管理活动，其产生同社会生产密切相关。这是因为任何有经济活动的地方，人们必然会按照一定的目的，用一定的形式来管理自己的经济活动。人们在生产活动中，为了合理地安排劳动时间，总希望能以尽可能少的劳动耗费生产出尽可能多的物质财富，来满足日益增长的生活和生产需要。这样，就需要对生产活动中的劳动耗费和所取得的劳动成果进行计量、记录、计算和比较，会计也因此成为生产活动的客观需要。

会计最初是作为"生产职能的附带部分"产生的，其形成初期比较简单，在大多数情况下仅仅只对财物收支进行记录和计算。随着社会生产规模不断扩大和生产逐渐社会化，生产活动越来越复杂，会计也经历了一个由简单的记录、计算财物收支，逐步演变为以货币为主要计量单位反映、监督经济活动过程和结果，直至发展到参与经济活动的预测、决策、控制、考核等各个领域的过程。同时，会计的内容、范围、目标、所应用的原则以及会计信息的披露内容等不断丰富，会计的方法、技术也在不断更新并日趋完善，会计在经济管理方面的作用日益显著。实践证明，经济越发展，会计越重要。由此看出，会计是以货币为主要计量单位，采用专门的方法，对经济活动进行连续、系统、全面、完整地反映和监督的一种管理活动，是经济管理的重要组成部分。

二、会计的特点

会计作为经济管理的重要组成部分，具有与其他管理活动不同之处。

（一）会计以货币为主要计量单位

会计的计量尺度包括实物量度、劳动量度和货币量度。货币量度是会计最基本的、统一的、主要的计量尺度，实物量度、劳动量度只能作为会计记录中的辅助计量尺度。如企业进行任何经济活动，都需要投入和耗费人力、物力和财力。如投资者投入企业的财产可以是现金、存款等货币资产，也可以是材料、房产、设备等实物财产，还可能是某种专利技术等无形资产。对于这些种类繁多、外形各异的财产，要进行信息汇总，只能借助于货币量度。在会计工作中也会经常使用实物量度和劳动量度，由于这些计量尺度只能从一个侧面反映企业的生产经营活动，计量单位之间无法换算，也无法在量上进行汇总和比较，不便于管理和会计计量，所以通常只是作为货币计量的辅助手段，用于补充说明经济业务内容。因此，以货币量度对经济活动过程中占用的财产物资和发生的劳动耗费进行系统的计量、记录、分析和监督，是会计的主要特点，也是会计区别于其他管理活动的重要特征之一。

（二）会计以价值核算为基础

前已述及，会计虽然以货币为主要计量尺度，但并不排斥其他计量尺度，只有借助于这些计量尺度才能满足经济管理的需要。但是，会计在对经济活动进行反映监督时，却是以价值核算为基础的。因为会计并不能反映监督经济管理活动的一切事项，只有包含价值运动的事项才是会计核算的内容。会计信息最后都能用货币量度计量就是最好的证明。

（三）会计必须以真实合法的会计凭证为核算依据

在会计核算中，各单位对于所发生的经济业务，必须取得或填制有关会计凭证才能进行相应的会计核算。并且，只有真实的、合法的、审核无误的会计凭证才能据以登记会计账簿，进行会计信息的加工处理。由于会计凭证是一种直接记载经济业务、具有法律效力的书面证明，可以明确有关人员的经济责任甚至法律责任，使得会计信息具有真实性和可验证性。

（四）会计具有一系列专门的方法和程序

会计在长期的发展过程中，形成了不同于其他管理活动的方法体系，并在社会经济和科学技术不断的发展中丰富和完善。会计通过专门的方法，通过对经济活动中纷繁复杂的经济业务进行计量、计算、记录、分类、汇总、综合、分析，形成有价值的会计信息，实现会计目标。

（五）会计核算具有连续性、系统性、综合性和完整性

会计信息具有连续、系统、综合、完整的特点。所谓连续性，指会计对企业发生的每一项经济业务所涉及资金的来龙去脉，都是以经济业务发生时间的先后顺序，连续地、不间断地进行记录。因此，会计所提供的信息能够反映企业任何一个时点、任何一个时期的经营活动情况；所谓系统性，是指在会计核算中，从开始记录经济业务到最后编制财务报表，经过对会计资料的分类汇总、加工整理，使其系统化，因此通过会计信息能够系统地了解企业经营活动的全貌；所谓完整性，是指会计核算中对每一笔经济业务都会无一遗漏地进行登记，不能任意取舍，从而保证会计信息的全面完整；所谓综合性，是指会计通过货币计量尺度进行综合、汇总，以完整地反映经济活动的过程和结果。

会计提供的经济活动的数据资料具有连续性、系统性、综合性和完整的特点，决定了会计具有综合反映已发生或已完成的各项经济活动，便于会计信息使用者了解和考核经济活动的过程和结果。

三、会计的基本职能

职能是事物本身所具有的功能，会计职能就是会计在经济管理中所具有的功能。按照马克思的论述，会计的基本职能是"对过程的控制和观念总结"，《中华人民共和国会计法》（以下简称《会计法》）将会计的基本职能确定为核算与监督。

（一）会计核算职能

会计核算职能也称反映职能，是指会计以货币为主要计量单位，通过确认、记录、计算、报告等环节，对特定主体的经济活动进行记账、算账、报账，为各有关方面提供会计信息的功能。会计核算职能贯穿于经济活动的全过程，是会计最基本的职能。会计核算职能的特点是：

（1）会计对各单位经济活动的反映，主要是从数量而不是从质量方面进行反映。如同时购进的两台价格相同的设备，在报废前其会计账簿中的记录完全相同。如果其中一台由于使用不当提前报废或丢失，只能从账簿记录中注销，但在设备的使用中通过账簿记录却无法区分这两台设备质量上的不同之处。

（2）会计主要反映已经发生的经济活动，而不是未来的经济活动，即反映已经发生的事实。如会计必须根据真实合法的会计凭证进行会计记录，而会计凭证的取得只能是在每项经济业务发生或完成以后，没有会计凭证就无法进行会计核算。

（3）会计反映的信息是一个不断优化的过程。如会计核算的基本程序是顺序地通过记

账、算账和报账三个阶段，最后形成一个有价值的会计信息系统。

会计的反映职能是会计核算工作的基础。它通过会计信息系统所提供的信息，服务于会计信息使用者，具有很强的能动性。

（二）会计监督职能

会计对经济活动进行核算的过程，也是实行会计监督的过程。会计监督职能是指在会计核算过程中按照一定的目的和要求，利用会计信息系统所提供的信息，按照有关法律、规范、制度等，对经济活动进行控制、监察和督促，使其达到预期目标的功能。会计监督职能的特点是：

（1）会计监督主要是以国家的财经法规、政策、制度、纪律和会计信息为依据，对将进行和已经进行的经济活动进行合理合法的监督，具有强制性和严肃性。

（2）社会再生产过程不间断，会计核算就要不断地进行下去，而在会计核算的持续过程中，始终离不开会计监督。

（3）会计监督贯穿于经济活动的始终，包括事前、事中和事后监督。会计监督的内容主要包括分析会计核算资料、检查遵纪守法情况、评价经济活动成果、确定经营目标、调整计划等内容。

会计核算职能与监督职能是一种相辅相成、相互依存、辩证统一的关系。会计核算为经济管理搜集、处理、存储和输送各种会计信息，没有会计核算所提供的各种信息，会计监督就失去了依据，所以，会计核算是会计监督的基础；而会计监督则是通过控制、监察和督促等方式，对客观经济活动的合理性与合法性进行考核与评价，以便采取措施，实现预期目标。因此，会计监督是会计核算质量的保证。只有核算、没有监督职能进行控制，会计核算就不可能提供真实可靠的会计信息，也就不能发挥会计管理的能动作用，更谈不上保证核算所提供信息的真实性和可靠性，会计反映也就失去了存在的意义。

随着社会的发展、技术的进步，经济关系的复杂化和管理理论的提高，会计的基本职能也在不断地充实和发展。会计职能不但有核算和监督"两职能说"，还有"三职能说"、"九职能说"等。但无论会计职能的说法如何，核算和监督职能至今仍是会计最基本的职能。

四、会计的对象

会计的对象是指会计核算和监督的内容。作为经济管理的组成部分，会计所核算和监督的内容，必须是根据经济管理的要求反映和监督经济活动。

（一）会计的一般对象

会计核算和监督对象是指能够以货币表现的经济活动，即资金运动。资金是社会再生产中各项财产物资的货币表现以及货币本身，社会再生产过程中发生的资金运动就是会计的一般对象。

各个企业、行政、事业单位由于其资金运动的方式和内容不尽相同，所以会计的具体对象也就不完全一致。概括地说：企业的资金运动是指经营资金的运动；行政事业单位的资金运动是指预算资金运动。为了更好地了解和认识会计的对象，现结合不同行业和部门的特点，具体说明资金运动方式。

（二）会计的具体对象

会计的具体对象就是会计核算的具体内容。从行业会计来看，一般包括工业企业会计的具体对象、商品流通企业会计的具体对象和行政事业单位会计的具体对象等。

1. 工业企业会计的具体对象

工业企业是商品的生产者和经营者。为从事生产经营活动，企业首先要拥有一定数量的财产物资用以购买厂房、机器设备，支付职工薪酬等，作为生产经营活动的物质基础，这些财产物资的货币表现称为经营资金。经营资金随着生产经营活动的进行，不断地运动和变化，直到产品生产完工、销售才能实现价值并完成资金的循环过程。工业企业的经营过程主要分为资金筹集、供应过程、生产过程、销售过程和资金退出等环节。在工业企业的资金运动过程中，资金运动方式是沿着货币资金——储备资金——生产资金——成品资金——货币资金的形式连续不断地循环和周转的。因此，工业企业的经营资金的循环周转是工业企业会计的对象。该问题将在本教材第四章中详述，此处不再赘述。

2. 商品流通企业会计的对象

商品流通企业是从事商品流通的经营者。为从事商业活动，企业需要从不同的来源渠道筹集资金进行购销活动。商品流通企业的经营过程主要分为购进和销售两个过程。在购进过程中，随着商品采购，货币资金转化为商品资金。在销售过程中，企业将商品销售出去收回货款，商品资金转化为货币资金。因此，商品流通企业的资金运动方式是沿着货币资金——商品资金——货币资金的形式连续不断地循环和周转的。因此，商业企业的经营资金的循环周转是商业企业会计的对象。商品流通企业与工业企业最显著的区别是没有生产环节，因而不需要计算生产成本。

3. 行政事业单位会计的具体对象

行政事业单位不以盈利为目的，不直接从事物质产品的生产和销售，其工作目标主要是为了完成国家赋予的任务，因而其货币资金运动情况相对简单。其中，行政单位的费用开支主要来源于国家预算拨款。与企业单位不同，预算资金运动不表现为资金的循环和周转，而只是预算资金的取得和使用。事业单位一般都有业务收入，主要类型有自收自支、差额预算和全额预算事业单位。行政事业单位预算资金的收支活动和事业单位业务收支的资金是行政事业单位会计的对象。

第三节 会计方法

一、会计方法的含义和组成

会计方法是核算和监督会计对象，实现会计目标的手段。从会计产生和发展的历史来看，会计的方法经历了一个简单到复杂，从零乱到系统的发展过程。随着社会经济的迅速发展，会计目标和会计职能的变化、科学技术的不断进步，会计的方法必将得到发展和改进。在现代会计中，会计方法包括会计核算方法、会计分析方法和会计检查方法。其中会计核算的方法是会计的基本方法。

（一）会计核算方法

会计核算方法是指运用确认、计量、记录和报告等会计手段，对企业能以货币计量的经济活动，进行审核、记录、计算和报告所采用的专门方法。会计核算方法是核算和监督经济业务，充分发挥会计作用的重要手段。会计核算方法是会计方法体系的基础。

（二）会计分析方法

会计分析方法是以会计核算提供的会计信息为基础，利用会计核算提供的资料以及其他信息资料，对原始会计信息进行加工和分析，以取得更多会计信息的方法。会计分析的主要目的是肯定成绩，发现存在的问题，并提出相应的改进措施，改善经营管理，改善财务状况，提高经济效益。

（三）会计检查方法

会计检查方法主要是指对会计信息进行检查和验证，以保证会计信息准确、可靠的方法。

会计分析是会计核算的继续和发展，是全面发挥会计职能作用的必要阶段。会计检查则主要是对会计核算资料的合法性、公允性、一贯性进行检查验证，以保证会计核算和会计分析的可信赖性，这是会计核算和会计分析必不可少的补充。

二、会计核算方法体系

会计核算方法是一个比较完善的方法系统，主要包括设置账户，复式记账，填制和审核会计凭证，登记会计账簿，成本计算，财产清查和编制会计报表等专门方法。

1. 设置账户

设置账户是对会计对象的具体内容进行分类核算和监督的一种专门方法。为了对会计对象的具体内容进行系统核算和监督，就要进行科学的分类。通过设置账户可以分类连续记录各项经济业务，为经济管理提供各种不同性质和类型的核算指标，以便随时进行会计分析、检查和监督。

2. 复式记账

复式记账的核心就是对发生的每一项经济业务，都要以相等的金额，在两个或两个以上相互联系的账户中进行登记。采用复式记账，使得每项经济业务所涉及的账户发生对应关系，会计人员就可以通过账户的平衡关系，检查有关经济业务的记录是否正确，了解每笔经济业务的来龙去脉，从而可以全面地、相互联系地反映资金增减变化和财务收支变化情况，掌握经济活动的全过程。

3. 填制和审核凭证

会计凭证是经济活动实际发生情况的书面证明。填制和审核会计凭证是保证会计记录的真实性、可靠性，审查经济活动是否合理、合法而采用的一种专门的会计方法，是实行会计监督的重要手段。在会计核算中，对每一笔会计记录都必须根据填制和审核后的会计凭证记账，才能保证会计核算质量，明确经济责任。

4. 登记会计账簿

登记账簿是根据审核无误的会计凭证，在账簿上连续、系统、综合、完整地记录经济业务的一种专门方法。登记账簿必须以会计凭证为依据，利用账户和复式记账法，把经济业务分门别类地登记到账簿中，并定期进行结账和对账，才能提供完整和系统的会计资料。

5. 成本计算

成本计算是按成本计算对象，对企业生产经营过程中所发生的成本、费用进行归集，以确定各成本计算对象的总成本和单位成本的一种专门方法。准确计算成本可以掌握成本构成情况，考核成本计划的完成情况，为企业正确计算盈亏提供核算资料，对于挖掘潜力，促进降低成本具有重要的作用。

6. 财产清查

财产清查是指通过对各项财产物资进行实物盘点、账面核对以及往来款项的查询、核对，以保证账实相符的一种专门方法。通过财产清查，可以查明各项财产物资、债权债务、所有者权益的实际情况，有利于加强物资管理，监督财产的完整，并为编制会计报表提供正确的资料。在财产清查时，如发现财产物资的实存数与账面数不一致，应查明原因进行必要的处理，并及时调整账面记录，保证账实相符。

7. 编制会计报表

编制会计报表是定期总括地反映企业活动的情况，考核计划执行结果的一种专门方法。会计报表所提供的各项指标，不仅是考核、分析财务计划的重要依据，也是会计检查的重要依据。编制会计报表可以反映企业财务情况、经营成果和计划预算的执行情况，促进增产节约，为有关各方面提供参考资料。

会计核算方法之间的关系见图1-2。

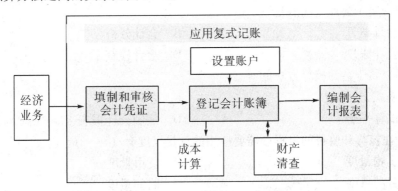

图1-2 会计核算方法体系图

从图1-2可以看出会计核算的基本程序是，当经济业务发生后，首先是填制或取得会计凭证；再由会计人员根据有关规定认真审核整理，按照所设置的账户，运用复式记账方法登记会计账簿；对于生产经营过程中发生的各种费用，应进行成本计算；对于需要进行账实核对的账簿记录应进行财产清查；各会计账户应经核对无误后才能结账，并在账实相符的基础上定期编制会计报表。在会计核算方法体系中，会计核算的基本工作程序主要有三个环节，即填制会计凭证、登记账簿和编制会计报表，这也是所有企业会计核算的基本流程。核算时，各环节必须环环相扣；否则，若在某一环节上发生缺陷，势必影响整个会计核算质量。

由此可以看出，以上各种会计核算方法是一个相互联系，紧密结合的完整的体系。正确而有效地运用这一套方法，对做好会计核算工作、提高会计管理工作质量有重要的作用。

 课后练习

一、单项选择

1. 会计的基本职能是（　　）。
   A. 核算与控制
   B. 监督与管理
   C. 预测与决策
   D. 核算与监督
2. 会计是以（　　）作为主要的计量尺度。
   A. 实物量度
   B. 货币量度
   C. 劳动量度
   D. 时间量度
3. 我国《企业会计准则》规定，企业会计核算使用的记账方法为（　　）。
   A. 借贷记账法
   B. 收付记账法
   C. 增减记账法
   D. 单式记账法

二、多项选择

1. 下列中属于会计方法的是（　　）。
   A. 会计核算
   B. 会计分析
   C. 会计账户
   D. 会计检查
2. 下列中属于会计核算方法的有（　　）。
   A. 复式记账
   B. 登记账簿
   C. 试算平衡
   D. 编制会计报表
3. 会计在核算和监督的过程中需要应用的计量尺度有（　　）。
   A. 实物量度
   B. 货币量度
   C. 劳动量度
   D. 时间量度

三、正误判断

1. 一般来讲，法人可以作为会计主体，但会计主体不一定是法人。（　　）
2. 会计是以货币为主要计量单位，反映和监督一个单位经济活动的一种经济管理工作。（　　）
3. 会计的基本职能包括核算和监督，会计还有预测经济前景、参与经济决策、评价经营业绩的职能。（　　）
4. 会计的对象是价值运动或资金运动。（　　）
5. 会计核算的基本前提是会计主体、持续经营、会计分期、货币计量。（　　）

第二章　会计要素和会计等式

本章教学内容提示

本章主要介绍资金运动的概念和特点，以及资金运动的具体内容会计要素和会计等式的基本概念。

本章教学要点概览

概念

G1 资金运动

G2 资金的循环和周转

G3 会计要素

G4 资产

G5 负债

G6 所有者权益

G7 收入

G8 费用

G9 利润

G10 会计等式

G11 静态会计等式

G12 动态会计等式

分析

F1 企业主要生产经营活动的特点

F2 企业主要生产经营过程资金运动的特点

F3 会计要素的分类和特征

F4 基本会计等式和综合会计等式的形成

F5 会计等式的平衡原理

程序

C1 企业主要生产经营活动的流程

C2 企业资金运动流程

第一节　资金运动

前已述及，会计核算对象是指能以货币表现的经济活动。凡是能以货币计量的经济活动，我们通常将其称为价值运动或资金运动，它们是会计核算和监督的内容。从资金运动的全过程来看，包括资金进入，资金的循环与周转和资金退出等过程，但具体到企业、事业、行政单位又有很大差异。即便同样是企业，制造业、农业、商业、交通运输业、建筑业及金融业等也有各自资金运动的特点，其中尤以制造业最具有代表性。下面仅以制造业为例，说明会计核算的具体对象——资金运动的特点。

一、企业主要生产经营活动的特点

企业为了独立从事生产经营活动，必须首先筹集一定数量的经营资金，作为经营活动的物质基础。所以，筹集资金是每个企业开展经济活动的起点。对于新建企业，筹集资金的渠道主要来自两个方面：一是由投资人投入，二是向债权人借入。企业将筹集到的资金用于经营活动所需各种资源的形成，如购置厂房、设备、材料、招募员工等。这一环节的主要任务是提供、准备生产所需的各项资源，称为供应过程。企业在完成生产准备之后，开始按照生产计划组织生产并加工制造产品。这个环节的主要任务是利用各种经济资源制造产品，称为生产过程。企业将加工出来的产品通过营销渠道将产品销售出去，收回投入的资金并获取相应的利润。这一环节的主要任务是将生产出来的产品销售出去并收回货款，称为销售过程。按照国家和企业的有关规定，企业在销售中实现的利润将按照一定比例在国家、投资人、企业及职工个人之间进行分配，这一环节称为利润的分配过程。此外，企业在利润分配过程中，按有关投资协议向投资人分配利润或股利，或是在整个经营过程中按借款合同向债权人还本付息，上缴各项税金，都将使得部分资金离开本企业，退出本企业的资金循环与周转，导致资金的退出。企业将分配后的资金再次投入生产，就开始了一次新的资金循环。资金周而复始的循环称为资金周转。由此看出，企业主要生产经营活动特点是一个以筹集资金为起点，依次通过供应过程、生产过程、销售过程、利润分配等环节而持续不断的过程（见图 2-1）。

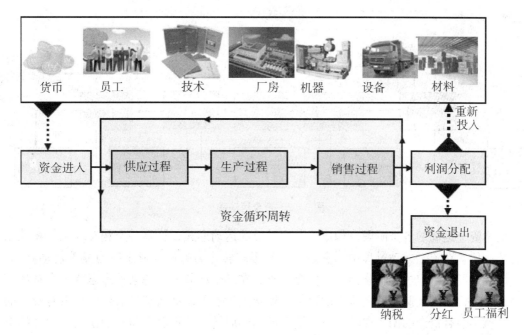

图2－1　经营流程图

二、企业主要生产经营过程资金运动的特点

企业的生产经营资金随着生产经营活动的进行，依次通过供应过程、生产过程、销售过程、利润分配过程等环节而不断运动，其经营资金在各环节上必然呈现出不同的资金形态。在供应过程，为保证生产的顺利进行，企业需要以货币购买材料物资，支付材料的买价及采购费用，资金便由货币资金转化为储备资金；在生产过程，企业通过劳动者利用劳动资料和劳动对象加工产品，必然发生各项生产耗费，如厂房、机器设备的磨损，材料的消耗，人员工资的支付等，这些耗费通过归集和分配形成产品的生产成本。随着生产耗费的发生，资金由储备资金转化为生产资金；产品完工后，资金又从生产资金转化为成品资金；在销售过程，企业需要将生产的产品销售出去并收回货款，资金由成品资金又转化为货币资金。此外，在销售的同时，企业需要支付销售费用，缴纳税费，结转销售产品的生产成本等。因此，企业主要生产经营过程资金运动的特点就是：资金顺序通过各经营环节，依次进行从货币资金到储备资金、生产资金、成品资金，最后又回到货币资金的持续交替运动，从而不断地实现资金的循环和周转。资金在循环周转中顺序地从一种形态转化为另一种形态的特点又称为资金的继起性。需要注意的是，企业生产经营资金运动除具有继起性外，还具有并存性、补偿性、增值性。所谓并存性是指资金在循环周转中，几种占用形态并存；资金并存是继起的条件，继起运动的结果又形成并存。所谓补偿性是指资金在循环周转中消耗的数额必须在经营收入中获得补偿；所谓增值性是指企业所获得的经营收入，除补偿耗费的资金数额外，还应有剩余，即利润。只有这样，企业的生产经营活动才能处于一个良性的循环之中（见图2－2）。

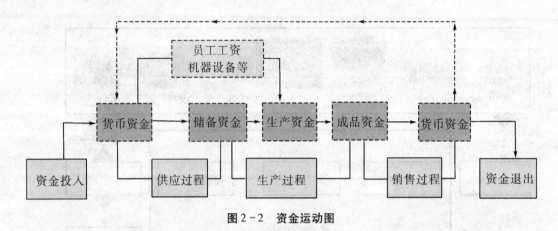

图2-2 资金运动图

上述资金运动的各个阶段，构成了一个开放的运动形式，这是一个相互联系、相互制约的统一体。在资金运动过程中，资金由一种形态转化为另一种形态称为显著运动状态，如货币资金经过供应过程转化为储备资金；资金在某个环节上保持某种形态称为资金的相对静止状态，如处于储备资金状态的存货。资金处于显著运动状态是必然的。没有资金的投入，就不会有资金的循环周转；没有资金的循环周转，就不会有债务的偿还、税金的上缴和利润的分配等；没有资金的退出，就不会有新一轮的资金投入，就不会有企业进一步的发展。资金的运动停止了，企业的生产经营活动也就终止了。因此，只要企业持续地经营下去，资金运动就不会停止。

第二节　会计要素

资金是企业再生产过程中各种财产物资的货币表现。进行会计核算，必须进一步认识资金及资金运动的基本构成要素——会计要素。我国《企业会计准则——基本准则》将企业的资金及资金运动分为资产、负债、所有者权益、收入、费用和利润六个会计要素。由于资产、负债、所有者权益是在相对静止状态下反映企业财务状况的资金形态，故称为静态会计要素；收入、费用和利润是在显著运动状态下反映企业经营成果的资金形态，故称为动态会计要素（见图2-3）。

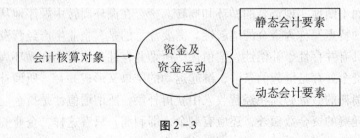

图2-3

会计要素是会计对象——资金运动的基本分类，也是会计核算对象的具体内容。在会计核算中，对会计对象进行科学分类，有利于企业根据会计要素的不同经济性质及特点进行确认、计量、记录、报告，并为合理建立会计科目和财务报表体系提供理论依据。下面分别介绍这两类会计要素。

一、反映财务状况的静态会计要素

（一）资产

资产是指企业过去的交易或者事项形成的、由企业拥有或者控制的、预期会给企业带来经济利益的资源。

1. 资产的基本特征

（1）资产是一种可以用货币计量的经济资源。资产是企业从事生产经营活动的必备条件，是企业的经济资源。这是资产最基本、最本质的特征。同时，任何一项资产都可以用货币计量。凡是作为资产的资源，必须能够可靠地计量其成本价值。在某些特殊的情况下，若不能准确地计量，能够使用合理的估计，也可以确认为资产，如盘盈资产。资产既包括具有实物形态的经济资源，也包括不具备实物形态，但有助于生产经营活动的其他经济资源。

（2）资产是由于过去的交易或事项所形成的经济资源。资产必须是现实的资产，而不是预期的资产。即资产是企业在过去一个时期里，通过已经发生的交易或事项所形成的。未来的以及尚未发生的交易或事项可能产生的结果，不形成资产。如，企业计划在今后某月将要购买的某项固定资产，因其相关的交易或事项尚未发生，这项固定资产亦不能作为企业的资产。

（3）资产是企业拥有或控制的经济资源。一项资产是否可以确认为企业的资产。一是从企业是否拥有该项资产的所有权进行判断，二是看企业是否拥有按照自己的意愿使用和处置该项资产的权利。如在某些情况下，对于虽无所有权，但企业能实际控制和支配，并能在未来为企业带来经济利益的资产，也应确认为企业的资产。如企业通过融资方式租入的固定资产。

（4）资产是预期能够直接或间接地给企业带来经济利益的经济资源。所谓预期给企业带来经济利益，是指资产具有能够直接或间接地增加流入企业的现金或现金等价物①的潜力。不管是有形的还是无形的，要成为资产，必须具备能产生经济利益的能力。如果一项支出发生，但在本期及以后的会计期间都不会形成经济利益的流入，这项支出就不能作为资产，只能作为为当期的费用或损失来处理。对于已经确认的某项资产，如果其内含的未

---

① 现金等价物是指企业持有的期限短、流动性强、易于转换成已知金额现金、价值变动风险较小的投资。判断一项投资是否属于现金等价物必须同时具备的四个条件：期限短；流动性强；易于转换成已知金额的现金；价值变动的风险较小。其中，期限短、流动性强所强调的是现金等价物的变现能力，而易于转换成已知金额的现金、价值变动风险小则强调了现金等价物的支付能力的大小。这里所说的期限较短，一般是指从购买之日起，3 个月内到期。因此，典型的现金等价物包括自购买之日 3 个月到期的短期债券，它们必须是能够轻易地转化为已知数额的现金。企业作为短期投资而购入的可流通的股票，尽管期限短，变现的能力也很强，但由于其变现的金额并不确定，其价值变动的风险较大，因而不属于现金等价物。

来经济利益已不存在，则应从企业的资产中剔除。如：

【例2-1】A公司以银行存款购进一项价值为600万元的设备，已安装完毕交付使用。该项设备符合资产定义，应确认为资产。

【例2-2】B公司在一次财产清查中盘亏存货一批，估价2 000元。由于该批存货已不能给企业带来未来的经济利益，就不能再确认为资产，而应从资产中注销。

2．资产的分类

资产按其流动性可分为流动资产和非流动资产。

（1）流动资产

流动资产是指可以在一年内或者超过一年的一个营业周期内变现或被耗用的资产，主要包括现金及各种存款、交易性金融资产、应收票据、应收账款、预付账款、应收利息、应收股利其他应收款、存货等。

（2）非流动资产

非流动资产是指不符合流动资产确认条件的资产。主要包括长期应收款、长期股权投资、固定资产、无形资产、长期待摊费用和其他长期资产等。

3．资产项目在财务报表中的列示

对于符合资产定义和资产确认条件的项目，应当列入资产负债表；符合资产定义，但不符合资产确认条件的项目，不应当列入资产负债表。

（二）负债

负债是指过去的交易或者事项形成的、预期会导致经济利益流出企业的现时义务。即负债是企业承担的，能以货币计量的在将来需要以资产或劳务偿还的债务。它代表着企业偿债责任和债权人对资产的求索权。

1．负债的基本特征

（1）负债是由过去的交易或事项形成的。负债应当由企业过去的交易或者事项所形成，即只有过去的交易或者事项才形成负债。企业将在未来发生的承诺、签订的合同等交易或者事项，不形成负债。

（2）负债的清偿预期会导致经济利益流出企业。这也是负债的一个本质特征。只有企业在履行义务时会导致经济利益流出企业的，才符合负债的定义；如果不会导致企业经济利益流出的，就不符合负债的定义。企业在履行现时义务清偿负债时，导致经济利益流出的形式多种多样。例如，用现金偿还或以实物资产形式偿还；以提供劳务形式偿还；部分转移资产、部分提供劳务形式偿还；将负债转为资本等。

（3）负债是企业承担的现时义务。负债必须是企业承担的现时义务，这是负债的一个基本特征。其中，现时义务是指企业在现行条件下已承担的义务。未来发生的交易或者事项形成的义务，不属于现时义务，不应当确认为负债。

这里所指的义务可以是法定义务，也可以是推定义务。其中法定义务是指具有约束力的合同或者法律法规规定的义务，通常在法律意义上需要强制执行。例如，企业购买原材料形成应付账款，向银行贷入款项形成借款，按照税法规定应当交纳的税款等，均属于企业承担的法定义务，需要依法予以偿还。推定义务是指根据企业多年来的习惯做法，公开承诺或公开宣布的政策而导致企业将承担的责任，这些责任也使有关各方形成了企业将履行义务解脱责任的合理预期。例如，某企业多年来制定有一项销售政策，对于售出商品提供一定期限内的售后保修服务，预期将为售出商品提供的保修服务就属于推定义务，故应将其确认为一项负债。

（4）负债以法律、有关制度条例或合同契约的承诺作为依据。负债实质上是企业在一定时期之后必须偿还的经济债务，其偿还期或具体金额在它们发生或成立之时就已由合同、法规所规定与制约，是企业必须履行的一种义务。

【例2-3】A公司向银行借款2 000万元，该经济业务涉及的款项应属于过去的交易或者事项所形成的负债，应确认为负债。

【例2-4】B公司与银行达成了3个月后借入800万元的借款意向书。该交易因不属于过去的交易或事项，不应形成企业的负债。

2．负债的分类

负债一般按其偿还速度或偿还时间的长短划分可分为流动负债和非流通负债。

（1）流动负债

流动负债，是指将在一年（含一年）或超过一年的一个营业周期内偿还的债务，包括短期借款、应付及预收款项、应付职工薪酬、应交应付款项、一年内到期的非流动负债等。流动负债具有两个基本特征：一是偿还期限为债权人提出要求时即期偿还，或是在一年内或一个营业周期内必须履行的义务；二是这项义务要用企业的流动资产或流动负债清偿。

（2）非流动负债

非流动负债是指偿还期在一年或超过一年的一个营业周期以上的债务，包括长期借款、应付债券、长期应付款等。长期负债除了具有负债的共同特点外，还具有三个特征：一是债务偿还的期限较长，一般超过一年或者一个营业周期以上；二是债务的金额较大；三是债务可以采取分期偿还的方式分期偿还本息，或先分期偿还利息，待一定日期后再偿还本金，或待债务期满时一次还本付息。

3．负债项目在财务报表中的列示

符合负债定义和负债确认条件的项目，应当列入资产负债表；符合负债定义，但不符合负债确认条件的项目，不应当列入资产负债表。

（三）所有者权益

所有者权益是指资产扣除负债后由所有者应享的剩余利益。即一个会计主体在一定时期所拥有或可控制的具有未来经济利益资源的净额。所谓净资产，在数量上等于企业全部资产减去全部负债后的余额。

1．所有者权益的基本特征

企业的所有者和债权人都是企业资金的提供者，因而所有者权益和负债均为对企业资产的要求权，但两者在性质、权利、偿还期限、风险、计量等方面存在明显的区别。

（1）所有者权益在企业经营期内可供企业长期地、持续地使用，企业不必向投资人返还资本金。企业承担的负债则须按期返还给债权人，成为企业的负担。

（2）企业所有人有权或授权行使经营管理权，债权人无权行使或授权行使经营管理权。

（3）企业所有人凭其对企业投入的资本，享受分配税后利润的权利。所有者权益是企业分配税后净利润的主要依据，而债权人除按规定取得利息外，无权参与企业的利润分配。

（4）企业的所有者对企业的债务和亏损负有无限的责任或有限的责任，而债权人对企业的其他债务不发生关系，一般也不承担企业的亏损。

2. 所有者权益的分类

所有者权益按经济内容划分，可分为投入资本、资本公积、盈余公积和未分配利润四种。

（1）投入资本

投入资本是投资者实际投入企业经济活动的各种财产物资，包括国家投资、法人投资、个人投资和外商投资。国家投资是有权代表国家投资的部门或者机构以国有资产投入企业的资本；法人投资是企业法人或其他法人单位以其依法可以支配的资产投入企业的资本；个人投资是社会个人或者本企业内部职工以其合法的财产投入企业所形成的资本；外商投资是国外投资者以及我国香港、澳门和台湾地区投资者投入的资本。

（2）资本公积

资本公积是通过企业非营业利润所增加的净资产，包括接受捐赠、法定财产重估增值、资本汇率折算差额和资本溢价所得的各种财产物资。接受捐赠是指企业因接受其他部门或个人的现金或实物等捐赠而增加的资本公积；法定财产重估增值是指企业因分立、合并、变更和投资时资产评估或者合同、协议约定的资产价值与原账面净值的差额；资本汇率折算差额是指企业收到外币投资时由于汇率变动而发生的汇兑差额；资本溢价是指投资人缴付的出资额超出其认缴资本金的差额，包括股份有限公司发行股票的溢价净收入及可转换债券转换为股本的溢价净收入等。

（3）盈余公积

盈余公积是指企业从税后净利润中提取的公积金。盈余公积按规定可用于弥补企业亏损，也可按法定程序转增资本金。法定公积金的提取率为10%。

（4）未分配利润

未分配利润是本年度所实现的净利润经过利润分配后所剩余的利润，等待以后分配。如果未分配利润出现负数时，即表示年末的未弥补的亏损，应由以后年度的利润或盈余公积来弥补。

所有者权益还可按其他标准分类。如按形成渠道划分，可分为原始投入的资本和经营中形成的资本。原始投入的资本包括投入资本和资本公积，经营中形成的资本包括盈余公积和未分配利润；按其构成，分为投入资本、资本公积和留存收益[①]三类；按其形成的方式，可分为投资人投入的资本以及企业内部滋生的盈余公积金和未分配利润等留存收益。

3. 所有者权益项目在财务报表中的列示

符合所有者权益的定义和确认条件的项目应当列入资产负债表。

---

① 留存收益是指归所有者所共有的、由收益转化而形成的所有者权益，主要包括法定盈余公积、任意盈余公积和未分配利润。

企业的资金静态会计要素的构成见图 2-4。

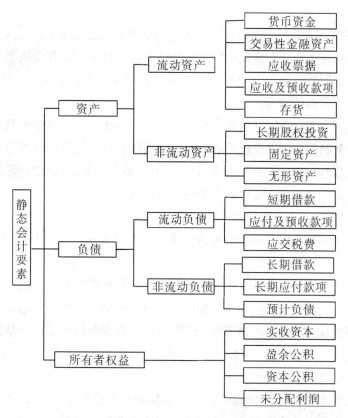

图 2-4 静态会计要素

二、反映财务成果的动态会计要素

财务成果是企业一定生产期间经营活动的成果，是企业在一定会计期间所实现的各种收入（收益）大于相关费用（支出等）以后的差额。如果收入小于费用，其差额为企业的亏损。财务成果是资金运动显著变动状态的主要体现，所以反映经营成果的会计要素也称为动态要素，包括收入、费用、利润三项。

（一）收入

收入是指企业在日常活动中所形成的、会导致所有者权益增加的、与所有者投入资本无关的经济利益的总流入。包括销售商品收入、劳务收入、利息收入、租金收入、股利收入等，但不包括为第三方或客户代收的款项。

1. 收入的基本特征

收入只有在经济利益很可能流入从而导致企业资产增加或者负债减少、且经济利益的流入额能够可靠计量时才能予以确认。上述条件必须同时具备才能确认收入，否则便不能确认。

2. 收入的分类

根据不同的标准可以对收入作出不同的分类。

（1）按收入形成的原因，可以分为商品销售收入，提供劳务收入和他人使用本企业资产而取得的收入等。

（2）按企业经营业务的主次，可以分为主营业务收入和其他业务收入。

主营业务，是指企业日常活动中的主要活动，可以根据企业营业执照上注明的主要业务范围来确定。如制造业的主营业务收入包括销售产品、自制半成品、代制品、代修品、提供工业性劳务等取得的收入。

其他业务是指主营业务以外的其他日常活动，可以通过企业营业执照上注明的兼营业务范围来确定。如制造业的其他业务收入主要包括转让技术使用权所得的收入、销售多余材料的收入、出租收入等。此外，在实际工作中，如果营业执照上注明的兼营业务量较大，且为经常性发生的收入，也可归为主营业务收入。

3. 收入项目在财务报表中的列示

符合收入定义和收入确认条件的项目，应当列入利润表。

（二）费用

费用是指企业在日常经营活动中发生的、会导致所有者权益减少的、与向所有者分配利润无关的经济利益的总流出。确认费用的条件有：一是与费用相关的经济利益可能流出企业；二是经济利益流出企业的结果会导致资产减少或者负债增加；三是经济利益的流出额能够可靠计量。

1. 费用的基本特征

（1）费用最终会导致企业资源的减少，具体表现为企业的资金支出。从这个意义上说，费用本质是一种资源流出企业，它与资源流入企业所形成的收入相反，也可理解为资产的耗费。企业支出其目的是为了取得收入，从而获得更多资产。

（2）费用最终会使企业的所有者权益减少。一般而言，企业的所有者权益会随着收入的增长而增加；相反，费用的增加会减少所有者权益。但是所有者权益减少也不一定都列入费用，如企业偿债性支出和向投资者分配利润，虽然减少了所有者权益，但不能归入费用。

（3）费用可能表现为资产的减少或负债的增加，或者两者兼而有之。

2. 费用的分类

（1）按经济内容分类

费用按其经济内容，可以分为以下费用要素：外购材料、外购燃料及动力、应付职工薪酬、折旧费、利息支出、税金、其他费用等。按上列费用要素反映的费用就称为要素费用。

费用按照经济内容分类，可以反映企业在一定时期内发生了哪些生产费用、金额各是多少，以便于分析企业各个时期各项费用占总费用的比重，进而分析企业各个时期各种要素费用支出的水平，有利于考核费用计划的执行情况。

（2）费用按照经济用途分类

费用按经济用途分类可以分为生产成本和期间费用。

①生产成本

生产成本，是指企业为生产一定种类和数量的产品所发生的费用，一般由直接材料、直接人工和制造费用等成本项目组成。

②期间费用

期间费用，是指不计入产品生产成本、直接计入发生当期损益的费用，包括管理费用、财务费用和销售费用。

费用按经济用途进行分类，能够明确反映直接用于产品生产的材料费用、人工费用以及用于组织和管理生产等经营活动方面的支出情况，有助于企业了解费用的计划、定额、预算执行情况，控制成本费用支出，加强成本管理和成本分析。

3．费用项目在财务报表中的列示

符合费用定义和费用确认条件的项目，应当列入利润表。

（三）利润

利润是指企业在一定会计期间的经营成果。利润包括收入减去费用后的净额、直接计入当期利润的利得①和损失②等。利润的高低不仅关系到企业的前途和命运、投资者的利益，还关系到国家财政收入，并影响投资人及社会对经营者的业绩评价。因此，利润是企业会计信息使用者最为关心的指标之一。

1．利润的确认和计量

利润的确认和计量主要取决于收入和费用以及利得和损失的确认。因为利润的确认必须依附于收入和费用的计量，而不能像收入、费用那样单独确认，所以收入和费用的确认标准就是利润的确认标准。

2．利润的特征

利润是衡量企业生产经营管理水平的重要指标，它能够综合地反映企业生产经营活动的经营业绩，是企业最终的财务成果。

3．利润的组成

按照《企业会计准则》的规定，企业的利润主要包括营业利润和营业外收支净额两个部分，在会计核算中称为利润总额。要正确计算利润总额，必须明确以下有关概念。企业的利润主要包括营业利润和营业外收支净额。

营业利润是企业通过自身的生产经营活动所形成的经营成果，是企业利润的主要来源。它是由主营业务利润加上其他业务利润，减去期间费用，加上投资净收益后的金额。投资收益是指企业对外投资所取得的收益，减去发生的投资损失和计提的投资减值准备后

---

① 利得，是指由企业非日常活动所形成的、会导致所有者权益增加的、与所有者投入资本无关的经济利益的流入。例如：可供出售的金融资产的公允价值超过账面的价值等；直接计入当期利润的利得，如处置固定资产的净收益、处置无形资产的净收益和罚款收入等。

② 损失，是企业所得税法术语，即纳税人生产、经营过程中的各项营业外支出，已发生的经营亏损和投资损失以及其他损失。会计中的损失是指由企业非日常活动所发生的、会导致所有者权益减少的、与向所有者分配利润无关的经济利益的流出。如固定资产重置净损失、无形资产重置净损失、对外捐赠支出等，就属于直接计入利润的损失而无偿调入固定资产计入资本公积，属于直接计入所有者权益的利得；无偿调出固定资产计入资本公积，属于直接计入所有者权益的损失。

的净额。

营业外收支净额是指与企业生产经营活动无直接关系的各项收入和各项支出的差额。营业外收入包括固定资产盘盈、处置固定资产净收益等；营业外支出包括处置无形资产净损失、罚款支出、捐赠支出、非常损失等。

主营业务利润是指企业的主营业务收入减去主营业务成本和营业税金及附加后的金额。

其他业务利润是指企业主营业务以外的其他业务活动所产生的利润，等于其他业务收入减去其他业务成本后的金额。其中，其他业务收入是指企业除主营业务收入以外的其他销售或其他业务的收入，如材料销售、代购代销、包装物出租等收入；其他业务成本指企业除主营业务成本以外的其他销售或其他业务所发生的支出，包括材料销售、代购代销、包装物出租等发生的相关成本、费用，以及相关税金等。

期间费用是指企业本期发生的，不能直接或间接归入营业成本，而是直接计入当期损益的各项费用。包括销售费用、管理费用和财务费用等。

根据我国税法规定，企业应按应纳税所得额[1]的一定比例缴纳所得税[2]。企业所得税税率一般为25%。净利润是指企业的利润总额扣除按国家规定交纳所得税后的利润净额。净利润是一个企业经营的最终成果，是衡量一个企业经营效益的主要指标。

根据上述概念，将各项收支及损益项目之间的关系用等式表示出来，就形成了如下计算公式：

利润总额 = 营业利润 ± 营业外收支净额

营业利润 = 主营业务利润 + 其他业务利润 − 期间费用 + 投资净收益

主营业务利润 = 主营业务收入 − 主营业务成本 − 营业税金及附加

其他业务利润 = 其他业务收入 − 其他业务成本

期间费用 = 销售费用 + 管理费用 + 财务费用

投资净收益 = 投资收益 − 投资损失（或投资成本）

营业外收支净额 = 营业外收入 − 营业外支出

企业实现的净利润一般按下列顺序进行分配：提取法定盈余公积金；提取法定盈余公益金；向投资者分配利润；提取任意盈余公积。

4．利润项目在财务报表中的列示

利润项目应当列入利润表。营业利润、利润总额、净利润是利润表中三个最重要的项目。

企业的资金动态会计要素的构成见图2−5。

---

① 应纳税所得额是指企业每一纳税年度的收入总额，减除不征税收入、免税收入、各项扣除以及允许弥补的以前年度亏损后的余额。

② 《中华人民共和国企业所得税法》于2007年3月16日在中华人民共和国第十届全国人民代表大会第五次会议上通过，自2008年1月1日起施行。企业所得税的税率为25%，所得税按纳税年度计算。纳税年度自公历1月1日起至12月31日止。

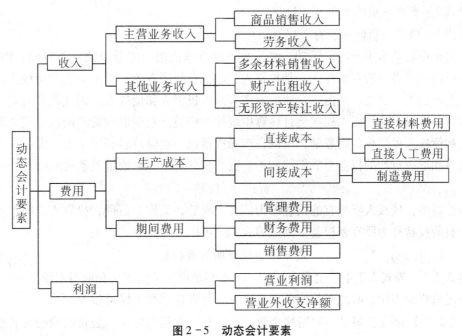

图2-5　动态会计要素

第三节　会计等式

一、会计等式的含义

会计等式也称会计恒等式、会计方程式，或会计平衡公式。它是运用数学平衡式描述会计对象的具体内容——会计要素之间数量关系的表达式。

会计对象可概括为资金运动，具体表现为会计要素。企业每发生一笔经济业务，都是资金运动的一个具体过程，资金运动的每一个过程必然涉及相应的会计要素的变动，从而使得资金运动所涉及的会计要素之间形成一定的数量关系。会计等式表明了各会计要素之间的基本关系。

会计等式按其反映经济内容可以分为基本会计等式和综合会计等式，基本会计等式按其反映的会计要素类别可以分为静态会计等式和动态会计等式。

二、会计等式的形成

（一）基本会计等式的形成

1. 静态会计等式

静态会计等式是指由静态会计要素——资产、负债、所有者权益组合而成的，反映企业一定时点的财务状况的等式。其表达式为：

等式1　资产＝权益

等式2 资产＝负债＋所有者权益

等式3 资产－负债＝所有者权益

任何企业要从事生产经营活动，必须首先拥有或控制一定数量的经济资源，即资产。企业资产的提供者一般有两种。一是投资人，即企业的所有者；二是企业的债权人，即把钱借给企业的人，如银行。由于企业的资产来源于投资人和债权人，因此两者对企业的资产均拥有要求权，这种要求权在会计核算中统称为权益。企业形成资产的数量完全取决于投资人和债权人提供权益的数量，所以资产和权益也必然保持着相等关系。即企业中各类资产总额和形成资产的权益总额必然相等。资产和权益的这种数量关系就形成了等式2.1：

$$资产 ＝ 权益 \qquad (2.1)$$

在权益中，债权人所拥有的权益称为债权人权益，又称为负债；投资人，即企业所有者所拥有的权益称为所有者权益。因此等式1也可以表达为等式2.2：

$$资产＝负债＋所有者权益 \qquad (2.2)$$

等式2.1、等式2.2本质上没有区别，两者都是说明资金占用和取得来源之间的关系，即有一定的资金占用，必然有相应的资金来源，两者在总额上保持相等。

【例2－5】南立公司是一家新建企业。根据有关章程和协议，公司收到投资者投入的货币资金600 000元，存入银行，向银行借入200 000元存入银行账户；公司按照有关计划，用于购建厂房350 000元，购置设备150 000元，购买材料30 000元，现金20 000元，其余存入银行。

解析：南立公司新建时拥有资产总计800 000元。其中现金20 000元，银行存款150 000元，材料30 000元，固定资产500 000元。新建时的权益总计为800 000元。其中短期借款200 000元，所有者投资为600 000元。资产总计等于权益总计（见表2－1）。

表2－1　　　　　　　　　　**南立公司资产负债表**　　　　　　　　　　单位：元

资产	金额	负债及所有者权益	金额
现金	5 000	短期借款	200 000
银行存款	265 000	实收资本	600 000
材料	30 000		
固定资产	500 000		
合计	800 000	合计	800 000

这张表清楚地反映了南立公司新建时的资产、负债和所有者权益之间的数量关系，即资产和权益的相等关系。

上述等式虽然能清楚地反映资产和权益之间的恒等关系，但这两个等式都是将负债和所有者权益放在同等的位置上考虑的。对于企业来讲，负债和所有者权益虽然同为权益，但却是两种性质完全不同的权益，从权益的排序看，债权人所拥有的债权比投资人所拥有的所有者权益对资产有优先要求权。比如当企业破产清算时，企业的资产应当先偿还负债，剩余资产才能由所有者处置。这也十分符合两种权益的定义。因此，等式2也可以通过移项演变为等式 2.3：

$$资产 - 负债 = 所有者权益 \quad\quad\quad (2.3)$$

如果将表 2-1 中的数据分别代入三个等式，其结果为：

800 000 = 800 000（资产 = 权益）

800 000 = 200 000 + 600 000（资产 = 负债 + 所有者权益）

800 000 - 200 000 = 600 000（资产 - 负债 = 所有者权益）

由于等式 2.3 不仅反映了会计要素间最基本的恒等关系，还表明了不同的资产权益人对资产要求权的顺序，因此是会计核算中常用的基本会计等式。

2. 动态会计等式

动态会计等式是由动态会计要素——收入、费用、利润组合而成的反映企业一定会计期间经营成果的会计等式。其表达式为：

$$收入 - 费用 = 利润$$

动态会计等式说明了利润是已实现收入减去相关费用后的差额，揭示了在某一特定期间内，企业收入、费用、利润之间的相互关系。

实际上，收入与费用的对比一般会出现三种结果：

$$收入 - 费用 \begin{cases} >0 & 利润 \\ <0 & 亏损 \\ =0 & 保本 \end{cases}$$

由此看出，当收入大于费用时为利润，当收入小于费用时为亏损，当收入等于费用时为保本。利润与收入的增减成正比，与费用的增减成反比。在费用不变的情况下，收入越多，利润越多；在收入不变的情况下，费用越大，利润越少。

（二）综合会计等式的形成

综合会计等式由会计六要素——资产、负债、所有者权益、收入、费用、利润组合而成，它是综合反映企业的财务状况和经营成果的会计等式。其表达式为：

$$资产 = 负债 + 所有者权益 + 利润 \quad\quad\quad (2.4)$$

$$资产 = 负债 + 所有者权益 + 收入 - 费用 \quad\quad\quad (2.5)$$

$$资产 + 费用 = 负债 + 所有者权益 + 收入 \quad\quad\quad (2.6)$$

在上述等式中，等式 2.4 是在静态会计等式"资产 = 负债 + 所有者权益"的基础上演变而来的。这是因为企业从事生产经营活动的目的就是为了获取利润，利润与所有者权益属同一性质。同时，利润的增加必然带来权益的增加。因此，从资金运动的角度去观察会计要素的变化，就形成了等式 2.4。由于"利润 = 收入 - 费用"，将其代入等式 2.4，就得到了等式 2.5；将等式 2.5 中的"费用"移项到左端，就得到了等式 2.6。

【例 2-6】假设南立公司本月初的资产、负债和所有者权益见表 2-1。月末结算本月利润为 80 000 元，其中，收入 150 000 元，费用 70 000 元。

解析：分析会计要素的变化应从不同时点进行观察。会计核算常用的观察点主要有月初、月中和月末。

月初：企业尚未发生收入和费用，会计要素的关系表现为：

资产＋费用＝负债＋所有者权益

$800\,000 = 200\,000 + 600\,000$

月中：企业发生了收入和费用

收入发生时，会计要素的变化表现为资产的增加或负债的减少：

$$\begin{cases} 资产＋费用 ＝ 负债＋所有者权益＋收入 \\ 800\,000 \qquad\quad = 200\,000 + 600\,000 \\ +150\,000 \qquad\qquad\qquad\qquad\quad +150\,000 \end{cases}$$

费用发生时，会计要素的变化表现为资产的减少或费用的增加：

$$\begin{cases} 资产 ＋ 费用 ＝ 负债＋所有者权益＋收入 \\ 800\,000 \qquad\quad = 200\,000 + 750\,000 \\ -70\,000 \ +70\,000 \end{cases}$$

月末：将利润归入所有者权益项目，上列会计要素的关系又恢复为静态会计等式：

资产 ＝ 负债 ＋ 所有者权益

$880\,000 = 200\,000 + 680\,000$

综合会计等式反映了在收入、费用发生后，会计六要素之间的平衡关系，它综合地反应了企业在期初、期末的某一时点上的财务状况和企业在某一特定期间内的经营成果，是静态和动态会计等式的有机结合。

三、经济业务对会计等式的影响

经济业务是指企业在经营过程中，不断发生引起资产、权益、收入、费用等会计要素发生增减变化的一切经济事项，又称为"经济业务"或"会计事项"。

每笔经济业务的发生必然引起有关会计要素相应的增减变化，但不论发生何种经济业务，会计要素怎样变化，都不会破坏会计等式的平衡关系。因为每一项经济业务的发生都必然会引起两个或两个以上项目的等量增减变动，所以会计等式的平衡关系不会被破坏。

按照经济业务对会计等式的不同影响，可以将经济业务分为四种基本类型。由于"资产＋费用＝负债＋所有者权益＋收入"反映了全部会计要素之间的恒等关系，下面就以该等式为基础，证明会计等式在经济业务变化的情况下依然保持平衡的过程。尽管企业在日常生产经营活动过程中，会发生各种各样的经济业务，但对某个具体的企业来讲，这些业务类型归纳起来不外以下四种：等式两端会计要素同增的经济业务、等式两端会计要素同减的经济业务、等式左端会计要素有增有减的经济业务和等式右端会计要素有增有减的经济业务。

（一）等式两端同增的经济业务

等式两端同增的经济业务是指会计等式两端的要素项目同时增加的会计事项。属于这种类型的经济业务包括：资产与负债同时增加；资产与所有者权益同时增加；资产与收入同时增加；费用与负债同时增加。

【例2-7】南立公司收到投资者货币投资300 000元，已存入银行。

解析：该项经济业务的发生使资产要素增加，同时所有者权益要素增加，并导致等式左端资产方项目和等式右端同时等额增加，故等式保持平衡。

资产 ＋ 费用 ＝ 负债 ＋ 所有者权益 ＋ 收入

＋300 000　　　　　　　＋300 000

【例2-8】南立公司购进材料60 000元，货款未付。

解析：该项经济业务的发生使资产要素增加，同时负债要素增加，并导致等式左端资产方项目和等式右端同时等额增加，故等式保持平衡。

资产 ＋ 费用 ＝ 负债 ＋ 所有者权益 ＋ 收入

＋60 000　　　　　　＋60 000

（二）等式两端同减的经济业务

等式左右两端同减的经济业务是指使会计等式两端会计要素项目同时减少的会计事项。这一类型的经济业务包括：资产与负债同时减少；资产与所有者权益同时减少；费用和所有者权益同时减少。

【例2-9】南立公司用银行存款归还长期借款135 000元。

解析：该项经济业务的发生使资产要素减少，同时负债要素减少，并导致等式左端资产方项目和等式右端同时等额减少，故等式保持平衡。

资产 ＋ 费用 ＝ 负债 ＋ 所有者权益 ＋ 收入

－135 000　　　　　　－135 000

【例2-10】南立公司用银行存款246 000元归还投资者投资。

解析：该项经济业务的发生使资产要素减少，同时所有者权益要素减少，并导致等式左端资产方项目和等式右端同时等额减少，故等式保持平衡。

资产 ＋ 费用 ＝ 负债 ＋ 所有者权益 ＋ 收入

－246 000　　　　　　　－246 000

（三）等式左端此增彼减的经济业务

等式左端此增彼减的经济业务是指使会计等式的左端会计要素项目发生此增彼减的会计事项。属于这种类型的经济业务包括：资产内部项目之间的此增彼减；成本和费用内部项目的此增彼减；费用增加而资产减少；资产增加而费用减少。

【例2-11】南立公司将现金20 000元存入银行。

解析：该项经济业务的发生使一项资产要素增加，另一项资产要素减少，并导致等式左端两个资产项目同时等额一增一减，故等式保持平衡。

资产 ＋ 费用 ＝ 负债 ＋ 所有者权益 ＋ 收入

＋20 000

－20 000

【例2-12】南立公司用银行存款90 000元支付广告费。

解析：该项经济业务的发生使一项资产要素减少，费用要素增加，并导致等式左端的资产项目和费用项目同时等额一增一减，故等式保持平衡。

资产　＋　费用　＝负债＋所有者权益＋收入

－90 000　　＋90 000

（四）等式右端此增彼减的经济业务

等式右端此增彼减的经济业务是指使会计等式的右端的会计要素项目发生此增彼减的会计事项。属于这种类型的经济业务包括：负债内部项目之间的此增彼减；所有者权益内部项目的此增彼减；负债项目与所有者权益项目之间发生此增彼减；负债项目减少收入项目增加；收入项目减少所有者权益项目增加。

【例2-13】南立公司从银行取得短期借款40 000元用以直接偿还前欠货款。

解析：该项经济业务的发生使一项负债要素增加，另一项负债要素减少，并导致等式右端的两个负债项目同时等额一增一减，故等式保持平衡。

资产＋费用＝负债＋　所有者权益＋收入

＋40 000

－40 000

【例2-14】某企业将南立公司所欠款项80 000元，转作对南立公司的投入资本。

解析：该项经济业务的发生使一项所有者权益要素增加，另一项所有者权益要素减少，并导致等式右端的两个所有者权益项目同时等额一增一减，故等式保持平衡。

资产＋费用＝负债＋所有者权益＋收入

－80 000

＋80 000

【例2-15】南立公司将营业外收入10 000元转作资本公积。

解析：该项经济业务的发生使一项收入要素减少，一项所有者权益要素增加，并导致等式右端的收入项目减少，所有者权益项目同时等额增加，故等式保持平衡。

资产＋费用＝负债＋所有者权益＋收入

＋10 000　－10 000

通过上述经济业务变化类型，可以看出会计要素之间无论发生何种经济业务，会计等式两端的会计要素始终保持了平衡关系（见表2-2）。

表 2-2

会计等式验证表

单位:元

业务序号	经济业务	会计要素变动项目及金额										期初及经济业务变动后的金额				
		资产		费用		负债		所有者权益		收入		资产	费用	负债	所有者权益	收入
		增加	减少	增加	减少	增加	减少	增加	减少	增加	减少					
0	企业设立时的资产和权益											800 000		200 000	600 000	
1	收到投资者货币投资300 000元存入银行	300 000						300 000				1 100 000		200 000	900 000	
2	购进材料60 000元货款未付	60 000				60 000						1 160 000		260 000	900 000	
3	用银行存款归还长期借款135 000元		135 000				135 000					1 025 000		125 000	900 000	
4	用银行存款246 000元归还投资者投资		246 000						246 000			779 000		125 000	654 000	
5	将现金20 000元存入银行	20 000	20 000									779 000		125 000	654 000	
6	用银行存款90 000元支付广告费		90 000	90 000								689 000	90 000	125 000	654 000	
7	从银行取得短期借款40 000元直接偿还前欠货款					40 000	40 000					689 000	90 000	125 000	654 000	
8	某企业将南立公司所欠款项80 000元转作对南立公司的投入资本						80 000	80 000				689 000	90 000	45 000	734 000	
9	南立公司将营业外收入10 000元转作对资本公积							10 000			10 000	689 000	90 000	45 000	744 000	10 000

将上述经济业务类型对会计等式中各个会计要素的影响以表 2 - 3 列示如下。

表 2 - 3　　　　　　　　　　会计等式与经济业务的关系

序号	资产	＋ 费用	＝ 负债	＋ 所有者权益	＋ 收入	业务类型
(1)	＋		＋			等式两端同时增加
(2)	＋			＋		
(3)	＋				＋	
(4)		＋	＋			
(5)	－		－			等式两端同时减少
(6)	－			－		
(7)	－				－	
(8)		－	－			
(9)	＋ －					等式左端此增彼减
(10)		＋ －				
(11)	＋	－				
(12)	－	＋				
(13)			＋ －			等式右端此增彼减
(14)				＋ －		
(15)			＋		－	
(16)			－	＋		
(17)			－		＋	
(18)				＋	－	

　　会计等式的平衡原理揭示了企业会计要素之间的规律性联系；会计等式是设置会计科目和账户、试算平衡、编制会计报表的理论依据，是复式记账的基础。

课后练习

一、单项选择

1. 下列中属于资产性质的项目是（　　）。
　　A. 应付账款　　　B. 预收账款　　　C. 预付账款　　　D. 应付票据
2. 下列中属于流动资产项目的是（　　）。
　　A. 现金　　　　　B. 运输设备　　　C. 专利权　　　　D. 管理费用
3. 下列中属于负债项目的是（　　）。
　　A. 应收账款　　　B. 预收账款　　　C. 利润分配　　　D. 预付账款

4. 下列中属于负债项目的是（　　　　）
   A. 长期投资　　　　B. 预付账款　　　C. 应付利息　　　　D. 未分配利润

5. 下列中引起所有者权益项目有增有减的经济业务是（　　　　）。
   A. 以短期借款直接偿还应付账款　　　　B. 以银行存款支付投资者的利润
   C. 接受捐赠的固定资产　　　　　　　　D. 经批准将盈余公积转增资本

6. 下列中不属于期间费用的项目是（　　　　）。
   A. 财务费用　　　　B. 管理费用　　　C. 销售费用　　　　D. 所得税费用

7. 以银行存款缴纳所得税费，引起会计要素的增减变动为（　　　　）。
   A. 一项资产减少，一项所有者权益减少　　B. 一项资产减少，一项负债减少
   C. 一项负债减少，一项所有者权益增加　　D. 一项负债增加，一项所有者权益减少

8. 收回前欠的货款存入银行，所引起的变动是（　　　　）。
   A. 一项资产减少，一项费用增加　　　　B. 一项资产减少，一项负债减少
   C. 一项资产减少，另一项资产增加　　　D. 一项负债减少，另一项负债增加

9. 会计中最基本的会计等式是（　　　　）。
   A. 收入 − 费用 = 利润　　　　　　　B. 收入 − 成本 = 利润
   C. 资产 = 负债 + 所有者权益　　　　D. 资产 + 负债 = 所有者权益

10. 根据"资产 = 负债 + 所有者权益"这一平衡公式填列的会计报表是（　　　　）。
   A. 主营业务收支明细表　　　　　　　B. 资产负债表
   C. 利润表　　　　　　　　　　　　　D. 现金流量表

二、多项选择

1. 下列中属于资产的项目是（　　　　）。
   A. 银行存款　　　　B. 应收账款　　　C. 利润分配　　　　D. 所得税费用

2. 下列各项中属于流动资产的项目是（　　　　）。
   A. 设备　　　　　　B. 完工产品　　　C. 银行存款　　　　D. 应收账款
   E. 专利权

3. 下列各项中属于所有者权益的项目是（　　　　）。
   A. 形成的利润　　　　　　　　　　　B. 出现的亏损
   C. 对利润的分配　　　　　　　　　　D. 投资者投入资本
   E. 从银行取得贷款

4. 期间费用指企业一定期间内发生的不能计入产品成本，而直接计入当期损益的各项费用，包括（　　　　）。
   A. 制造费用　　　　　　　　　　　　B. 管理费用
   C. 财务费用　　　　　　　　　　　　D. 销售费用

5. 会计恒等式用公式表示为（　　　　）。
   A. 资产 = 负债 + 所有者权益
   B. 资产 = 债权人权益 + 所有者权益
   C. 资产 = 权益

D. 资产 = 所有者权益

E. 资产 = 负债 + 所有者权益 + （收入 - 费用）

三、正误判断

1. 资产按实物形态可分为流动资产和非流动资产。 （　　）

2. 资产包括固定资产和流动资产两部分。 （　　）

3. 资产与所有者权益在数量上始终是相等的。 （　　）

4. 资产只能是企业拥有的能以货币计量的经济资源。 （　　）

5. 应收及预付款项都是企业的短期债权，应收账款的收取对象是货物，预付账款的收取对象是货币资金。 （　　）

6. 流动负债是指将在一年或超过一年的一个营业周期内偿还的债务。 （　　）

7. 负债包括潜在的偿债义务和现实的偿债义务。 （　　）

8. 权益指的是所有者权益。 （　　）

9. 在实际工作中，企业每天发生的经济业务要复杂得多，但无论其引起会计要素如何变动，都不会破坏资产与权益的恒等关系。 （　　）

10. 企业的收入包括销售商品收入、劳务收入、利息收入、租金收入、股利收入和为第三方客户代收的款项。 （　　）

第三章 会计账户和复式记账

本章教学内容提示

本章主要介绍会计账户的基本概念、分类、结构和使用的基本方法，以及会计科目的基本概念和设置原则；借贷复式记账法的概念、特点。

本章教学要点概览

概念

G1 会计账户

G2 会计科目

G3 总分类账户

G4 明细分类账户

G5 记账方法

G6 单式记账法

G7 借贷复式记账法

G8 试算平衡公式

分析

F1 会计账户的信息特点和设置原则

F2 会计账户的基本结构

F3 会计账户的基本要素及其相互关系

F4 会计账户的分类及其特点

F5 会计科目的概念和设置原则

F6 会计账户与会计科目的区别与联系

F7 复式记账的基本原理及其种类

F8 借贷记账法的特点和应用

F9 会计分录的编制方法

F10 总账和明细账的平行登记

程序

C1 会计分录的编制程序

C2 平行登记的程序

第一节　会计账户

一、会计账户的概念

（一）什么是会计账户

会计账户是具有一定格式和结构，用于分类反映会计要素增减变动情况及其结果的载体。会计账户是提供会计信息的重要工具，设置会计账户是会计核算的重要方法之一。

与其他会计核算方法相比，会计账户所提供的会计信息具有以下特点：

（1）反映会计信息的连续性。为了使会计信息使用者及时取得有关会计信息，会计人员需要人为地将企业持续不断的经营活动划分为若干相等的会计期间。会计账户在反映会计信息时，通过期初余额与期末余额的结转，将每个会计期间的会计信息有效地联结在一起，形成连续的会计信息。

（2）反映会计信息的实用性。对于会计信息使用者来讲，会计对象或会计要素的概念非常抽象、概括，但会计账户却非常具体。因为会计账户是将会计要素进行科学分类后，将不同类别的会计信息分别反映在每个具体的会计账户中，使会计信息使用者能够通过会计账户所反映的会计信息进行分析、决策。

（3）反映会计信息的系统性。会计账户是以会计要素为基础建立起会计信息系统。因此，通过会计账户能够全面反映会计要素体系的增减变化情况，系统而全面反映会计信息。

（二）会计账户的设置原则

（1）会计账户的设置必须从客观实际出发，与企业的特点和规模相适应。在设置会计账户时，应当在充分满足企业管理需要，保证账户组织的严密完整的基础上，尽量减少账簿登记工作量，防止重复设账，提高账簿登记的工作效率。

（2）会计账户的设置必须符合自身规律性的要求。会计账户所反映的会计信息是编制会计报表的依据。为了满足会计报表资料的需要，便于会计报表的编制，在设置会计账户时，应当尽可能使账户的种类、项目与会计报表的种类与指标口径一致，从而减少编制会计报表时的汇总或分解等工作，提高会计报表的编制和报送速度。

（3）会计账户的设置必须适应经济管理的要求。会计账户的设置应尽可能地与企业的会计核算程序相适应。不同的会计核算程序，应设置相应的会计账户。

（4）会计账户的设置既要灵活又要保持相对的稳定性。会计账户的设置要便于登记、审核与保管。

二、会计账户的结构

（一）账户的基本要素

会计账户是用来记录会计要素增减变化的载体。为了适应不同类型经济业务的反映要求，人类在长期的社会生产实践中，发明、总结出多种多样的账户的格式和登记方法。但无论采用哪一种格式，每一个会计账户都应包含以下基本要素：

1. 账户名称

账户名称是每个会计账户区别于其他会计账户最典型的特征，它集中体现了每个账户反映的核算内容。每一个账户都有其特定的核算内容，只能对特定的经济业务的进行核算，只能对某项经济业务中某一方面的会计数据进行分类记录，只从某一个侧面来反映会计要素的变化过程及其结果，一般不能用其他账户来替代。正因如此，每个账户才具有区别于其他账户的特征。

2. 账户方向

随着经济业务的发生，会计要素在数量上呈现出增减变化，并相应产生变化结果。在复式记账法下，用来分类记录经济业务的账户也相应分为两个基本部分，一方登记增加额，另一方登记减少额。为便于学习，以下内容将用"T"形账户讲解账户的基本结构，并将账户的方向分为左方和右方（见图3-1）。

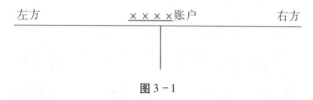

图3-1

3. 发生额

发生额指经济业务发生时引起有关账户变动的金额，包括本期增加的发生额和本期减少的发生额。账户哪一方登记增加发生额，哪一方登记减少发生额，余额在哪一方，取决于记账方法和账户所反映的经济内容。

4. 余额

余额指经济业务所属会计期间的某个特定会计账户的结余数。由于会计账户记录的连续性，各会计期间的账户余额按其所处会计期间的期初和期末分为期初余额和期末余额（见图3-2）。

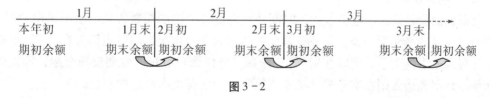

图3-2

其次，对于某个账户而言，余额一般与增加方发生额方向一致。具体包括以下几种情况：

（1）单向余额。按照余额所在位置可以分为：

左方单向余额：某些账户的期末或期初余额在账户的左方；

右方单向余额：某些账户的期末或期初余额在账户的右方。

（2）双向余额：会计期末账户余额可能在左方，也可能在右方。但无论余额在哪一方，每个账户的期末余额只有一个，即或者在左方，或者在右方。

（3）无余额：会计期末账户余额为零。

账户基本结构如图 3-3~图 3-6 所示。

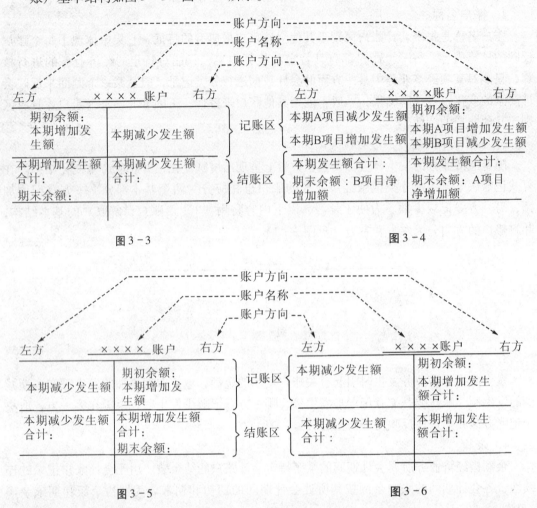

图 3-3   图 3-4

图 3-5   图 3-6

5．日期和摘要

日期和摘要是指经济业务发生的时间和经济业务内容的简要说明。由于采用"T"形账户的主要目的是介绍与经济业务有关金额的增减变动情况，同时也因为在"T"形账户中不便写入过多的文字，所以在用"T"形账户介绍账户登记时主要反映金额，即发生额和余额，日期和摘要则在实务账（见本书第六章中的有关内容）中登记。

（二）账户发生额与余额的关系

发生额和余额的关系可用下列等式表示：

期末余额 ＝ 期初余额 ＋ 本期增加发生额 － 本期减少发生额

本期期初余额 ＝ 上期期末余额

三、会计账户的分类

虽然每个会计账户都有其特定的核算内容和区别于其他账户的特征，为了更好地把握会计账户的应用规律，就需要从会计账户的类别去认识会计账户的特点。会计账户的设置是以会计要素为基础建立的，而每类会计要素之间本身就存在着诸多共同特征。因此，从会计账户反映会计信息的本质特征即可从中找出账户之间所具有的共同点。会计账户最主要的分类包括按会计账户的经济内容分类和按会计账户的用途结构分类。

（一）按经济内容的分类

会计账户的经济内容是指账户所反映的会计对象的具体内容，而会计对象的具体内容实质上就是会计要素的内容。所以，按账户的经济内容对账户进行分类，就是按账户所反映的会计对象的具体内容对账户进行分类，也就是按账户所反映的会计要素的具体内容进行分类。会计账户按经济内容分类是会计账户最基本、最主要的分类，因为账户之间最根本的区别就在于其反映的经济内容不同。

企业的会计对象，就是资金运动，资金运动可以分为静态运动和动态运动两种形式。资产、负债、所有者权益构成资金运动的静态形式，而收入、费用和利润则构成资金运动的动态形式，于是按经济内容分类建立的账户体系，应包括反映资金运动的静态账户和反映资金运动的动态账户两类。反映资金运动的静态账户应由反映资产的账户、反映负债的账户和反映所有者权益的账户所组成；反映资金运动的动态账户应由反映成本的账户和反映损益的账户所组成。

1. 资产账户

资产账户是指核算企业各种资产的增减变动及结存情况的账户。资产按流动性不同，可以分为流动资产和非流动资产两类，因而资产类账户也相应地分为反映流动资产的账户和反映非流动资产的账户两类。

2. 负债账户

负债账户是指核算企业各种负债的增减变动及结存情况的账户。按照负债的还款期不同，可以分为核算流动负债的账户和核算长期负债的账户两类。

3. 共同账户

共同账户是指核算具有资产和负债双重性质的账户。按共同类账户余额的方向分为反映资产的账户和反映负债的账户。所以，共同类科目的特点就是需要根据账户期末余额所在方向界定其性质。该类账户运用于特殊行业的特定企业。

4. 所有者权益账户

所有者权益类账户是指核算企业所有者权益的增减变动及结果的账户。按照所有者权益的来源和构成的不同，又可以分为核算投入资本的账户和核算留存收益的账户两类。

5. 成本账户

成本账户是指核算企业在生产经营过程中为制造产品所发生的各种费用支出及成本计算的账户。按照成本的不同性质和内容，成本类账户还可以分为反映直接成本和间接成本的账户。

6. 损益账户

损益账户是指核算利润的形成和分配情况的账户。该类账户按照财务成果的核算过程又可分为核算利润形成情况的账户和核算利润分配情况的账户两类，按照核算的内容还可分为反映收入的账户、反映支出的账户、反映利得的账户和反映损失的账户四类。

账户按经济内容分类与会计要素之间的关系如图 3-7 所示。

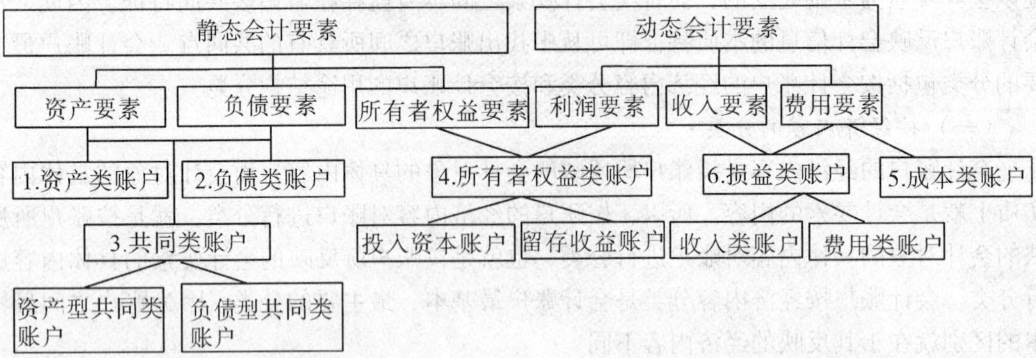

图 3-7

（二）按用途结构的分类

所谓账户的用途是指账户设置和运用的目的，也就是账户记录能够提供什么核算指标；所谓账户的结构是指在账户中如何登记经济业务，包括账户左方和右方登记什么内容，余额在哪一方，表示什么内容。

1. 盘存账户

盘存账户是用以核算各项财产物资及货币资金增减变动情况和实有数额的账户。

盘存账户的特点主要体现在三个方面：一是该类账户的核算对象都是资产；二是各账户余额均为左方单向余额，反映各项财产物资和货币资产的结存数；三是各账户余额均可通过实地盘点数量进行核对，以检查账户记录是否正确，是否账实相符。

2. 结算账户

结算账户是用以核算企业与其他单位或个人之间的应收、应付款项结算情况的账户。包括债权结算账户、债务结算账户和债权债务结算账户三种类型。

（1）债权结算账户。债权结算账户是用来核算和监督企业同各个债务单位或个人之间应收及预付款项的增减变动及余额的账户。其特点是各账户余额均为左方单向余额，表示应收尚未收回的债权实有数。

（2）债务结算账户。债务结算账户是用来核算和监督企业同各个债权单位或个人之间各项应付、预收账款，各项借款的增减变动和结余情况的账户。其特点是各账户余额均为右方单向余额，表示尚未偿还的债务的实有数。

（3）债权债务结算账户。债权债务结算账户是用来核算和监督企业同其他单位或个人之间及同企业内部各部门之间债权债务往来结算的账户。为了能在同一账户中集中反映与同一单位或个人的这种债权债务的增减变化，就需要设置具有债权债务双重性质的账户。其特点是余额方向不定，有时在左方，有时在右方，表示尚未收回的债权或尚未偿付的债务。

3. 资本账户

资本账户是用来核算和监督实收资本以及资本公积、盈余公积和利润分配的增减变动及其实有数额的账户。资本账户的特点为：一是该类账户的核算对象都是所有者权益；二是各账户余额均为右方单向余额，反映各项资本的实有数。

4. 成本计算账户

成本计算账户是用来核算企业在生产经营过程中某一阶段发生的全部费用，并据以计算各成本计算对象实际成本的账户。这类账户的左方登记计入特定对象成本的全部费用，右方登记转出的实际成本，期末余额在借方，表示尚未完成某个阶段的成本计算对象的实际成本。若成本计算对象在一定时期内全部完成，某个阶段则无余额；如果尚未全部完成，则账户有余额。

5. 集合分配账户

集合分配账户是用来汇集和分配经营过程中某一阶段所发生的某种费用，借以反映和考核有关费用计划执行情况以及费用分配情况的账户。其特点是左方登记费用的发生数，右方登记费用的分配数，通常期末没有余额。费用经分配结转后，本类账户期末无余额。

6. 期间汇转账户

期间汇转账户是用来汇集企业在一定期间内某种收入或支出，并将本期发生收入或支出转入当期损益的账户。集合汇转账户一般没有余额，其账户的一方归集本期发生的收入或费用数额，另一方将本期归集的数额全部转入当期损益。

该类账户按照其汇集的性质和经济内容，又可以划分为收入集合汇转账户和费用（支出）集合汇转账户两类。

（1）期间收入汇转账户

期间收入汇转账户是用来汇集和分配结转企业在经营过程中从事某种经济活动或其他活动所取得的收入的账户。这类账户的结构是：右方反映某种收入的汇集；左方反映该项收入的减少或转销；汇集的收入经转销后，账户无余额。

（2）期间费用（支出）汇转账户

期间费用（支出）汇转账户是用来汇集和分配结转企业在经营过程中从事某种经济活动或其他活动所发生的某种费用或支出，以反映该项费用的发生及其分配情况的账户。这类账户的结构与收入集合汇转账户正好相反：左方反映某种费用或支出汇集；右方反映该项费用的分配结转；汇集的费用（支出）经分配结转后，账户无余额。

7. 跨期摊配账户

跨期摊配账户是用来反映应由本期和以后若干期共同负担的成本计算账户的结构图集合分配账户的结构图跨期摊配账户的结构费用，并将这些费用在各期进行分配，借以正确计算各时期产品成本的账户。

8. 财务成果计算账户

财务成果计算账户是用来核算企业在一定时期内的最终成果的账户。该类账户的右方汇集一定时期内的各种收入和收益等，左方汇集一定时间内的成本和支出以及投资净损失等。账户的余额在右方时，表示企业所获得的利润总额；余额在左方时，则表示企业发生的亏损数额。

9. 调整账户

调整账户是为了获得被调整账户的实际余额而设置的账户。在会计核算工作中，为了满足管理上的需要，对于某些会计要素的增减变动情况需要用两个不同的账户来反映：一个账户反映某项资产或负债的原始数额，另一个账户反映对原始数额的调整数。反映原始数据的账户称为被调整账户，又称为主账户；反映原始数据调整数额的账户称为调整账户，又称为辅助账户。

调整账户按照调整的方式可以分为备抵账户、附加账户和备抵附加账户三类。一个账户属于抵减（备抵）账户，还是属于附加账户，决定于两个账户间调整的方式。采用抵减方式求得被调整账户实际数额的账户称为抵减账户，又叫"备抵账户"；采用附加方式求得被调整账户实际数额的账户称为"附加账户"；一个账户，既采取抵减（备抵）的方式求得被调整账户的实际数额，又采取附加的方式求得被调整账户的实际数额，称为"抵减（备抵）附加账户"。

调整账户的计算公式是：被调整账户余额 ± 调整账户余额 = 被调整账户的实际余额

10. 计价对比账户

计价对比账户是指在一个账户中的不同方向（左方、右方）按两种不同的计价标准进行核算对比，借以确定其业务成果的账户。

会计账户除按经济内容和经济用途分类外，还可按其他标准进行分类。如按会计账户反映会计信息的详略程度的不同，可以分为总分类账户和明细分类账户，总分类账户与明细分类账户相比，反映的会计信息比较概括、简略，而明细分类账户反映的会计信息更具体、详细，不仅可以提供价值指标，还可以提供数量指标。

第二节　会计科目

一、会计科目的含义

会计科目是指对会计要素的内容进行具体分类的标志或项目，是对会计账户的名称、核算内容、设置方法等进行具体要求的规范。设置会计科目是会计核算的基础。企业进行会计核算时，必须根据会计科目设置会计账户。所以，会计科目既有分类的含义，又有账户名称的含义。

在我国，行政单位、事业单位和企业使用的会计科目，都是由国家财政部统一制定的。2006 年 10 月 30 日财政部发布《企业会计准则——应用指南》附录中，对会计科目和主要账务处理都做了明确的规范。会计科目表见表 3－1。

表 3 - 1　　　　　　　　　　会计科目表

顺序号	编号	会计科目名称	顺序号	编号	会计科目名称
		一、资产类			一、资产类
1	1001	库存现金	41	1501	持有至到期投资
2	1002	银行存款	42	1502	持有至到期投资减值准备
3	1003	存放中央银行款项	43	1503	可供出售金融资产
4	1011	存放同业	44	1511	长期股权投资
5	1012	其他货币资金	45	1512	长期股权投资减值准备
6	1021	结算备付金	46	1521	投资性房地产
7	1031	存出保证金	47	1531	长期应收款
8	1101	交易性金融资产	48	1532	未实现融资收益
9	1111	买入返售金融资产	49	1541	存出资本保证金
10	1121	应收票据	50	1601	固定资产
11	1122	应收账款	51	1602	累计折旧
12	1123	预付账款	52	1603	固定资产减值准备
13	1131	应收股利	53	1604	在建工程
14	1132	应收利息	54	1605	工程物资
15	1201	应收代位追偿款	55	1606	固定资产清理
16	1211	应收分保账款	56	1611	未担保余值
17	1212	应收分保合同准备金	57	1621	生产性生物资产
18	1221	其他应收款	58	1622	生产性生物资产累计折旧
19	1231	坏账准备	59	1623	公益性生物资产
20	1301	贴现资产	60	1631	油气资产
21	1302	拆出资金	61	1632	累计折耗
22	1303	贷款	62	1701	无形资产
23	1304	贷款损失准备	63	1702	累计摊销
24	1311	代理兑付证券	64	1703	无形资产减值准备
25	1321	代理业务资产	65	1711	商誉
26	1401	材料采购	66	1801	长期待摊费用
27	1402	在途物资	67	1811	递延所得税资产
28	1403	原材料	68	1821	独立账户资产
29	1404	材料成本差异	69	1901	待处理财产损溢
30	1405	库存商品	顺序号	编号	二、负债类
31	1406	发出商品	70	2001	短期借款
32	1407	商品进销差价	71	2002	存入保证金
33	1408	委托加工物资	72	2003	拆入资金
34	1411	周转材料	73	2004	向中央银行借款
35	1421	消耗性生物资产	74	2011	吸收存款
36	1431	贵金属	75	2012	同业存放
37	1441	抵债资产	76	2021	贴现负债
38	1451	损余物资	77	2101	交易性金融负债
39	1461	融资租赁资产	78	2111	卖出回购金融资产款

表3-1（续）

顺序号	编号	会计科目名称	顺序号	编号	会计科目名称
		二、负债类			五、成本类
40	1471	存货跌价准备	79	2201	应付票据
80	2202	应付账款	118	5101	制造费用
81	2203	预收账款	119	5201	劳务成本
82	2211	应付职工薪酬	120	5301	研发支出
83	2221	应交税费	121	5401	工程施工
84	2231	应付利息	122	5402	工程结算
85	2232	应付股利	123	5403	机械作业
86	2241	其他应付款	顺序号	编号	六、损益类
87	2251	应付保单红利	124	6001	主营业务收入
88	2261	应付分保账款	125	6011	利息收入
89	2311	代理买卖证券款	126	6021	手续费及佣金收入
90	2312	代理承销证券款	127	6031	保费收入
91	2313	代理兑付证券款	128	6041	租赁收入
92	2314	代理业务负债	129	6051	其他业务收入
93	2401	递延收益	130	6061	汇兑损益
94	2501	长期借款	131	6101	公允价值变动损益
95	2502	应付债券	132	6111	投资收益
96	2601	未到期责任准备金	133	6201	摊回保险责任准备金
97	2602	保险责任准备金	134	6202	摊回赔付支出
98	2611	保户储金	135	6203	摊回分保费用
99	2621	独立账户负债	136	6301	营业外收入
100	2701	长期应付款	137	6401	主营业务成本
101	2702	未确认融资费用	138	6402	其他业务成本
102	2711	专项应付款	139	6403	营业税金及附加
103	2801	预计负债	140	6411	利息支出
104	2901	递延所得税负债	141	6421	手续费及佣金支出
顺序号	编号	三、共同类	142	6501	提取未到期责任准备金
105	3001	清算资金往来	143	6502	提取保险责任准备金
106	3002	货币兑换	144	6511	赔付支出
107	3101	衍生工具	145	6521	保单红利支出
108	3201	套期工具	146	6531	退保金
109	3202	被套期项目	147	6541	分出保费
顺序号	编号	四、所有者权益类	148	6542	分保费用
110	4001	实收资本	149	6601	销售费用
111	4002	资本公积	150	6602	管理费用
112	4101	盈余公积	151	6603	财务费用
113	4102	一般风险准备	152	6604	勘探费用
114	4103	本年利润	153	6701	资产减值损失
115	4104	利润分配	154	6711	营业外支出
116	4201	库存股	155	6801	所得税费用
顺序号	编号	五、成本类	156	6901	以前年度损益调整
117	5001	生产成本			

二、会计科目级次

不同的会计信息使用者对会计信息有不同的要求。一般来说，向企业外部报送会计报表只需比较综合的会计数据，而企业内部则要求提供尽可能具体、详细的会计资料。如库存材料，在对外报送只需提供库存材料总额就可以了。但对于企业内部管理来讲，为了掌握、控制每类（种）材料的增减变动和结存情况，不仅要求提供库存材料总额，而且要求提供各类（种）原材料的品名、数量和金额，以满足内部经营管理的需要。会计科目的分级设置就是为了满足这些不同需要。

会计科目总体上分为两级，第一级为总分类科目，又称为一级科目。第二级为明细分类科目。需要注意的是，我国现行《企业会计准则》中的会计科目表的使用说明中，有的规定了需要设置的明细分类科目，有的则未作规定。对于这种情况，应由企业或单位根据需要自行设置。通常，企业可根据实际需要再分为二级、三级乃至四级明细科目。总之，目前在我国统一制定的会计科目中，一级科目均由国家财政部统一制定，明细分类科目的设置则有较大的灵活性。以下举例说明会计科目的级次，如表3-2所示：

表3-2

总分类科目（一级科目）	明细分类科目		
	二级科目	（三级）明细科目	（四级）明细科目
原材料	原料及主要材料	木材	原木
			板材
			方木
		钢材	圆钢
			扁钢
			角钢
	辅助材料	油漆	1号油漆
			2号油漆
		金属连接件	A型连接件
			B型连接件

三、会计科目的内容

国家财政部统一指定的会计科目包括两方面的内容：

（1）会计科目的核算内容。比如"库存现金"科目规定："本科目核算企业的库存现金。"各个会计科目都有明确的核算内容，在核算内容上既有分工，又有联系；既防止遗漏，也防止重复和混淆不清。

（2）会计科目的使用方法。比如"库存现金"科目中对收到现金和支出现金怎样记账，都做了明确规定。这样既有利于会计人员在会计核算中正确使用会计科目，也为会计操作提供了方便。

（3）会计科目的固定编号。在会计科目表中，每一个会计科目都有一个固定的编号，这个编号是会计科目（或账户）编号。它可为会计核算，特别是会计电算化提供方便。科目编号一般采用四位数，第一位代表会计科目分类的大类别，第二位代表小类别，第三、四位数为顺序号。比如，"库存现金"科目的编号为1001，其中第一位数的"1"代表资产类，第二位数的"0"代表资产类中的货币资金类，第三、四位数"01"代表顺序（见表3-3）。

表3-3　　　　　　　　　　　　　会计科目编号

会计科目编号含义		科目类别		一级账顺序号		二级账顺序号	三级账顺序号
会计科目编号数位		千位	百位	十位	个位		
会计科目	库存现金	1	0	0	1	—	—
	应收账款——宏达公司	1	1	2	2	1	—

四、会计科目与会计账户的关系

会计科目与账户既有区别又有联系。两者都是对会计要素进行的分类，都说明一定的经济业务内容。但是，会计科目是对会计账户的名称、核算内容做出的会计规范，会计账户是按照会计科目的规范，连续、系统地记录反映某项经济业务内容的增减变化及其结果的载体，它有一定的格式和具体的结构。

会计科目和账户的关系非常密切。没有会计科目，账户提供什么会计指标就无法确定，没有账户，会计人员就无法连续、系统地反映和监督会计科目核算的经济业务内容。会计科目是设置会计账户的依据，会计账户则是会计科目规定内容的具体应用。只有将会计科目与账户结合起来，按照会计科目在会计账簿上设置相应的账户，才能够开展会计核算工作。

第三节　借贷记账法

一、记账方法

记账方法是指按照一定的记账规则，使用特定的记账符号，在账簿中登记各项经济业务的技术方法。记账方法的形成，经历了从最初的单式记账法，随着社会经济的发展和对记账方法的不断改进，逐渐演变到复式记账法的过程。

（一）单式记账法

单式记账是指对发生的每一笔经济业务只在一个账户中进行登记的记账方法，是一种比较简单、不完整的记账方法。其特点是：各账户之间没有严密的对应关系，账户记录也不可能相互平衡。从记账内容看，单式记账一般只登记现金的收支和人欠、欠人等事项，有的也登记实物的收付，但记账手续非常简单。例如，用银行存款购买材料，只登记"银行存款"的减少，不登记"原材料"的增加；购买材料，货款未付时，只登记"应付账款"的增加，不登记"原材料"的增加。由于这种方法在账户设置和记录上是不完整的，没有全面反映资金运动的来龙去脉，也不便于检查账户记录的正确性和完整性，目前，很少有单位采用这种记账方法。我国会计准则明确规定，企业等单位一律采用借贷复式记账法。

（二）复式记账法

1. 什么是复式记账法

复式记账法是指对发生的每一项经济业务，都要以相等的金额在相互关联的两个或两个以上账户中进行记录的记账方法。例如，用银行存款购买原材料时，不仅要在"银行存款"账户中登记银行存款的减少，还要在"原材料"账户中按相同的金额登记原材料的增加。这样，"银行存款"账户和"原材料"账户之间就形成了一种对应关系。再如，当企业赊购材料时，一方面要在"应付账款"账户中登记应付款的增加，另一方面要按相同的金额在"原材料"账户中登记材料的增加。因此，"原材料"账户与"应付账款"账户之间也形成了一种对应关系，这种对应关系就反映出经济业务引起的资金运动的来龙去脉。

2. 复式记账的基本原理

会计等式揭示出有关资金运动的内在规律，即任何一项经济业务的发生，都会引起两个或两个以上会计要素（或同一会计要素的两个项目）发生增减变动，或等式两边同增，或等式两边同减，或等式左（右）边此增彼减，且变动的金额相等。复式记账则以此为理论依据。因为，在会计核算中，要真实全面地反映这一客观规律，就应将变动的会计要素以相等的金额同时在两个或两个以上相互联系的账户中进行登记，这就是复式记账。因此，会计等式是复式记账法的理论基础，复式记账是会计等式不断实现新平衡的保证。采用复式记账能够全面、系统地在账户中记录经济业务，提供有用的会计信息；能够清晰地反映资金运动的来龙去脉，便于对经济业务内容的反映和监督；能够运用平衡关系检验账户记录有无差错，保证账簿记录的正确性。

3. 复式记账法的主要特点

复式记账法的主要特点是，对于每一项经济业务，都必须在两个或两个以上相互联系的账户中进行记录。需要说明的是，复式记账法所记录的对象是企业发生的任何一项经济业务，不能有所遗漏。每项业务所涉及的至少是两个账户，而这些账户之间存在着一种对应关系。因此，首先，通过账户记录不仅可以全面、清晰地反映出经济业务的来龙去脉，还能够全面、系统地反映经济活动的过程和结果。其次，对于每一项经济业务，必须以相等的金额进行记录。即不仅要在相互联系的账户中进行登记，还必须以相等的金额进行记录。这样，我们可以很容易地通过许多试算平衡的方法来检查账户记录是否正确。关于试算平衡，将在下面的内容中详述。

4. 复式记账法的种类

由于上述特点，复式记账法被世界各国公认为一种科学的记账方法而被广泛采用。目前我国的企业和行政、事业单位采用的记账方法都是复式记账法。

但是，从复式记账法的发展历史看，我国在新中国成立后曾经出现过多种复式记账方法并存的阶段。如在 1993 年以前，我国行政机关及事业单位曾采用"资金收付记账法"，金融业曾采用"现金收付记账法"，商业企业曾采用"增减记账法"，只有工业企业采用"借贷记账法"。随着我国市场经济的成熟与发展，统一记账方法成为规范会计工作和及时准确地反映会计信息的需要。这是因为一方面借贷记账法经过多年的实践已被全世界的会计工作者普遍接受，是一种比较成熟、完善的记账方法；另一方面，从会计实务角度看，统一记账方法对企业间横向经济联系和加强国际交往等都会带来极大的方便，并对规范会计核算工作和更好地发挥会计的作用具有重要意义。1992 年 11 月 30 日财政部发布《企业财务通则》《企业会计准则》，经国务院批准，自 1993 年 7 月 1 日起施行，自此结束我国企业会计核算中多种记账方法并存的局面。1997 年 5 月 28 日财政部发布《事业单位会计准则（试行）》，自 1998 年 1 月 1 日起施行，最终使借贷记账法成为我国各行各业统一采用的复式记账方法。

二、借贷记账法

（一）借贷记账法的概念

借贷记账法又称借贷复式记账法，是复式记账法的一种。它是以"借"、"贷"为记账符号，以"资产＝负债＋所有者权益"的会计等式为理论依据，以"有借必有贷，借贷必相等"为记账规则的一种科学的复式记账法，是目前国际通用的复式记账法。

借贷记账法起源于 12～13 世纪资本主义商品经济发展较早的意大利，它是适应当时商业资本和借贷资本经营管理的需要而产生的。借贷记账法的"借"、"贷"二字，最初以其本来含义记账，以"借"表示"欠"，"贷"表示"有"，其实质反映的是"债权"、"债务"关系。随着商品经济的发展，借贷记账法也在不断发展和完善，"借"、"贷"二字逐渐失去其字面的含义，变成了纯粹的记账符号。1494 年，意大利著名的数学家卢卡·帕乔利在他的数学巨著《算术、几何、比与比例概要》一书的"簿记论"中，系统地介绍了借贷复式簿记法，借贷记账法也由此成为社会公认的复式记账法。这本著作的诞生标志着近代会计的开始，卢卡·帕乔利也被誉为"近代会计之父"。

（二）借贷复式记账法的特点

1. 理论基础

前已述及，会计等式"资产＝负债＋所有者权益"揭示了会计要素之间的内在联系和恒等关系，而综合会计等式"资产＋费用＝负债＋所有者权益＋收入"则反映了在收入、费用发生后，会计六要素之间的平衡关系，它综合地反映了企业在期初、期末的某一时点上的财务状况和企业在某一特定期间内的经营成果，是静态会计等式和动态会计等式的有机结合。由此看出，会计等式与借贷记账法反映的内容——会计要素的增减变动过程及其结果是完全一致的。因为这一内容始终贯穿在借贷记账法之中。根据会计等式"资产＋费用＝负债＋所有者权益＋收入"，会计账户可分为等式左边的账户和等式右边的账户（见图 3－8）。

资产＋费用 ＝ 负债＋所有者权益＋收入

借方	资产类 账户	贷方
期初余额：×××		
本期增加发生额：×××	本期减少发生额：×××	
本期发生额合计：×××	本期发生额合计：×××	
期末借方余额：×××		

借方	负债、所有者权益类 账户	贷方
	期初余额：×××	
本期减少发生额：×××	本期增加发生额：×××	
本期发生额合计：×××	本期发生额合计：×××	
	期末贷方余额：×××	

借方	成本、费用、支出类 账户	贷方
本期增加发生额：×××	本期减少发生额：×××	
本期发生额合计：×××	本期发生额合计：×××	

借方	收入类 账户	贷方
本期减少发生额：×××	本期增加发生额：×××	
本期发生额合计：×××	本期发生额合计：×××	

图 3－8

从图 3－8 可以看出，处于等式左边的资产和费用账户，"借方"即"左方"记增加，"贷方"即"右方"记减少，如果有余额一般在"借方"；处于等式右边的负债、所有者权益、收入账户，"贷方"即"右方"记增加，"借方"即"左方"记减少，如果有余额一般在"贷方"。

会计等式对记账方法的要求决定了借贷记账法的记账规则、账户结构和试算平衡的基本原理，因此，会计等式是借贷记账法的理论基础。

2. 记账符号

借贷记账法以"借"、"贷"作为记账符号。

需要注意的是，当"借"、"贷"二字未与某个具体的会计账户和经济业务相联系时，它们仅仅只代表会计账户中两个固定的记账方向，即"借方"和"贷方"，是一组纯粹的记账符号而没有任何具体的含义。但是，当"借"、"贷"二字与某个具体的会计账户和经济业务相联系时，它们就会具有不同的、甚至是截然相反的含义。如"资产账户"与"负债账户"的"借方"和"贷方"就是完全相反的两种含义。因为这两类账户是两种性质完全相反的会计账户。因此，对于一个账户而言，"借方"和"贷方"究竟哪方记增加，哪方记减少，需要根据账户的性质及其核算内容来决定。

3. 记账规则

记账规则是指记录经济业务时所应遵循的规则。

借贷记账法的记账规则是："有借必有贷，借贷必相等。"所谓"有借必有贷"是指对于一项经济业务，既要登记有关会计账户的借方，同时还必须记入有关会计账户的贷方；所谓"借贷必相等"是指记入"借方"和"贷方"的金额必须相等。

借贷记账法记账规则的形成是人们在长期的会计实践中总结而来。首先，从会计账户来看，根据会计等式的基本原理，可以将会计账户分为等式左端的会计账户和等式右端的会计账户。假设对等式左端的账户，即"资产"、"费用"类账户分别以"借方"、"贷方"取代"增加"、"减少"时，就会发现在"左借右贷"的账户结构下，这些会计账户是以"借方"反映"增加",而以"贷方"反映"减少";等式右端的账户,即"负债"、"所有者权益"、"收入"类账户则只能以相反的记账符号反映"增加"、"减少"的内容。因为这是两类性质完全相反的会计账户。

其次,从经济业务变化类型来看,在第二章中,我们曾将经济业务归纳为四种基本类型,即等式两端会计要素同增的经济业务;等式两端会计要素同减的经济业务;等式左端会计要素有增有减的经济业务;等式左端会计要素有增有减的经济业务。当经济业务发生只涉及等式的某一端的会计要素时,其变动是"有增有减",当经济业务的发生涉及等式两端的会计要素时,其变动是"同增"或"同减"。由于等式两端正好是用相反的符号表示增减,因此,所有的经济业务在借贷记账法下,都是"有借必有贷,借贷必相等"。以下举例说明借贷记账法记账规则。

【例3-1】企业从银行存款中提取现金1 000元。

这项经济业务的发生,使企业的资产项目——库存现金增加了1 000元,另一个资产项目——银行存款减少了1 000元。因此,它涉及资产类中的"库存现金"和"银行存款"两个账户,应分别登记在"库存现金"账户的借方和"银行存款"账户的贷方。

【例3-2】企业从银行借入短期借款6 000元,用于归还以前所欠的购货款。

这项经济业务的发生,使企业的负债项目——短期借款增加了6 000元,另一负债项目——应付账款相应地减少了6 000元。因此,它涉及负债类中的"短期借款"和"应付账款"两个账户,应分别登记在"短期借款"账户的贷方和"应付账款"账户的借方。

【例3-3】企业收到投资人投入资金200 000元,存入银行。

这项经济业务的发生,使企业的资产项目——银行存款增加了200 000元,相应地使企业的所有者权益项目——实收资本增加了200 000元。因此,它涉及资产类账户"银行存款"账户和所有者权益类账户"实收资本"账户,应分别登记在"银行存款"账户的借方和"实收资本"账户的贷方。

【例3-4】企业用银行存款归还银行短期借款30 000元。

这项经济业务的发生,使企业的资产项目——银行存款减少了30 000元,相应地使企业的负债项目——短期借款减少了30 000元。因此,它涉及资产类账户"银行存款"和负债类账户"短期借款"这两个账户,应分别登记在"银行存款"账户的贷方和"短期借款"账户的借方。

以上各例说明,在借贷记账法下,每一笔经济业务都是按照"有借必有贷,借贷必相等"的记账规则进行核算的,即每笔经济业务在记入一个账户的借方时,应当同时记入另一个或几个账户的贷方;或者记入一个账户的贷方时,应当同时记入一个或几个账户的借方,记入借方和贷方的金额必须相等。

4. 账户结构

账户结构是指经济业务在账户中如何记录,即借方登记什么、贷方登记什么,余额在哪一方。

借贷记账法的账户结构与前面所介绍的账户基本结构比较,最大的区别就在于将"左方"变成了"借方",将"右方"变成了"贷方"(见图3-9)。

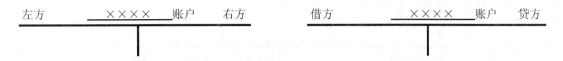

图 3 - 9

下面仅从账户按经济内容分类介绍借贷记账法下账户的结构。即账户借方登记什么内容？贷方登记什么内容？余额在哪方？表示什么含义？

（1）资产类账户（图 3 - 10）

借方		资产类　账户	贷方	
期初余额：	×××			
本期增加发生额：	×××	本期减少发生额：	×××	
本期发生额合计：	×××	本期发生额合计：	×××	
期末余额：	×××			

图 3 - 10

借方期末余额 = 借方期初余额 + 本期借方发生额 − 本期贷方发生额

（2）负债和所有者权益类账户（图 3 - 11）

借方		权益类　账户	贷方	
		期初余额：	×××	
本期减少发生额：	×××	本期增加发生额：	×××	
本期发生额合计：	×××	本期发生额合计：	×××	
		期末余额：	×××	

图 3 - 11

贷方期末余额 = 贷方期初余额 + 本期贷方发生额 − 本期借方发生额

（3）收入类账户（图 3 - 12）

借方		收入类　账户	贷方	
本期减少发生额：	×××	本期增加发生额：	×××	
本期发生额合计：	×××	本期发生额合计：	×××	

图 3 - 12

无期末余额。

（4）成本、费用、支出类账户（图 3 - 13）

借方	成本、费用、支出类	贷方
本期增加发生额： ×××	本期减少发生额： ×××
本期发生额合计： ×××	本期发生额合计： ×××

图 3 - 13

无期末余额。

5. 试算平衡

试算平衡是通过账户余额或发生额合计数之间的平衡关系，检验记账工作正确与否的一种方法。在不同的记账方法下，试算平衡的公式不同，但其实质都是反映资金运动的平衡关系。根据资产与权益的恒等关系以及借贷记账法"有借必有贷，借贷必相等"的记账规则，检查所有账户记录是否正确。可以采用两种试算平衡方法，即发生额试算平衡法和余额试算平衡法。

（1）发生额平衡公式

发生额试算平衡公式是以记账规则为基础建立的。由于每笔经济业务都是按照"有借必有贷，借贷必相等"的记账规则记录的，因而，当一定会计期间内的全部经济业务都记入有关账户后，所有账户的借方发生额合计数与贷方发生额合计数必然相等。应用发生额平衡公式可以检验本期发生额记录是否正确。其公式为：

全部账户本期借方发生额合计 = 全部账户本期贷方发生额合计

（2）余额平衡公式

余额试算平衡公式是以会计等式为基础建立的。

由于会计等式"资产 = 负债 + 所有者权益"反映了静态会计要素之间的恒等关系，会计账户体系正是按照会计等式建立起来的，会计等式左端的"资产类"账户均为借方余额，等式右端的"权益类"账户均为贷方余额。所以，在会计期间的某个时点（如月末），反映静态会计要素的会计账户之间就必然形成一个恒等关系，即"全部账户的借方余额等于全部账户的贷方余额"。如果我们将"余额"区分为"期初余额"和"期末余额"，其公式为：

全部账户的借方期初余额合计 = 全部账户的贷方期初余额合计

全部账户的借方期末余额合计 = 全部账户的贷方期末余额合计

应用余额平衡公式可以检验期初期末余额是否正确。

（3）综合平衡公式

根据上述平衡公式，可将其汇总为下列综合平衡公式：

$$\begin{matrix}全部资产类账户\\借方期初余额\end{matrix} + \begin{matrix}全部资产类账户\\本期借方发生额\end{matrix} - \begin{matrix}全部资产类账户\\本期贷方发生额\end{matrix} = \begin{matrix}全部资产类账户\\借方期末余额\end{matrix}$$

$$\begin{matrix}全部权益类账户\\贷方期初余额\end{matrix} + \begin{matrix}全部权益类账户\\本期贷方发生额\end{matrix} - \begin{matrix}全部权益类账户\\本期借方发生额\end{matrix} = \begin{matrix}全部权益类账户\\贷方期末余额\end{matrix}$$

6. 应用举例

在实际工作中，会计账户的试算平衡是通过编制总分类账户发生额和余额试算平衡表进行的（见表3-4）。

表3-4　　　　　　　　　**总分类账户本期发生额及余额试算平衡表**

账户名称	期初余额		本期发生额		期末余额	
	借方	贷方	借方	贷方	借方	贷方
库存现金	1 200	23 000	19 870	4 330		
银行存款	460 000	360 000	426 800	393 200		
应收账款	54 800	792 000	846 800			
原材料	62 000	590 200	644 200	8 000		
应付账款	28 000	214 000	343 000	157 000		
短期借款	38 000	600 000	572 000	10 000		
实收资本	512 000	150 000	662 000			
主营业务收入		423 330	423 330			
管理费用		4 200	4 200			
合计	578 000	578 000	2 583 400	2 583 400	1 252 330	1 252 330

表3-4中期初余额和本期发生额均可从有关账户中查得，期末余额则是根据表中每个账户的期初余额和本期发生额按照"综合平衡公式"计算得出，并与账户中结出余额相互核对，以达到检查账户记录是否正确的目的。

需要特别注意的是，通过编制"本期发生额及余额对照表"得到表中的结果，只能说明账簿记录基本正确，即在会计核算中遵循了记账规则的基本要求。所以即便是全部账户的借贷平衡了，也并不意味着账户记录完全正确。因为有些账户记录错误不会影响借贷双方的平衡关系，如发生重记、漏记、错记账户或记反借贷方向时，试算结果仍然是平衡的。因此，为保证账户记录的正确性，除试算平衡外，还应采用其他的专门方法对会计记录进行日常或定期的复核。尽管如此，通过编制试算表验证账户记录的正确性，仍然是借贷记账法的一个重要组成内容。

三、账户的对应关系与会计分录

（一）账户对应关系和对应账户

账户的对应关系是指运用借贷记账法，对每一笔经济业务都在至少两个账户中进行相互联系的登记，由这笔经济业务所涉及的几个账户之间的相互依存关系。存在对应关系的账户，互为对应账户。

如在"将现金10 000元存入银行"的经济业务中，应记入"银行存款"借方10 000元，"库存现金"贷方10 000元。"库存现金"和"银行存款"账户之间存在对应关系，因而"库存现金"和"银行存款"账户互为对应账户。

账户之间是否发生对应关系取决于账户的性质和核算内容以及国家相关法律法规的规

定，如资产类账户不可能与"本年利润"账户发生对应关系。

（二）会计分录

会计分录是指对某项经济业务标明其应借应贷账户名称及其金额的记录，简称分录。按照所涉及账户的多少，分为简单会计分录和复合会计分录。简单会计分录指只涉及一个账户借方和另一个账户贷方的会计分录，即一借一贷的会计分录；复合会计分录指由两个以上（不含两个）对应账户所组成的会计分录，即一借多贷、一贷多借或多借多贷的会计分录。会计分录编制方法与步骤：

（1）分析经济业务所涉及的会计要素；

（2）确定应记账户；

（3）分析应记账户的增减变化；

（4）确定记账方向；

（5）明确记账金额；

（6）正确书写分录。

下面举例说明会计分录编制方法与步骤：

【例3－5】企业向银行借入短期借款50 000元。

解析：由上例可以看出，该项经济业务涉及资产、负债要素的同增，应分别记入"银行存款"的借方和"短期借款"账户的贷方，各应记入50 000元。其会计分录为：

借：银行存款   50 000

    贷：短期借款   50 000

在编制会计分录时，除应正确处理应记账户的名称、方向和金额外，还应注意其格式及书写要求。严格按照先借后贷、上借下贷、左借右贷，"借"、"贷"及借贷方金额错开一格的要求编写。

第四节　账户登记

会计账户是按照会计科目设置的。会计科目按其反映会计信息的详略程度可以分为总账科目和明细科目，因此会计账户也分为总分类账户和明细分类账户。

一、总分类账户

（一）什么是总分类账户

总分类账户是指用货币作为统一计量单位进行登记，提供总括核算资料，进行总括反映的账户。总分类账户是根据总账科目开设的账户，又称"总账账户"或"一级账户"，它所提供的会计信息具有综合性，如"原材料"总账提供的是企业全部材料的增减变化及结存情况。

（二）总分类核算

按照总分类账户进行的总括性的会计核算称为总分类核算。总分类核算是明细分类核算和序时核算的概括和综合，它可以全面概括地反映和监督各单位的资金运动。总分类账户所提供的资料是编制会计报表的主要依据。

二、明细分类账户

（一）什么是明细分类账

明细分类账户是用来提供某一总分类账户所属较为详细经济信息的账户，是用来对会计要素的具体内容进行明细分类核算的账户，简称明细账。明细分类账户按明细科目开设。

一般情况下，企业在经济业务发生后，如果将其按会计要素所涉及的会计科目记入总分类账户，仍不能详细反映企业要了解的具体内容，或不能满足经济业务分析的需要时，就应对该项经济业务再进行一次具体的细分，即通过明细分类账户来反映该项经济业务的详细情况。

如：对于购货单位所欠货款，如果只记录"应收账款"总账科目，就不能得知是应收甲企业，还是应收乙企业的欠款。因此除了建立应收账款总分类账户外，还应按购货单位的名称设立明细分类账户，以便于对应收账款进行管理。

明细分类账户的特征是：明细分类账户只反映会计要素中某些方面的详细资料，是否设置明细账，要取决于会计主体管理的需要；明细分类账户既要提供价值信息，有的还要提供实物量和其他数据方面的信息；明细分类账户期末若有余额，要通过总分类账汇总才能作为编制资产负债表的依据，但有的资料如收入、支出等也可作为直接编制会计报表的依据。

（二）明细分类核算

按照明细分类账户进行的会计核算称明细分类核算。由于明细分类核算可以按照每一个具体的项目进行核算，如按照每一种材料或每一种产品进行核算，其明细账上就可以反映出每一种材料或每一种产品的数量。因此，明细分类核算不仅可以提供价值指标，还可以提供数量指标。明细分类账户所提供的资料是对总分类账户的补充和说明。

（三）总分类账户与明细账户的关系

总分类账户与明细账户是对相同经济内容详细程度不同的反映，因而其核算内容相同。总分类账户与明细分类账户是既有联系又有区别的两类账户，两者关系可以概括为：

（1）总分类账户对明细分类账户具有统驭控制作用，明细分类账户对总分类账户具有补充说明作用，总分类账户与其所属明细分类账户在总金额上应当相等。

（2）对企业所发生的每项经济业务，都要以会计凭证为依据，一方面记入有关总分类账户，另一方面记入有关明细分类账户，记录时要以相同方向，相等的金额，在同一会计期间分别记入相关的总分类账户和相关明细分类账户。两者结合，构成了完整的账户体系。

三、总分类账户与明细账户的平行登记

总分类账户与明细分类账户的平行登记就是指经济业务发生后，根据会计凭证一方面登记有关的总账，另一方面又要登记该总分类账所属的各有关明细分类账的一种登记方

法。通过总分类账和明细分类账的平等登记，期末进行相互核对，可以及时发现错账，予以更正，以保证账簿记录的准确性。

（一）平行登记要点

总分类账户与明细分类账户平行登记的要点包括：

（1）依据相同。对发生的经济业务，都要以相关的会计凭证为依据，既登记有关总分类账户，又登记其所属明细分类账户。

（2）方向相同。将经济业务记入总分类账和明细分类账时，记账方向必须相同。即总分类账户记入借方，明细分类账户也记入借方；总分类账户记入贷方，明细分类账户也记入贷方。

（3）期间相同。对每项经济业务在记入总分类账户和明细分类账户过程中，可以有先有后，但必须在同一会计期间全部登记入账。

（4）金额相等。记入总分类账户的金额，应与记入其所属明细分类账户的金额合计相等，即总分类账户本期发生额与其所属明细分类账户本期发生额之合计相等，总分类账户期末余额与其所属明细分类账户期末余额之合计相等。

（二）平行登记结果

总分类账户与明细分类账户按照"依据相同、方向相同、期间相同、金额相等"的登记要求登记后，可以在总分类账户与明细分类账户之间形成一些数额等量关系，这些数额等量关系可以帮助我们检查账簿平行登记的结果是否正确，一般可以从平行登记的账簿记录中的发生额和余额两方面来验证。其计算公式如下：

总分类账期初余额 = 所属各明细分类账期初余额之和

总分类账借方发生额 = 所属各明细分类账借方发生额之和

总分类账贷方发生额 = 所属各明细分类账贷方发生额之和

总分类账期末余额 = 所属各明细分类账的期末余额之和

（三）平行登记案例

【例3－6】四川田园果蔬饮品有限责任公司原材料总账下共设有"白砂糖"、"黄瓜浓缩汁"、"红牛香精"三个明细账，2008年12月有关账户期初余额资料如下（表3－5）：

表3－5　　　　　　　　　　原材料总账及明细分类账余额资料

2008 年 12 月 1 日　　　　　　　　　　　　　　单位：元

一级科目	二级科目	三级科目				
		科目名称	计量单位	数量	单价	金额
原材料	原材料及主要材料	白砂糖	千克	25	3.24	81.00
		黄瓜浓缩汁	千克	80	11.60	928.00
		红牛香精	千克	30	89.75	2 692.50
合　　计						3 701.50

本月发生下列经济业务：

（1）2008 年 12 月 3 日，收到四川中糖物流有限公司送来白砂糖 500 千克，每千克 3.24 元，货款已于上月付讫。材料全部验收入库。

（2）2008 年 12 月 5 日，基本生产车间为生产黄瓜爽领用材料一批，其中：白砂糖 170 千克，每千克 3.24 元；黄瓜浓缩汁 20 千克，每千克 11.6 元。

根据上述经济业务，应进行如下账务处理：

1. 编制会计分录

借：原材料——白砂糖   1 620.00
    贷：在途物资——四川中糖物流有限公司   1 620.00
借：生产成本——黄瓜爽   782.80
    贷：原材料——白砂糖   550.80
        ——黄瓜浓缩汁   232.00

2. 登记总分类账和明细分类账（见图 3-14 至图 3-17）

借方	原材料总账		贷方
期初余额： 3 701.50			
①12 月 3 日 1 620.00		②12 月 5 日	782.80
本月发生额 1 620.00		本月发生额	782.80
期末余额 4 538.70			

图 3-14

借方	原材料——白砂糖		贷方
期初余额： 81.00			
①12 月 3 日 1 620.00		①12 月 3 日	558.80
本月发生额 1 620.00		本月发生额	550.80
期末余额 1 150.20			

图 3-15

借方	原材料——黄瓜浓缩汁		贷方
期初余额： 928.00			
		①12 月 3 日	232.00
本月发生额 0		本月发生额	232.00
期末余额 750.00			

图 3-16

借方	原材料——红牛香精		贷方
期初余额： 2 692.50			
本月发生额 0		本月发生额	0
期末余额 2 692.50			

图 3-17

3. 进行试算平衡（见表 3-6）

表 3-6   原材料总账及明细分类账余额对照表

2008 年 12 月 31 日   单位：元

科目级次	科目名称	期初余额		本期发生额		期末余额	
		借方	贷方	借方	贷方	借方	贷方
总分类账	原材料	3 701.50		1 620	782.8	4 538.70	
明细分类账	白砂糖	81.00		1 620	550.80	1 150.20	
	黄瓜浓缩汁	928.00			232.00	696.00	
	红牛香精	2 692.50				2 692.50	

从上表可以看出，由于采用了平行登记，原材料总账和有关明细账的期初余额、本期借方发生额、本期贷方发生额及期末余额都形成了相等的结果。

 课后练习

一、单项选择

1. "T"形账户结构一般分为（　　）。
    A. 左右两方　　　　　　　　　　　B. 上下两部分
    C. 发生额、余额两部分　　　　　　D. 前后两部分

2. 账户的余额一般与（　　）在一方。
    A. 增加额　　　　B. 金额　　　　C. 减少额　　　　D. 发生额

3. 在借贷记账法下，账户的对应关系是指（　　）。
    A. 借贷必相等　　　　　　　　　　B. 账户之间的应借应贷关系
    C. 资产与权益的平衡关系　　　　　D. 总账与所属明细账的关系

4. 存在着对应关系的账户，称为（　　）.
    A. 联系账户　　　B. 平衡账户　　　C. 恒等账户　　　D. 对应账户

5. 设置会计科目要保持（　　）。
    A. 永久性　　　　B. 相对稳定性　　C. 实用性　　　　D. 固定性

6. 会计科目是（　　）。
    A. 会计要素的名称　　　　　　　　B. 报表的项目
    C. 账簿的名称　　　　　　　　　　D. 账户的名称

7. 借贷记账法的记账规则是（　　）。
    A. 有借必有贷，借贷必相等　　　　B. 资产＝负债＋所有者权益
    C. 总账与所属明细账的平行登记　　D. 账户的试算平衡

8. 复式记账法对每项经济业务都以相等的金额，在（　　）中进行登记。
    A. 一个账户　　　　　　　　　　　B. 两个账户
    C. 全部账户　　　　　　　　　　　D. 两个或两个以上的账户

9. 借贷记账法中，"借"和"贷"的含义是（　　）。
    A. "借"是增加，"贷"是减少　　　B. "借"是收入，"贷"是付出
    C. "借"是借出，"贷"是贷入　　　D. 没有任何含义，只是记账符号

10. 借贷记账法账户的基本结构是左边为（　　）。
    A. 增加方　　　　B. 减少方　　　　C. 借方　　　　　D. 贷方

11. 在借贷记账法下，适用于各类账户的期末余额计算公式为（　　）。
    A. 期末余额＝期初余额＋本期增加发生额－本期减少发生额
    B. 期末余额＝借方期初余额＋借方本期发生额－贷方本期发生额
    C. 期末余额＝借方期初余额＋贷方本期发生额－借方本期发生额

D．期末余额＝贷方期初余额＋贷方本期发生额－借方本期发生额

12．账户发生额试算平衡法是根据（　　　）。

　　A．借贷记账法的记账原则　　　　　B．经济业务的内容

　　C．会计等式　　　　　　　　　　　D．经济业务的类型

13．简单会计分录是指（　　　）。

　　A．一借一贷的分录　　　　　　　　B．一借多贷的分录

　　C．多借一贷的分录　　　　　　　　D．多借多贷的分录

14．资产类账户的借方登记（　　　）。

　　A．负债的增加　　B．资产的增加　　C．资产的减少　　D．负债的减少

15．（　　　）账户借方登记增加发生额，贷方登记减少发生额。

　　A．"预收账款"　　B．"应付账款"　　C．"预付账款"　　D．"资本公积"

16．下列经济业务中会引起资产类项目和负债类项目同时减少的是（　　　）。

　　A．从银行提取现金　　　　　　　　B．赊购原材料

　　C．用银行存款归还企业的银行短期借款　　D．接受投资者投入的现金资产

17．负债及所有者权益账户的期末余额一般在（　　　）。

　　A．借方　　　　　B．借方和贷方　　C．贷方　　　　　D．借方或贷方

18．负债类账户的余额反映（　　　）情况。

　　A．资产的结存　　　　　　　　　　B．实际的负债

　　C．负债的增减变动　　　　　　　　D．负债的形成和偿付

19．下列中反映负债的账户是（　　　）。

　　A．应付职工薪酬　　B．预付账款　　C．本年利润　　D．生产成本

20．所有者权益类账户的期末余额根据（　　　）计算。

　　A．借方期末余额＝借方期初余额＋借方本期发生额－贷方本期发生额

　　B．借方期末余额＝借方期初余额＋贷方本期发生额－借方本期发生额

　　C．贷方期末余额＝贷方期初余额＋贷方本期发生额－借方本期发生额

　　D．贷方期末余额＝贷方期初余额＋借方本期发生额－贷方本期发生额

21．下列中反映资本情况的账户是（　　　）。

　　A．利润分配　　　　B．实收资本　　C．累计折旧　　D．主营业务成本

22．下列中引起所有者权益项目有增有减的经济业务是（　　　）。

　　A．签发商业汇票抵付前欠购货款　　B．以银行存款支付投资者的利润

　　C．接受捐赠的固定资产　　　　　　D．经批准将盈余公积转增资本

23．企业收到投资人投入的资本，是通过（　　　）账户进行核算的。

　　A．资本公积　　　　B．实收资本　　C．盈余公积　　D．应付股利

24．下列中反映费用支出的账户是（　　　）。

　　A．主营业务收入　　B．应收账款　　C．应交税费　　D．财务费用

25．在一般情况下，"管理费用"科目期末一般（　　　）。

　　A．无余额　　　　B．为借方余额　　C．为贷方余额　　D．无法确定余额

26. 下列中反映收益的账户是（　　）。

    A. 主营业务收入　　B. 应收账款　　　　C. 预收账款　　　　D. 其他业务支出

27. 收益类账户期末（　　）。

    A. 一般没有余额　　　　　　　　　　B. 为借方余额

    C. 为贷方余额　　　　　　　　　　　D. 为借贷方均有余额

28. 下列错误中能够通过试算平衡查找的有（　　）。

    A. 重记经济业务　　B. 漏记经济业务　　C. 借贷方向相反　　D. 借贷金额不等

29. 下列项目中属于会计科目的是（　　）。

    A. 在产品　　　　　　　　　　　　　B. 未完工产品

    C. 制造费用　　　　　　　　　　　　D. 月末在产品成本

30. 总分类账与明细分类账的同时登记，应采用（　　）。

    A. 复式记账法　　B. 借贷记账法　　C. 平行登记法　　D. 加权平均法

二、多项选择

1. 账户一般包括（　　）等要素。

    A. 账户名称　　　　　　　　　　　　B. 日期和摘要

    C. 凭证号数　　　　　　　　　　　　D. 增加和减少金额

2. 账户中的各项金额包括（　　）。

    A. 期初余额　　　　B. 期末余额　　　　C. 本期增加额　　　　D. 本期减少额

3. 账户中各项金额的关系可用（　　）表示。

    A. 本期期末余额 = 本期期初余额 + 本期增加发生额 − 本期减少发生额

    B. 本期期末余额 + 本期减少发生额 = 本期期初余额 + 本期增加发生额

    C. 本期期末余额 = 本期增加发生额 + 本期减少发生额

    D. 本期期初余额 = 上期期末余额

4. 账户的特点可归纳为（　　）。

    A. 资产类账户与权益类账户分别按相反方向记录增加额和减少额

    B. 账户的余额一般与记录的增加额在同一方向

    C. 期初余额与上期的期末余额在同一方向

    D. 上期的期末余额等于本期的期初余额

5. 下列项目中，属于会计科目的有（　　）。

    A. 固定资产　　　　B. 运输设备　　　　C. 原材料　　　　D. 未完工产品

6. 下列账户中与资产类账户结构相反的是（　　）。

    A. 负债类账户　　　　　　　　　　　B. 费用类账户

    C. 收入类账户　　　　　　　　　　　D. 所有者的权益

7. 下列中属于负债类账户的是（　　）。

    A. 长期借款　　　　　　　　　　　　B. 应付职工薪酬

    C. 应付账款　　　　　　　　　　　　D. 短期借款

8. 下列中属于所有者权益类账户的是（ ）。

    A. 实收资本　　　　　　　　　　　　B. 盈余公积

    C. 住房公积金　　　　　　　　　　　D. 应付股利

9. 反映非流动资产的账户有（ ）。

    A. 固定资产　　　B. 累计折旧　　　C. 实收资本　　　D. 库存商品

10. 反映负债的账户有（ ）。

    A. 预收账款　　　B. 预付账款　　　C. 应付账款　　　D. 应交税费

11. 反映成本的账户有（ ）。

    A. 生产成本　　　B. 材料采购　　　C. 长期待摊费用　　D. 制造费用

12. 一般需要设置明细分类账的总分类账有（ ）。

    A. 原材料　　　　B. 库存商品　　　C. 应付账款　　　D. 利润分配

13. "借"字表示（ ）。

    A. 资产的增加　　　　　　　　　　　B. 负债的减少

    C. 收益的结转　　　　　　　　　　　D. 费用成本的增加

14. "贷"字表示（ ）。

    A. 资产的增加　　　　　　　　　　　B. 负债的增加

    C. 所有者权益的增加　　　　　　　　D. 收益的增加

15. 借贷记账法下的试算平衡公式有（ ）。

    A. 借方科目金额＝贷方科目金额

    B. 全部账户借方发生额合计＝全部账户贷方发生额合计

    C. 借方期末余额＝借方期初余额＋本期借方发生额－本期贷方发生额

    D. 全部账户期初借方余额合计＝全部账户期初贷方余额合计

16. 下列错误中不能通过试算平衡发现的有（ ）。

    A. 某项经济业务未入账

    B. 应借应贷的账户中借贷方向颠倒

    C. 借贷双方同时多记经济业务的金额

    D. 借贷双方中一方多记金额，一方少记金额

17. 通过账户对应关系可以（ ）。

    A. 检查经济业务处理得是否合理、合法　B. 了解经济业务的内容

    C. 进行试算平衡　　　　　　　　　　D. 登记账簿

18. 每一笔会计分录都必须反映（ ）。

    A. 会计科目名称　　B. 记账方向　　C. 应记金额　　D. 账户对应关系

三、正误判断

1. 在借贷记账法下，"T"形账户的左边代表借方，右边代表贷方。　　（　　　）

2. 所有的总额账户都是依据会计科目开设的。　　　　　　　　　　（　　　）

3. 所有经济业务的发生，都会引起会计恒等式两边发生变化。　　　（　　　）

4. 所有账户的左边均记录增加额，右边均记录减少额。　　　　　　（　　　）

5. 一个账户的借方如果用来记录增加额，其贷方一定用来记录减少额。　　（　　）

6. 在每一会计科目下，都要有明确的含义，核算范围。　　（　　）

7. 复式记账法下，账户记录的结果可以反映每一项经济业务的来龙去脉。　　（　　）

8. "借"、"贷"二字不仅是作为记账符号，其本身的含义也应考虑，"借"只能表示债权增加，"贷"只能表示债务增加。　　（　　）

9. 在借贷记账法下，"借"、"贷"二字只是记账符号，当其未与某项具体经济业务相联系前，不含有任何意义。　　（　　）

10. 借贷记账法不属于复式记账法。　　（　　）

11. 借贷记账法的记账规则是：有借必有贷，借贷必相等。　　（　　）

12. 经济业务的各种变动在价值量上只有增加和减少两种情况。　　（　　）

13. 凡是借方余额的账户均属于资产类账户。　　（　　）

14. 收益类账户应反映企业收入的取得、费用的发生和利润的形成情况。　　（　　）

15. "固定资产"账户的余额在借方，属于资产类账户。　　（　　）

16. "累计折旧"账户的余额在贷方，属于负债类账户。　　（　　）

17. "实收资本"账户属于所有者权益类账户。　　（　　）

18. 负债及所有者权益账户的结构与资产类账户的结构一致。　　（　　）

19. 资产类账户的借方记录资产的减少额。　　（　　）

20. 损益类账户的记录方向完全一致。　　（　　）

第四章

主要生产经营过程的核算

本章教学内容提示

本章通过对企业生产经营过程中主要经济业务的核算，全面、系统地介绍了企业生产经营过程的主要会计科目及核算内容。

本章教学要点概览

概念

G1 资金筹集

G2 实收资本

G3 供应过程

G4 采购成本

G5 生产过程

G6 产品生产成本

G7 销售过程

G8 产品销售成本

G9 财务成果

G10 利润总额

分析

F1 企业主要生产经营过程核算的基本内容

F2 企业主要会计科目的用途、结构及应用

F3 企业主要生产经营过程核算的基本程序

计算

J1 采购成本的计算

J2 产品生产成本的计算

J3 产品销售成本的计算

J4 销售税费的计算

J5 利润总额的计算

J6 应交所得税的计算

J7 法定公积金和任意公积金的计算

J8 未分配利润的计算

实务

S1 资金筹集业务账户设置及账务处理；

S2 供应工程业务账户设置及账务处理；

S3 生产过程业务账户设置及账务处理；

S4 销售过程业务账户设置及账务处理；

S5 财务成果业务账户设置及账务处理。

企业是按社会主义市场经济要求，独立面向市场，专门从事生产、流通、服务等经济活动，并以生产或服务满足社会需要，实行自主经营、自负盈亏、独立核算、依法设立的一种营利性的经济组织。由于制造业的生产经营活动涵盖了企业的全部经营过程，最具典型意义，故本章仅以制造业为例介绍借贷复式记账法的具体应用。

在市场经济条件下，任何企业开展经济活动都必须规范、科学地组织会计核算。会计核算的基本内容与其经营活动过程经济业务密切相关。因此，企业主要生产经营过程核算的基本内容包括：资金筹集业务的核算、供应过程业务的核算、生产过程业务的核算、销售过程业务的核算、利润形成及分配业务的核算、资金退出业务的核算等内容。企业主要生产经营过程资金循环周转与会计核算内容的关系见图4-1。

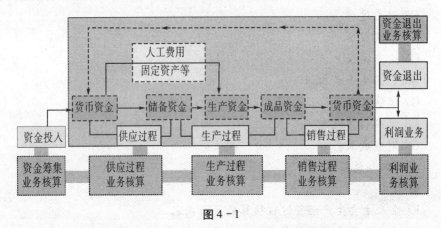

图 4-1

第一节 资金筹集业务的核算

一、核算内容

资金筹集是指企业通过各种方式和法定程序，从不同的资金渠道，筹措所需资金的经济活动。企业无论采取何种来源、方式筹资，其取得的途径主要有两种：一种是接受投资者投入的资金，即企业的资本金；另一种是向债权人借入的资金，即企业的负债。

投资人投入的资本金主要采取两种方式：一是向企业提供法定资本金及企业发展所需要的资金，在会计核算上统称为"实收资本"；二是从利润中提取盈余公积金补充扩大再生产所需的资金等。实收资本按投资主体可分为国家资本、法人资本、外商资本、个人资本；按投资形态可分为货币资本、实物资产资本、无形资产资本等。实收资本是投资人即企业所有者的自有资本，可供企业长期使用，投资人通过企业经营成果——利润获得回报，如分红。

企业向债权人借入的资金主要通过银行信贷取得长期借款和短期借款；发行企业债券，筹集企业发展所需要的资金；合理利用商业信用，筹集短期债务资金；通过融资租赁方式租入生产经营所需的生产资料等方式取得。企业借入的资金按其持有期长短分为长期借款和短期借款。各种借款无论期限长短，到期都必须还本付息。

因此，资金筹集业务核算内容包括实收资本的核算和借入资本的核算。本章重点介绍投入资本和银行借款的取得、归还及利息业务的核算。

二、账户设置

为了反映监督企业实收资本和银行借款的增减变动情况，企业应设置"实收资本"、"短期借款"、"长期借款"、"银行存款"、"库存现金"、"固定资产"、"累计折旧"、"无形资产"、"财务费用"、"应付利息"等账户。

（一）"实收资本"账户

"实收资本"账户是用于核算企业实收资本的增减变动和结存情况的账户。该账户属所有者权益类。账户贷方登记实收资本的增加，借方登记实收资本的减少，期末贷方余额反映企业实收资本总额。该账户可按不同投资者设置明细账，进行明细分类核算。其账户结构如下图所示（图4-2）。

借方	实收资本	贷方
实收资本的减少	实收资本的增加	
	期末余额： 实收资本的实有数	

图4-2

（二）"短期借款"账户

"短期借款"账户是用于核算各项短期借款的取得和归还情况的账户。该账户属于负债类。账户的贷方登记借入的各种短期借款本金；借方登记归还的各种短期借款本金；期末贷方余额反映企业尚未偿还的短期借款本金。该账户应按债权人设置明细账，并按借款种类进行明细核算。其账户结构如下图所示（图4-3）。

借方	短期借款	贷方
借款本金的减少	借款本金的增加	
	期末余额： 尚未归还的借款本金	

图4-3

（三）"长期借款"账户

"长期借款"账户是用于核算各项长期借款的取得和归还情况的账户，该账户属于负债类。账户的贷方登记各种长期借款本金及利息的增加数，借方登记归还的各种长期借款本金及利息减少数，期末贷方余额反映企业尚未归还的长期借款本金及利息。该账户应按贷款单位设置明细账，并按贷款种类进行明细核算。其账户结构如下图所示（图4-4）。

借方	长期借款	贷方
长期借款的减少	长期借款的增加	
	期末余额：尚未归还的长期借款	

图4-4

（四）"银行存款"账户

"银行存款"账户是用于核算企业存入银行或其他金融机构的各种款项的账户，该账户属于资产类。账户的借方登记银行存款的增加数，贷方登记银行存款的减少数，期末借方余额反映企业存在银行或其他金融机构的各种款项的实有数。其账户结构如下图所示（图4-5）。

借方	银行存款	贷方
银行存款的增加	银行存款的减少	
期末余额：银行存款的实有数		

图4-5

企业可按开户银行和其他金融机构、存款种类等设置"银行存款日记账"，根据收付款凭证，按照业务的发生顺序逐笔登记。每日终了，应结出余额。"银行存款日记账"应定期与"银行对账单"核对，至少每月核对一次。企业银行存款账面余额与银行对账单余额之间如有差额，应编制"银行存款余额调节表"使之相符。

（五）"库存现金"账户

"库存现金"账户是用于核算企业的库存现金增减变动的账户。企业有内部周转使用备用金的，可单独设置"备用金"账户。该账户属于资产类。账户的借方登记库存现金的增加数，贷方登记库存现金的减少数，期末借方余额反映企业库存现金的实有数。其账户结构如下图所示（图4-6）。

借方	库存现金	贷方
库存现金的增加	库存现金的减少	
期末余额：库存现金的实有数		

图4-6

企业应当设置"现金日记账"，根据收付款凭证，按照业务发生顺序逐笔登记。每日终了，应当计算当日的现金收入合计额、现金支出合计额和结余额，将结余额与实际库存额核对，做到账款相符。

（六）"固定资产"账户

"固定资产"账户是用于核算企业为生产商品、提供劳务、出租或经营管理而持有的，使用寿命超过一个会计年度的有形资产的账户。该账户属于资产类。账户的借方登记固定资产增加的原始价值，贷方登记固定资产减少的原始价值，期末借方余额表示结存的固定资产原始价值。其账户结构如下图所示（图4-7）。

借方	固定资产	贷方
固定资产的增加	固定资产的减少	
期末余额： 固定资产原值实有数		

图4-7

（七）"累计折旧"账户

"累计折旧"账户是用于核算企业固定资产折旧额的增减变动的账户。该账户按其反映的经济内容属于资产类，按其用途和结构属于"固定资产"的调整账户。账户的贷方登记计提折旧的增加数，借方登记已提折旧的注销数，期末贷方余额反映企业已提折旧的累计数。其账户结构如下图所示（图4-8）。

借方	累计折旧	贷方
折旧额的注销数	按月计提的折旧额	
	期末余额： 已提折旧的累计数	

图4-8

（八）"无形资产"账户

"无形资产"账户是用于核算企业拥有的专利权、非专利技术、商标权、土地使用权、著作权、专营权、商誉等无形资产的账户。该账户属于资产类。账户的借方登记无形资产的增加数，贷方登记无形资产的转出和分期摊销数，期末借方余额反映企业无形资产的实有数。期末余额在借方，表示尚未摊销的无形资产价值。该账户应按无形资产的类别设置明细账进行明细分类核算。其账户结构如下图所示（图4-9）。

借方	无形资产	贷方
无形资产的增加	无形资产的减少	
期末余额： 无形资产的实有数		

图4-9

（九）"财务费用"账户

"财务费用"账户是用于核算企业为筹集生产经营所需的资金等而发生的费用，包括利息支出（减利息收入）、汇兑损失（减汇兑收益）以及相关的手续费等。该账户属损益类。账户的借方登记各项财务费用的发生数；贷方登记期末转入"本年利润"账户数，期末应无余额。其账户结构如下图所示（图4-10）。

借方	财务费用	贷方
财务费用的增加	财务费用的结转数	
期末无余额		

图4-10

（十）"应付利息"账户

"应付利息"账户是用于核算企业按照合同约定应支付的利息的账户。该账户属于负债类。账户的贷方登记应付未付利息的增加数，借方登记企业实际支付的利息数，期末贷方余额反映企业的应付未付利息数。该账户可按存款人或债权人进行明细核算。其账户结构如下图所示（图4-11）。

借方	应付利息	贷方
应付利息的减少	应付利息的增加	
	期末余额： 应付未付利息数	

图4-11

三、账务处理

（一）实收资本核算实例

【例4-1】5日，华南公司收到投资者A公司投入的货币资金100 000元，已存入银行；专利权一项，经评估确认价值30 000元；全新设备两台，双方确认每台价值60 000元。

解析：在这项投资中，除货币资金投资外，固定资产和无形资产等实物资产的投资，无论投资人是否提供了合法凭证，企业均应按双方共同确认的价值记账，无形资产的确认还需经过有关机构的评估方可入账。业务类型为资产和所有者权益的同增。编制会计分录如下：

借：银行存款　　　　　　　　　　　　　　　　　100 000

　　无形资产　　　　　　　　　　　　　　　　　 30 000

　　固定资产　　　　　　　　　　　　　　　　　 60 000

　　贷：实收资本　　　　　　　　　　　　　　　　　　190 000

【例4-2】8日，华南公司收到投资者B公司投入设备一台，该设备账面原始价值85 000元，已提折旧25 000元，经评估确认作价70 000元。

解析：尽管B公司的账面净值为60 000元（85 000-25 000），但在进行华南公司实收资本的账务处理时，仍应按双方确认的评估价值入账，将固定资产原始成本与实收资本之间差额15 000记入"累计折旧"账户的贷方。业务类型为资产和所有者权益的同增。编制会计分录如下：

借：固定资产　　　　　　　　　　　　　　　　　　　　　　85 000
　　贷：累计折旧　　　　　　　　　　　　　　　　　　　　　15 000
　　　　实收资本　　　　　　　　　　　　　　　　　　　　　70 000

以上业务（例4-1至例4-2），在有关总分类账户中的记录如图4-12所示。

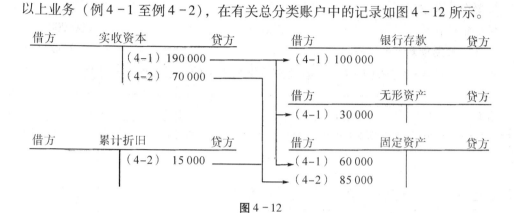

图4-12

（二）借入资本核算实例

【例4-3】4月1日，华南公司向银行借款126 000元，期限6个月，年利率5%，款项存入银行。

解析： 根据银行贷款惯例，银行借款利息应于季末结算，故在取得借款时只反映借款本金的增加。业务类型为资产和负债同增。编制会计分录如下：

借：银行存款　　　　　　　　　　　　　　　　　　　　　126 000
　　贷：短期借款　　　　　　　　　　　　　　　　　　　　126 000

【例4-4】（接上例）4月末，华南公司预提本月利息525元。

解析： 按照权责发生制原则，企业应按月计提利息。其计算结果如下：

$$本月应负担的借款利息 = 126\ 000 \times 5\% \times \frac{1}{12} = 525（元）$$

业务类型为损益和负债同增。编制会计分录如下：

借：财务费用　　　　　　　　　　　　　　　　　　　　　525
　　贷：应付利息　　　　　　　　　　　　　　　　　　　　525

五月至九月末分录同上。

【例4-5】9月30日，华南公司以银行存款归还全部本金和利息。

解析： 截至9月末，假设企业已计提6个月的利息并已登记"财务费用"账户和"应付利息"账户，计3 150元（525×6），表示企业增加的负债，加上本金共计129 150元。9月末企业以银行存款还本付息时，应分别从"短期借款"账户和"应付利息"账户的借方转销，表示企业减少的负债。业务类型为资产和负债同减。编制会计分录如下：

借：短期借款　　　　　　　　　　　　　　　　　　　　126 000
　　应付利息　　　　　　　　　　　　　　　　　　　　　3 150
　　贷：银行存款　　　　　　　　　　　　　　　　　　　129 150

【例4-6】10月，华南公司向银行借款2 000 000元，期限二年，已存入银行。

解析：这项经济业务的发生，一方面使企业的银行存款增加了 2 000 000 元，另一方面使企业的长期借款增加了 200 000 元。因此，这项经济业务的发生涉及"银行存款"和"长期借款"两个账户，"银行存款"的增加应记入借方，"长期借款"的增加应记入贷方。编制会计分录如下：

借：银行存款   2 000 000

   贷：长期借款   2 000 000

以上业务例 4 - 3 至例 4 - 6，在有关总分类账户中的记录如图 4 - 13 所示。

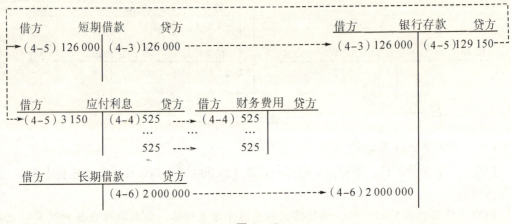

图 4 - 13

第二节 供应过程业务的核算

一、核算内容

企业的供应过程是生产的准备阶段。在这一过程中，企业不仅需将筹集到的资金用于构建厂房、机器设备及生产工具等固定资产，还需采购各种材料作为生产储备。因此，供应过程业务的核算是固定资产购置的核算和材料采购业务的核算。

（一）固定资产购置的核算内容

固定资产①是企业在产品生产过程中用来改变或影响劳动对象的劳动资料，是固定资本的实物形态。固定资产在生产过程中可以长期发挥作用，长期保持原有的实物形态，其价值则随着企业生产经营活动而逐渐地转移到产品成本中去②，构成产品成本的组成部分。

---

① 根据重要性原则，一个企业把劳动资料按照使用年限和原始价值划分为固定资产和低值易耗品。对于原始价值较大、使用年限较长的劳动资料，按固定资产来进行核算；而对于原始价值较小、使用年限较短的劳动资料，按照低值易耗品来进行核算。

② 固定资产在使用过程中因损耗而转移到产品中去的那部分价值的一种补偿方式，叫做折旧。折旧的计算方法主要有平均年限法、工作量法、年限总和法等。固定资产在物质形式上进行转换，在价值形式上进行补偿，就是更新；此外，还有固定资产的维护和修理等。

在会计制度中，固定资产是指使用期限超过一年的房屋、建筑物、机器、机械、运输工具及与生产、经营有关的设备、器具、工具等。不属于生产、经营主要设备的物品，单位价值在 2 000 元以上，并且使用期限超过两年的，也应当作为固定资产①。固定资产购置价值一般包括购置该项固定资产所发生的买价、运输费、保险费、包装费、安装成本和交纳的税金等，又称为原始价值或原始成本。

固定资产购置的核算包括固定资产的计价及货款结算；需安装固定资产安装成本的归集和结转的核算；交付使用固定资产原始成本增加的核算。

（二）材料采购业务的核算内容

材料是企业在生产经营过程中为耗用而储存的流动资产。作为在生产过程中必不可少的物质要素，材料的主要特点是：一经投入生产过程，其实物形态就会被消耗，并随着实物的消耗其价值一次全部地转移到产品成本中去，构成产品成本的重要组成部分。

企业储备的材料，大部分从外部购进。在采购材料过程中会发生各种耗费，这些耗费构成材料的采购成本。具体包括：材料买价；运杂费（包括运输费、保险费、装卸费、包装费、仓储费等）；运输途中的合理损耗；入库前的挑选整理费用（包括挑选整理过程中发生的工、费支出和必要的损耗，并减去回收的废料价值）；购入物资应负担的税金（如关税等）和其他费用。在上述支出中，"材料买价"应直接计入各种物资的采购成本，其余各项支出凡能分清的，可直接计入各种材料的采购成本；不能分清的，应按材料的重量或买价等比例，分摊计入各种材料物资的采购成本。

综上所述，供应过程的核算包括购买固定资产及货款结算；购买材料及与供货方进行货款结算；计算材料实际采购成本；支付采购费用；结转入库材料采购成本等。

二、账户设置

为了反映监督企业供应过程中发生的经济业务，企业应设置"在途物资"、"原材料"、"周转材料"、"应付账款"、"应付票据"、"应交税费——应交增值税（进项税额）"、"其他货币资金"等账户。

（一）"在建工程"账户

"在建工程"账户是用来核算企业单位为进行固定资产基建、安装、技术改造以及大修理等工程而发生的全部支出（包括安装设备的价值），并据以计算确定工程成本的账户。该账户属于资产类。账户的借方登记工程支出的增加，贷方登记结转完工工程的成本。期末余额在借方，表示未完工工程的成本。"在建工程"账户应按工程内容；如建筑工程、安装工程、技术改造工程、大修理工程等设置明细账户，进行明细核算。其账户结构如下图所示（图 4 - 14）。

———————————

① 固定资产按其经济用途一般被分为生产用固定资产、非生产用固定资产、租出固定资产、未使用固定资产、不需用固定资产、融资租赁固定资产、接受捐赠固定资产等。

借方	在建工程	贷方
在建工程成本的归集	结转完工工程成本	
期末余额： 未完在建工程成本		

图 4 - 14

（二）"在途物资"账户

"在途物资"账户是用于核算企业各种材料、物资等的实际采购成本的账户。该账户属于资产类。账户的借方登记实际支付或应支付的外购材料的实际采购成本；贷方登记已入库材料的实际成本；期末借方余额反映尚在运输途中或尚未验收入库的在途材料实际成本。该账户应按供应单位和材料品种设置明细账，进行明细分类核算。其账户结构如下图所示（图 4 - 15）。

借方	在途物资	贷方
外购材料的采购成本	入库材料的采购成本	
期末余额： 在途材料的采购成本		

图 4 - 15

（三）"原材料"账户

"原材料"账户是用于核算各种库存材料的实际成本的账户。该账户属于资产类。账户的借方登记验收入库的各种材料的实际成本；贷方登记发出材料的实际成本；期末借方余额反映企业库存原材料的实际成本。该账户应按材料的保管地点（仓库）、材料的类别、品种和规格设置明细账。其账户结构如下图所示（图 4 - 16）。

借方	原材料	贷方
入库材料的实际成本	出库材料的实际成本	
期末余额： 库存材料的实际成本		

图 4 - 16

（四）"周转材料"账户

"周转材料"账户是用于核算企业各种周转材料实际成本或计划成本的账户。该账户属于资产类。账户的借方登记如入库周转材料和在用周转材料的增加数，以及周转材料价值转销数；贷方登记库存周转材料、在用周转材料的减少数，以及周转材料价值转销的增加数，期末借方余额反映企业在库周转材料的计划成本或实际成本以及在用周转材料的摊余价值。其账户结构如下图所示（图 4 - 17）。

借方	周转材料	贷方
入库周转材料成本	出库周转材料	
在用周转材料增加	在用周转材料减少	
周转材料价值转销数	周转材料价值摊销数	
期末余额：		
库存周转材料成本		
在用周转材料摊余价值		

图 4-17

企业的周转材料主要包括包装物、低值易耗品。本账户应设置"在库周转材料"、"在用周转材料"和"周转材料推销"等二级明细账户，并按周转材料的种类设置明细账，进行明细核算。

（五）"应付账款"账户

"应付账款"账户是用于核算企业因购买材料、商品和接受劳务供应等而应付给供应单位的款项。该账户属于负债类。账户的贷方登记因购买材料、商品和接受劳务供应等而发生的应付未付款项；借方登记实际支付或开出、承兑商业汇票抵付的应付账款；期末贷方余额反映企业尚未支付的应付账款。该账户应按供应单位设置明细账进行明细分类核算。其账户结构如下图所示（图 4-18）。

借方	应付账款	贷方
应付账款的减少	应付账款的增加	
	期末余额：	
	应付未付账款	

图 4-18

（六）"应付票据"账户

"应付票据"账户是用于核算企业对外发生债务时开出并承兑的商业汇票的账户。该账户属负债类。账户的贷方登记企业开出的承兑商业汇票款项的增加数，借方登记应付票据款项的减少数（或到期支付的款项和到期未支付转入应付账款的数额），期末借方余额反映企业尚未承兑的应付票据数。

该账户按商业承兑汇票、银行承兑汇票设置明细账户。为具体反映应付票据的结算情况，企业应设置"应付票据备查簿"，详细登记每一应付票据的种类、号数、签发日期、到期日、票面金额、票面利率、合同交易号、收款人姓名或单位名称，以及付款日期和金额等资料。应付票据到期结清时，应当在备查簿内逐笔注销。其账户结构如下图所示（图4-19）。

借方	应付票据	贷方
应付票据的减少	应付票据的增加	
	期末余额：	
	应付未付票据数	

图 4-19

（七）"预付账款"账户

"预付账款"账户是用于核算企业按照购货合同规定预付给供应单位的款项。该账户属于资产类。账户的借方登记按照合同规定预付给供应单位的货款和补付货款；贷方登记预付货款的转销数和对方退回多付的货款；期末余额如在借方反映尚未收到货物的实际预付款项，如在贷方反映企业应当补付的货款。该账户应按供应单位设置明细账，进行明细核算。其账户结构如下图所示（图4-20）。

借方	预付账款	贷方
预付账款的增加 补付账款	预付账款的减少 对方退回的多付货款	
期末余额： 预付账款的实有数		

图4-20

（八）"应交税费"账户

"应交税费"账户是用于核算企业交纳的各种税费（如增值税、消费税、营业税、所得税、资源税、土地增值税、城市维护建设税、房产税、土地使用税、车船使用税、教育费附加等）的账户。该账户属于负债类。账户贷方登记应交未交税费，借方登记已交税费，期末贷方余额为应交未交税费数。其账户结构如下图所示（图4-21）。

借方	应交税费	贷方
应交税费的减少	应交税费的增加	
	期末余额： 应付未交数	

图4-21

"应交税费"账户应按税费种类设置二级明细账户。"应交增值税"是该账户所属二级明细账，账户贷方登记企业销售货物或提供应税劳务应交纳的销项税额和转出已支付或应分担的增值税，借方登记购进货物或接受应税劳务支付的进项税额和实际已交纳的增值税。纳税人从销项税额中抵扣进项税额后的差额为应向税务部门交纳的增值税。期末贷方余额反映企业尚未交纳的增值税。增值税其有关计算公式如下：

应纳增值税额＝当期销项税额－当期进项税额

销项税额＝销售收入×增值税适用税率

进项税额＝购进货物买价×增值税适用税率

其中，进项税额必须以取得的增值税专用发票上注明的税款为依据。一般纳税人适用的增值税税率为17%。

（九）"其他货币资金"账户

"其他货币资金"账户是用于核算和监督企业的银行汇票存款、银行本票存款、信用卡存款、信用证保证金存款、存出投资款、外埠存款等其他货币资金的账户，该账户属于资产类。账户的借方登记其他货币资金的增加数，贷方登记其他货币资金的减少数，期末借方余额反映企业持有的其他货币资金的实有数。本账户可按银行汇票或本票、信用证的收款单位，外埠存款的开户银行，分别“银行汇票”、“银行本票”、“信用卡”、“信用证保证金”、“存出投资款”、“外埠存款”等进行明细核算。其账户结构如图4－22所示。

借方　　　　其他货币资金	贷方
其他货币资金的增加	其他货币资金的减少
期末余额： 其他货币资金实有数	

图4－22

三、账务处理

（一）固定资产购置的核算

1．购进不需安装固定资产的核算

【例4－7】12日，华南公司购进一台不需要安装的设备，该设备的买价456 000元，增值税77 520元，包装运杂费等5 000元，全部款项通过银行支付，设备当即投入使用。

解析：企业购进不需要安装的设备，各项交付手续完成之后就进入预定可使用状态，在购买过程中发生的全部支出即538 520（456 000＋77 520＋5 000）元形成固定资产成本。这项经济业务的发生，一方面使得公司固定资产取得成本增加538 520元，另一方面使得公司的银行存款减少538 520元。涉及“固定资产”和“银行存款”两个资产账户的增减变动。“固定资产”的增加应记入借方，银行存款的减少应记入贷方。编制的会计分录如下：

借：固定资产　　　　538 520

　贷：银行存款　　　　538 520

2．购进需安装固定资产的核算

【例4－8】15日，华南公司购入一台需安装的设备，买价800 000元，增值税136 000元，包装及运杂费6 000元，设备已交付安装。全部款项已用银行存款支付。

解析：企业购入需要安装的设备的全部购置支出942 000（800 000＋136 000＋6 000）元，应当全部计入安装成本。在设备安装竣工前，这些支出应归集在“在建工程”账户的借方。编制的会计分录如下：

借：在建工程　　　　942 000

　贷：银行存款　　　　942 000

【例4－9】16日，华南公司的上述设备在安装过程中领用企业仓库原材料24 000元，支付安装工人工资16 000元，提取职工福利费2 240元。

解析：首先，按照会计制度规定，需安装固定资产的成本除设备购置款外，还应包括安装工程支出；其次，为了简化核算本例假设不考虑材料的增值税；最后，本例核算涉及“在建工程”、“原材料”、“应付职工薪酬”三个账户，安装工程支出应记入“在建工程”账户的借方，从仓库领用的材料应记入“原材料”账户的贷方，应付安装工人的工资和福利费应记入“应付职工薪酬”账户的贷方。编制的会计分录如下：

借：在建工程　　　　　　　　　　　　　　　　　　　　42 240
　　贷：原材料　　　　　　　　　　　　　　　　　　　24 000
　　　　应付职工薪酬　　　　　　　　　　　　　　　　18 240

【例4-10】 18日，上述设备安装完毕并达到预定可使用状态，经验收合格办理竣工决算手续交付使用，结转工程成本。

解析：需安装固定资产工程安装完毕，交付使用，即可将该项工程全部支出转入"固定资产"账户。本项安装工程在安装过程中所发生的全部支出，包括需安装固定资产的购置成本和安装该项固定资产的安装成本 984 240（942 000 + 42 240）元，全部归集在"在建工程"账户的借方，工程竣工交付使用时，应将完工的工程成本全部从该账户贷方结转出去。同时，还应按竣工成本增加固定资产价值。固定资产取得成本的增加应记入"固定资产"账户的借方，在建工程支出的结转应记入"在建工程"账户的贷方。编制的会计分录如下：

借：固定资产　　　　　　　　　　　　　　　　　　　984 240
　　贷：在建工程　　　　　　　　　　　　　　　　　984 240

以上业务例4-7至例4-10，在有关总分类账户中的记录如图4-23所示。

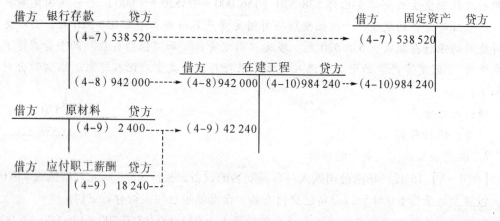

图4-23

（二）材料采购的核算

1.购进材料结清货款的核算

【例4-11】 2日，华南公司从东方工厂购进A材料8 000千克。企业收到的增值税专用发票上列明该批材料单价45.50元，价款364 000元；增值税率17%，计61 880元。全部款项通过银行付讫。

解析：处理该项经济业务时，应首先确认购入材料的采购成本和增值税额。由于该批材料未发生运费等采购费用，因此材料的采购成本只有买价，即364 000元（8 000 × 45.50）；增值税进项税额为61 880元（364 000×17%）。其次，由于该项经济业务一方面使得公司购入A材料的买价增加364 000元，增值税进项税额增加61 880元；另一方面，支付货税款又使得公司的银行存款减少425 880元（364 000 +61 880），故该项经济业务涉及"在途物资"、"应交税费——应交增值税（进项税额）"、"银行存款"三个账户，购进材料的采购成本应记入"在途物资"账户的借方,增值税进项税额应记入"应交税费——应交增值税(进项税额)"账户的借方,银行存款的减少应记入"银行存款"账户的贷方。编制的会计分录如下:

　　借:在途物资——A材料　　　　　　　　　　　　　　　　　364 000
　　　　应交税费——应交增值税(进项税额)　　　　　　　　　　61 880
　　　贷:银行存款　　　　　　　　　　　　　　　　　　　　　　　425 880

2. 预付购料款的核算

【例4-12】4日,华南公司按合同约定,用银行存款预付给北兴工厂订购C材料货款500 000元。

　　解析:这项经济业务的发生,一方面使得公司的预付货款增加500 000元,另一方面使得公司的银行存款减少500 000元。该项经济业务涉及"预付账款"和"银行存款"两个账户。预付货款的增加应记入"预付账款"账户的借方,银行存款的减少应记入"银行存款"账户的贷方。编制的会计分录如下:

　　借:预付账款——北兴工厂　　　　　　　　　　　　　　　　500 000
　　　贷:银行存款　　　　　　　　　　　　　　　　　　　　　　　500 000

【例4-13】6日,华南公司收到北兴工厂前已预付货款的C材料6 000千克,并验收入库。企业收到的增值税专用发票上列明该批C材料的价款480 000元,单价80元,增值税进项税额81 600元,冲销原预付款500 000元外,不足款项61 600元当即用银行存款支付。对方垫付的运杂费6 000元用现金付讫。

　　解析:该项经济业务的发生,一方面使得公司的材料采购成本(C材料的买价和采购费用)增加计486 000(480 000+6 000)元,增值税进项税额增加81 600元,另一方面使得公司的预付款减少500 000元,银行存款减少61 600(480 000+81 600-500 000)元,现金减少6 000元。该项经济业务的处理涉及"在途物资"、"应交税费——应交增值税(进项税额)"、"预付账款"、"银行存款"和"库存现金"五个账户。材料采购成本的增加应记入"在途物资"账户的借方,增值税进项税额的增加应记入"应交税费——应交增值税"账户的借方,预付款的减少应记入"预付账款"账户的贷方,银行存款的减少应记入"银行存款"账户的贷方,现金的减少应记入"库存现金"账户的贷方。编制的会计分录如下:

　　借:在途物资——C材料　　　　　　　　　　　　　　　　　486 000
　　　　应交税费——应交增值税(进项税额)　　　　　　　　　　81 600
　　　贷:预付账款——北兴工厂　　　　　　　　　　　　　　　　500 000
　　　　银行存款　　　　　　　　　　　　　　　　　　　　　　　61 600
　　　　库存现金　　　　　　　　　　　　　　　　　　　　　　　6 000

　　需要注意的是,企业为清楚地了解每项经济业务在会计账户登记后所形成的账户间的对应关系,通常不编制多借多贷的会计分录。此项经济业务尽管编制的是多借多贷的会计分录,但由于其不仅能较为清楚地反映出账户之间的对应关系,又能简化核算,所以是可行的。因此,是否采用多借多贷的会计分录,应视具体情况而定。

　　此外,由于该批材料已收到并验收入库,因此应将采购成本从"在途物资"账户的贷方结转至"原材料"账户的借方。为了简化会计核算，此笔会计分录可在月末时汇总本月全部入库材料成本一并结转。

3. 购进材料货款暂欠的核算

【例4－14】10日，华南公司从浦西工厂购进 A、B 两种材料。企业收到的增值税专用发票上列明 A 材料4 000 千克，单价45 元，计180 000 元；B 材料2 000 千克，单价20 元，计40 000 元；增值税率17%，共计37 400 元，对方代垫运费3 000 元，价税款合计260 400 元。材料已收到验收入库，款项尚未支付。

解析：处理该项经济业务时，同样应首先确认材料的采购成本和进项增值税额。由于该项经济业务的采购成本还有一笔共同费用，即运费。凡购进两种以上材料发生的共同费用，都不能直接计入各种材料的采购成本时，而应选择适当的分配标准，如按照材料的重量、数量或买价等分配计入各种材料的采购成本。现假设按 A、B 两种材料的重量比例为分配标准进行分配如下：

$$分配率 = \frac{3\ 000}{4\ 000 + 2\ 000} = 0.5（元/千克）$$

A 材料应分配的运费 ＝4 000 ×0.5 ＝2 000（元）

B 材料应分配的运费 ＝2 000 ×0.5 ＝1 000（元）

其次，该项经济业务的发生后，一方面因购进的 A、B 材料采购成本增加，应记入"在途物资"账户的借方，准予抵扣的增值税款应记入"应交税费"账户的借方；另一方面因价款未付应记入"应付账款"账户的贷方。编制的会计分录如下：

借：在途物资——A 材料　　　　　　　　　　　　　　　　182 000

　　　　　　——B 材料　　　　　　　　　　　　　　　　 41 000

　　应交税费——应交增值税（进项税额）　　　　　　　　 37 400

　　贷：应付账款——浦西工厂　　　　　　　　　　　　　　　260 400

同上例，材料入库分录略。

【例4－15】15日，华南公司向宏济工厂签发并承兑一张商业汇票购入 D 材料，该批材料的含税总价款629 460 元，增值税率17%。材料未收到。

解析：由于该批材料的价款是含税总价款629 400 元，而增值税不计入采购成本，所以应将这笔材料价款分解为不含税价款和税额：

$$不含税价款 = \frac{含税价款}{1 + 适用税率} = \frac{629\ 400}{1 + 17\%} = 522\ 402（元）$$

增值税额 ＝629 400 －522 402 ＝106 998（元）

其次，该项经济业务的发生，一方面使得公司的材料采购成本增加716 000 元，增值税进项税额增加121 720 元，另一方面使得公司的应付票据增加837 720 元，涉及"在途物资"、"应交税费——应交增值税（进项税额）"、"应付票据"三个账户。材料采购支出的增加应记入"在途物资"账户的借方，增值税进项税额的增加应记入"应交税费——应交增值税（进项税额）"账户的借方，应付票据的增加应记入"应付票据"账户的贷方。编制的会计分录如下：

借：在途物资——D 材料　　　　　　　　　　　　　　　　522 402

应交税费——应交增值税（进项税额）		106 998
贷：应付票据——宏济工厂		629 400

　　【例4-16】 20日，华南公司向浦西工厂签发并承兑一张面额为260 400元的商业汇票，用以抵付本月10日从其购入的A、B材料的价税款及代垫运费。

　　解析： 本月从浦西工厂购入的A、B材料的价款为220 000元，增值税为37 400元，代垫运杂费为3 000元，合计为260 400元。该项经济业务的发生，一方面使得公司的应付账款减少260 400元，另一方面使得公司的应付票据增加260 400元。涉及"应付账款"和"应付票据"两个账户。应付账款的减少应记入"应付账款"账户的借方，应付票据的增加应记入"应付票据"账户的贷方。编制的会计分录如下：

　　　借：应付账款——浦西工厂　　　　　　　　　　　　　　　　260 400
　　　　贷：应付票据——浦西工厂　　　　　　　　　　　　　　　　260 400

　　4. 材料入库的核算

　　【例4-17】 30日，将本月购进并已验收入库的各种材料的实际采购成本，结转到"原材料"账户。

　　解析： 在实际工作中，为简化会计核算，入库材料的成本结转是根据材料的入库情况编制"入库材料成本结转汇总表"，再根据这张表编制会计分录并据以入账。本月"入库材料成本结转汇总表"（表4-1）如下：

表4-1　　　　　　　　　　　**入库材料汇总表**

××年×月30日

材料名称	单位	数量	单价	金额
A材料	千克	12 000	45. 50	546 000
B材料	千克	2 000	20. 50	41 000
C材料	千克	6 000	81. 00	486 000
合　　计	—	—	—	1 073 000

　　从表4-1可以看出，这项经济业务的发生，一方面使得公司已验收入库材料的实际采购成本增加1 073 000元，另一方面使得公司的材料采购成本结转计1 073 000元。该项经济业务涉及"原材料"和"在途物资"两个账户。库存材料实际成本的增加应记入"原材料"账户的借方，材料采购支出的结转应记入"在途物资"账户的贷方。编制的会计分录如下：

　　　借：原材料——A材料　　　　　　　　　　　　　　　　　5 460 000
　　　　　　　——B材料　　　　　　　　　　　　　　　　　　　41 000
　　　　　　　——C材料　　　　　　　　　　　　　　　　　　486 000
　　　　贷：在途物资——A材料　　　　　　　　　　　　　　　5 460 000
　　　　　　　　——B材料　　　　　　　　　　　　　　　　　　41 000
　　　　　　　　——C材料　　　　　　　　　　　　　　　　　486 000

　　以上业务例4-11至例4-16，在有关总分类账户中的记录如图4-24所示：

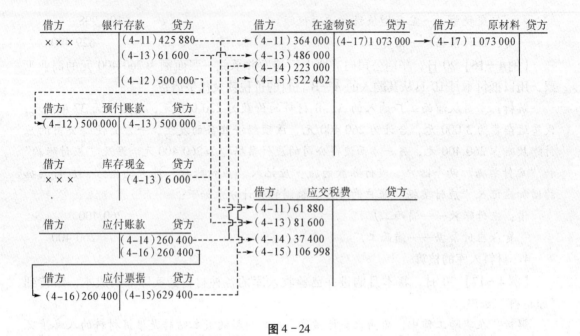

图 4-24

第三节　生产过程业务的核算

一、核算内容

企业的生产过程是产品的生产同劳动资料和劳动对象耗费过程的统一。在生产过程中的生产耗费又称为生产费用，主要包括材料费用、人工费用和制造费用。企业为生产一定种类、数量的产品所发生的生产费用的总和就是产品成本，又称为生产成本或制造成本。在生产过程业务的核算中，企业应将生产中发生的各项生产费用，按产品进行归集，以正确计算出在产品成本和完工产品的单位生产成本及总成本。因此，生产过程的核算包括生产费用的归集和分配、完工产品成本的计算和结转。

二、账户设置

为了反映监督企业生产过程中发生的经济业务，企业应设置"生产成本"、"制造费用"、"管理费用"、"应付职工薪酬"、"库存商品"等账户。

（一）"生产成本"

"生产成本"账户是用于核算企业进行工业性生产，包括生产各种产品（包括产成品、自制半成品、提供劳务等）、自制材料、自制工具、自制设备等所发生的各项生产费用的账户。该账户属于成本类。借方登记企业为制造产品而发生的各项生产费用；贷方登记生产完工并已验收入库的产成品、自制半成品的实际成本；期末借方余额反映尚未加工完成的各项在产品成本。本账户应按生产车间和成本核算对象设置明细账进行明细分类核算。其账户结构如下图所示（图4-25）。

借方	生产成本	贷方
归集各项产品生产费用	结转完工产品生产成本	
期末余额： 期末在产品成本		

图4-25

（二）"制造费用"

"制造费用"账户是用于核算企业生产车间为生产产品和提供劳务而发生的各项间接费用，包括管理人员工资和福利费、固定资产折旧费、修理费、办公费、水电费、机物料消耗、劳动保护费、季节性和修理期间的停工损失等账户。该账户属于成本类。账户的借方登记各项间接费用的发生数；贷方登记分配记入有关成本计算对象的间接费用，除季节性的生产企业外，期末应无余额。本账户应按不同的车间、部门设置明细账进行明细分类核算。其账户结构如下图所示（图4-26）。

借方	制造费用	贷方
归集各项制造费用	月末结转制造费用	
期末无余额		

图4-26

（三）"管理费用"

"管理费用"账户是用于核算为组织和管理企业生产经营所发生的管理费用，包括行政管理部门职工的工资及福利费、职工待业保险费、业务招待费、工会经费、董事会费，等等。该账户借方记录实际发生的管理费用；贷方记录期末结转到"本年利润"账户的数额；结转后期末应无余额。该账户可按管理部门设置明细账户，按费用项目设专栏，以反映各部门、各项目管理费用发生的情况。该账户属于损益类。账户的借方反映各项管理费用的实际发生数；贷方反映期末转入"本年利润"账户数，期末应无余额。其账户结构如下图所示（图4-27）。

借方	管理费用	贷方
归集各项管理费用	月末结转管理费用	
期末无余额		

图4-27

（四）"应付职工薪酬"

"应付职工薪酬"账户是用于核算企业按照有关规定应支付给职工的各种薪酬的账户。该账户属于负债类。账户的贷方登记本月应支付的职工薪酬，借方登记本月实际支付的职工薪酬，期末贷方余额反映企业应付未付的职工薪酬。该账户按"工资"、"福利费"、

"工会经费"、"职工教育经费"等设置明细账。其账户结构如下图所示（图4-28）。

借方	应付职工薪酬	贷方
实际支付的职工薪酬	应付未付职工薪酬	
	期末余额： 应付未付职工薪酬	

图4-28

（五）"库存商品"

"库存商品"账户是用于核算企业库存的各种商品的实际成本的账户。该账户属于资产类。账户的借方登记生产完工验收入库和其他原因增加的产成品的实际成本；贷方登记商品销售及其他原因减少的产成品的实际成本；期末借方余额反映企业各种库存商品的实际成本。本账户应按库存商品的种类、品种和规格设置明细账，进行明细分类核算。其账户结构如下图所示（图4-29）。

借方	库存商品	贷方
库存商品入库数	库存商品出库数	
期末余额： 库存商品实有数		

图4-29

三、账务处理

（一）生产费用的归集和分配

1. 材料费用的核算

【例4-18】30日，华南公司发出材料一批，共计575 250元。各生产车间及管理部门耗用材料情况如下表（表4-2）：

表4-2

材料发出汇总表

××年×月30日

单位：元

材料用途 \ 材料名称	A 数量（千克）	A 单价	A 金额	B 数量（千克）	B 单价	B 金额	C 数量（千克）	C 单价	C 金额	合计
甲产品生产	2 000	45.50	91 000	3 000	20.50	61 500				152 500
乙产品生产							5 000	81.00	405 000	405 000
生产车间一般耗用	300	45.50	13 650							13 650
厂部行政管理部门耗用				200	20.50	4 100				4 100
合计			104 650			65 600			405 000	575 250

解析：该项经济业务的发生，一方面引起库存材料的减少，应记入"原材料"账户的

贷方；另一方面材料投入生产，其中直接为甲、乙产品领用的原材料，应直接计入产品生产成本，记入"生产成本"账户的借方；车间一般耗用材料属于生产车间间接费用，应记入"制造费用"账户的借方；厂部行政管理部门耗用的原材料属于期间费用，应记入"管理费用"账户的借方。编制会计分录如下：

借：生产成本——甲产品　　　　　　　　　　　　　　　152 500
　　　　　　——乙产品　　　　　　　　　　　　　　　405 000
　　制造费用　　　　　　　　　　　　　　　　　　　　 13 650
　　管理费用　　　　　　　　　　　　　　　　　　　　　4 100
　　贷：原材料——A 材料　　　　　　　　　　　　　　104 650
　　　　　　　——B 材料　　　　　　　　　　　　　　 65 600
　　　　　　　——C 材料　　　　　　　　　　　　　　405 000

2. 工资费用的核算

【例 4 - 19】30 日，华南公司根据本月职工工资标准、职工出勤情况及生产统计分配本月应付职工工资（表 4 - 3）。

表 4 - 3

工资结算汇总表

××年×月 30 日

单位：元

项目 用途	标准 工资	物价 补贴	奖金 及津贴	缺勤应扣工资		应付工资 总额	代扣款项		实发 工资	应付 福利费
				事假 旷工	病假		住房 公积金	保险费		
甲产品生产工人	160 333	5 344	8 908	2 672	890	178 147	17 815	2 352	157 981	24 941
乙产品生产工人	106 888	3 563	5 938	1 781	539	118 709	11 871	1 567	105 271	16 619
生产车间管理人员	61 666	2 055	3 424	1 027	342	68 514	6 851	904	60 758	9 592
厂部行政部门管理人员	82 222	2 740	4 565	1 370	456	91 353	9 135	1 206	81 012	12 789
合　计	411 109	13 702	22 835	6 850	2 227	456 723	45 672	6 029	405 022	63 941

（1）应付工资的核算

解析：从表 4 - 3 中的"应付工资总额"栏可以看出，本月应付职工工资为 456 723元，应记入"应付工资"账户的贷方；另一方面工资费用增加了 456 723 元，其中生产甲、乙产品的生产工人工资应直接计入产品生产成本，记入"生产成本"账户的借方；车间管理人员工资应记入"制造费用"账户的借方；行政部门管理人员工资应记入"管理费用"账户的借方。编制会计分录如下：

借：生产成本——A 产品　　　　　　　　　　　　　　 178 147
　　　　　　——B 产品　　　　　　　　　　　　　　 118 709
　　制造费用　　　　　　　　　　　　　　　　　　　　68 514
　　管理费用　　　　　　　　　　　　　　　　　　　　91 353
　　贷：应付职工薪酬——工资　　　　　　　　　　　　　　456 723

（2）代扣款项的核算

解析：代扣款项是企业代社会有关部门或机构从职工应付工资中扣取的款项。如"住房公积金"是单位和在职职工缴存的长期住房储金，它是住房分配货币化、社会化和法制化的主要形式。它由职工及职工所在单位缴纳。职工个人按月缴纳占工资一定比例的公积金；单位也按月提供占职工工资一定比例的公积金。两者均归职工个人所有，随着工资发放时交纳，存入职工个人公积金账户。本例表4-3中列示的金额就是该企业按职工工资的一定比例提取后从职工应付工资中扣取后，交存于职工个人公积金账户。根据表4-1，编制会计分录如下：

借：生产成本——A产品　　　　　　　　　　　　　　　　20 166
　　　　　　　——B产品　　　　　　　　　　　　　　　　13 438
　　制造费用　　　　　　　　　　　　　　　　　　　　　7 756
　　管理费用　　　　　　　　　　　　　　　　　　　　　10 341
　　贷：应付职工薪酬——住房公积金　　　　　　　　　　45 672
　　　　　　　　　　——社会保险费　　　　　　　　　　　6 029

（3）实发工资的核算

解析：在企业工资业务核算中，实发工资是应付工资减去各种代扣款项后的余额。其计算公式为实发工资等于应付工资减代扣款项。企业从银行提取现金405 022元，准备发放职工工资。这笔经济业务的发生，一方面使企业现金增加，应记入"库存现金"账户的借方；另一方面使企业银行存款减少，应记入"银行存款"账户的贷方。编制会计分录如下：

借：库存现金　　　　　　　　　　　　　　　　　　　　405 022
　　贷：银行存款　　　　　　　　　　　　　　　　　　　405 022

假设华南公司以现金405 022元实际支付职工工资。这笔经济业务的发生，一方面使企业现金减少，应记入"库存现金"账户的贷方；另一方面使企业应付工资减少，应记入"应付工资"账户的借方。编制会计分录如下：

借：应付职工薪酬——工资　　　　　　　　　　　　　　405 022
　　贷：库存现金　　　　　　　　　　　　　　　　　　　405 022

（4）应付福利费的核算

解析：应付福利费是指企业从费用中提取的、准备用于职工福利方面的资金。比如职工的医疗卫生费用、职工困难补助费，以及应付的医务、福利人员工资等。职工福利费的计提比例为14%。企业按职工应付工资的一定比例提取福利费时，应编制会计分录：

借：生产成本——A产品　　　　　　　　　　　　　　　　24 941
　　　　　　　——B产品　　　　　　　　　　　　　　　　16 619
　　制造费用　　　　　　　　　　　　　　　　　　　　　9 592
　　管理费用　　　　　　　　　　　　　　　　　　　　　12 789
　　贷：应付职工薪酬——职工福利　　　　　　　　　　　63 941

3. 折旧费用的核算

【例4-20】30日，华南公司计提本月固定资产折旧64 000元，其中生产车间固定资产折旧36 000元，行政管理部门固定资产折旧28 000元。

解析：该项经济业务的发生，一方面反映企业折旧费用的增加，应按部门分别记入"制造费用"和"管理费用"账户的借方；另一方面反映固定资产折旧额增加，应记入"累计折旧"账户的贷方。编制会计分录如下：

借：制造费用   36 000
  管理费用   28 000
 贷：累计折旧   64 000

4. 制造费用分配的核算

【例4-21】30日，华南公司以现金购买了578.40元的办公用品。

解析：该项经济业务一方面增加了制造费用，应记入"制造费用"账户借方，另一方面减少了现金，应记入"库存现金"账户的贷方。编制的会计分录如下：

借：制造费用   578.40
 贷：库存现金   578.40

【例4-22】30日，按生产工人工资比例分配制造费用。

解析：制造费用是企业生产车间为组织管理生产所发生的费用，是产品生产成本的组成部分。企业应于月末将本期归集的各项制造费用从"制造费用"账户转入"生产成本"账户，以反映产品生产成本。该项经济业务的发生，一方面要结转制造费用，将平时归集在"制造费用"账户借方的数额从贷方转出；另一方面应分配转入"生产成本"账户的借方。制造费用的计算分配和编制的会计分录如下：

本月制造费用总额 $= 13\ 650 + 68\ 514 + 36\ 000 + 578.40 = 118\ 742.40$（元）

$$制造费用分配率 = \frac{118\ 742.40}{178\ 147 + 118\ 709} = 0.4$$

甲产品应分配的制造费用 $= 178\ 147 \times 0.4 = 71\ 258.80$（元）

乙产品应分配的制造费用 $= 118\ 709 \times 0.4 = 47\ 483.60$（元）

借：生产成本——甲产品   71 258.80
    ——乙产品   47 483.60
 贷：制造费用   118 742.40

（二）完工产品成本的计算和结转

【例4-23】30日，假设华南公司本月甲产品月初在产品成本134 252元，本月发生的生产费用为401 907.80元，；乙产品月初在产品成本2 487 627元，本月发生的生产费用为571 192.60元。甲、乙产品月末全部完工并已验收入库，计算并结转完工产品成本。

解析：该项经济业务的发生，一方面产品生产完工并已验收入库，应按实际制造成本记入"库存商品"账户的借方；另一方面产品生产完工应按实际成本转账，记入"生产成本"账户的贷方。完工产品成本的计算（表4-4）及编制的会计分录如下：

表 4 - 4 完工产品成本计算表

××年×月 30 日 单位：元

产品名称	月初在产品成本	本月生产费用				完工产品数量	单位成本	总成本
		直接材料	直接人工	制造费用	合计			
甲产品	134 252	152 500	178 149	71 258.80	401 907.80	500	803.82	536 160
乙产品	2 487 627	405 000	118 709	47 483.60	571 192.60	1 000	571.19	3 058 820
合计	2 621 879	557 500	296 858	118 742.40	973 100.40	—	—	3 594 980

注：表中总成本金额保留整数，小数点后四舍五入。

借：库存商品——甲产品 536 160
　　　　　——乙产品 3 058 820
　贷：生产成本——甲产品 536 160
　　　　　——乙产品 3 058 820

以上业务例 4 - 18 至例 4 - 23，在有关总分类账户中的记录如图 4 - 30 所示：

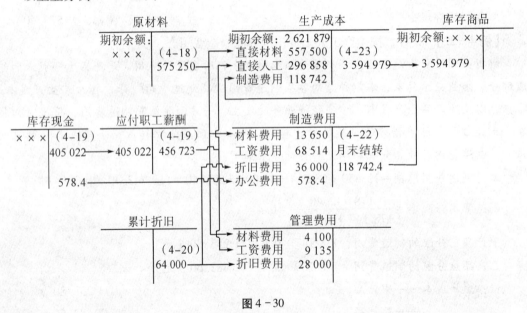

图 4 - 30

第四节　销售过程业务的核算

一、核算内容

销售过程是企业生产经营过程的最后阶段，是产品价值的实现过程，其主要任务是将生产的产品销售出去，以满足社会的需要，同时取得销售收入，使企业的生产耗费得到补偿。为了顺利地实现产品的销售，在这一过程中，不仅会发生包装、广告、运输等销售费用，企业还应按国家规定计算缴纳销售税金和有关费用。因此，销售过程核算的主要内容包括：确认销售收入的实现①；与购货方办理价款的结算；结转销售成本；支付各种销售费用；计算缴纳销售税费等。

二、账户设置

为了反映监督企业销售过程中发生的经济业务，企业应设置"主营业务收入"、"其他业务收入"、"主营业务成本"、"其他业务成本"、"营业税金及附加"、"销售费用"、"应收账款"、"预收账款"等账户。

（一）"主营业务收入"账户

"主营业务收入"账户是用于核算企业在销售商品、提供劳务及让渡资产使用权等日常活动中所产生的收入的账户。该账户属于损益类。账户的贷方登记企业在销售商品、提供劳务及让渡资产使用权等日常活动中确认的收入；借方登记发生的销售退回及期末结转至"本年利润"账户的收入；本账户期末应无余额。其账户结构如下图所示（图4-31）。

借方	主营业务收入	贷方
销售退回数或销售折让 期末结转"本年利润"数	本期已实现的销售收入	
	期末无余额	

图 4-31

（二）"其他业务收入"账户

"其他业务收入"账户是用于核算企业除主营业务收入以外的其他销售或其他业务的收入的账户。该账户属于损益类。账户的贷方登记企业因其他销售或其他业务实现的收入；借方登记期末结转至"本年利润"账户的金额；本账户期末应无余额。其账户结构如下图所示（图4-32）。

借方	其他业务收入	贷方
期末结转"本年利润"数	本期已实现的其他销售收入	
	期末无余额	

图 4-32

（三）"主营业务成本"账户

"主营业务成本"账户是用于核算企业因销售商品、提供劳务及让渡资产使用权等日常活动中所发生的实际成本的账户。该账户属于损益类。该账户的借方登记销售各种商

---

① 企业在销售商品时，如同时符合以下4个条件，即可确认为收入：企业已将商品所有权上的主要风险和报酬转移给买方；企业既没有保留通常与所有权相联系的继续管理权，也没有对已售出的商品实施控制；与交易相关的经济利益能够流入企业；相关的收入和成本能够可靠地计量。

根据收入与费用的配比原则，与同一项销售有关的收入和成本应在同一会计期间予以确认。因此，成本不能可靠计量，相关的收入也就不能确认，即使其他条件均已满足，也不能确认收入。

品、提供各种劳务等的实际成本；贷方登记本月的销售商品退回及期末结转"本年利润"账户的实际成本；期末应无余额。其账户结构如下图所示（图4－33）。

借方	主营业务成本	贷方
已实现销售的商品成本	销售退回商品成本 期末结转"本年利润"数	
期末无余额		

图4－33

（四）"其他业务成本"账户

"其他业务成本"账户是用于核算企业除主营业务成本以外的其他销售或其他业务所发生的支出的账户。该账户属于损益类。账户的借方登记企业因销售其他业务发生的各项支出；贷方登记期末结转至"本年利润"账户的金额；本账户期末应无余额。其账户结构如下图所示（图4－34）。

借方	其他业务成本	贷方
其他销售所发生的支出	期末结转"本年利润"数	
期末无余额		

图4－34

（五）"营业税金及附加"账户

"营业税金及附加"账户是用于核算企业日常活动应负担的税金及附加，包括营业税、消费税、城市维护建设税、资源税、教育费附加等的账户。该账户属于损益类。账户的借方登记按规定应由企业负担的营业税金及附加；贷方登记期末结转"本年利润"账户的各种税金；期末应无余额。其账户结构如下图所示（图4－35）。

借方	营业税金及附加	贷方
应负担的税金及附加	期末结转"本年利润"数	
期末无余额		

图4－35

（六）"销售费用"账户

"销售费用"账户是用于核算企业在销售商品、产品过程中发生的各项费用，包括运输费、装卸费、包装费、保险费、展览费和广告费，以及为销售本企业商品、产品而专设的销售机构的职工工资及福利费、业务费等经营费用的账户。该账户属于损益类。账户的借方反映各项经营费用的实际发生数；贷方反映期末转入"本年利润"账户数；期末应无余额。其账户结构如下图所示（图4－36）。

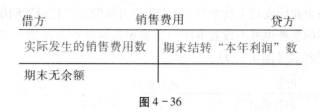

借方	销售费用	贷方
实际发生的销售费用数	期末结转"本年利润"数	
期末无余额		

图 4 - 36

（七）"应收账款"账户

"应收账款"账户是用于核算企业因销售商品、产品、提供劳务等，应向购货单位或接受劳务单位收取的款项的账户。该账户属于资产类。账户的借方登记因销售商品、产品、提供劳务等应收的款项；贷方登记实际收到的应收款项；期末借方余额表示企业应收而未收回的款项。该账户应按购货单位或接受劳务单位设置明细账，进行明细分类核算。其账户结构如下图所示（图 4 - 37）。

借方	应收账款	贷方
应收账款增加数	应收账款减少数	
期末无余额		

图 4 - 37

（八）"应收票据"账户

"应收票据"账户用来核算企业销售商品而收到购买单位开出并承兑商业承兑汇票或银行承兑汇票的增减变动及其结余情况的账户。该账户的性质是资产类。账户借方登记企业收到购买单位开出并承兑的商业汇票，表明企业票据应收款的增加；贷方登记票据到期收回购买单位款，表明企业应收票据款的减少，期末该账户如有余额应在借方，表示尚未到期的票据应收款项的结余额。该账户不设置明细账户。为掌握每笔应收票据的具体结算情况，企业应设置"应收票据备查簿"逐笔登记每一应收票据的详细资料。其账户结构如图所示（图 4 - 38）。

借方	应收票据	贷方
本期收到的商业汇票面值	已经承兑的商业汇票面值	
期末余额：尚未承兑的商业汇票面值		

图 4 - 38

（九）"预收账款"账户

"预收账款"账户是用于核算企业按照合同规定向购货单位预收款项的账户。该账户属于负债类。账户的贷方登记预收货款和对方的补付货款，借方登记销售实现转销的预收货款或退回购货单位多收货款。期末如为贷方余额反映企业已预收而未结算的预收款项[①]，

---

① 已预收而未结算的预收款项：如预收 10 000 元，发货 8 000 元，应退还 2 000 元。贷余：2 000（多收）。

如为借方余额反映企业应收对方货款数①。本账户可按购货单位设置明细账进行明细核算。预收账款情况不多的企业也可不设置本账户，将预收的款项直接记入"应收账款"账户。其账户结构如下图所示（图4-39）。

借方	预收账款	贷方
预收款的减少数 退还对方多收款	预收款的增加数 对方补付货款	
期末余额： 应补收对方货款数	期末余额： 已预收而未结算的预收款	

图4-39

三、账务处理

（一）确认销售收入的核算

在进行销售收入的核算之前，有两个问题必须确认：一是销售收入的入账时间问题；二是销售收入的入账金额问题。

1. 销售收入的入账时间确认

按照会计准则规定，企业销售商品收入的确认，必须同时符合以下条件：

（1）企业已将商品所有权上的主要风险和报酬转移给买方，不管实物是否交付；

（2）企业既没有保留通常与所有权相联系的继续管理权，也没有对已售出的商品实施控制；

（3）与交易相关的经济利益能够可靠地流入企业。如果企业判断价款不能收回，应提供可靠的证据；

（4）相关的收入和成本能够可靠地计量。

按照上述条件，确认销售收入的实现，与企业是否收到货款或是否发出货物无直接关系。

2. 销售收入的入账金额确认

销售收入的金额应按下列公式确认：

已确认销售收入 = 已确认销售的数量 × 销售单价

按照有关税法的规定，公式中的"已实现销售收入"同时也是企业应交销售税费的计算依据。

【例4-24】15日，华南公司按照合同约定，预收兴华工厂订购乙产品的货款600 000元，存入银行。

解析：该项经济业务的发生，一方面使得公司的银行存款增加600 000元，应记入"银行存款"账户的借方；另一方面使得公司的预收款增加600 000元，应记入"预收账款"账户的贷方。编制的会计分录如下：

借：银行存款   600 000

  贷：预收账款——兴华工厂   600 000

---

① 应收对方货款数：如预收20 000元，发货24 000元，应补收4 000元。借余：4 000元（少收）。

【例4－25】16日，华南公司本月预收兴华工厂货款的乙产品800台，现已发货，发票注明价款624 000元，增值税销项税额106 080元。原预收款不足，其差额部分当即收到存入银行。

解析：公司已预收兴华工厂的货款600 000元，但发货的价税款为730 080（624 000＋106 080）元，不足款项为130 080（730 080－600 000）元。这项经济业务的发生，一方面使得公司的预收款减少600 000元，应记入"预收账款"账户的借方；收到补付货款使得银行存款增加130 080元，应记入"银行存款"账户的借方；另一方面使得公司的主营业务收入增加624 000元，应记入"主营业务收入"账户的贷方，增值税销项税额增加106 080元。应记入"应交税费——应交增值税"账户的贷方。编制会计分录如下：

借：预收账款——兴华工厂　　　　　　　　　　　　　　　　　600 000
　　银行存款　　　　　　　　　　　　　　　　　　　　　　　130 080
　　贷：主营业务收入——乙产品　　　　　　　　　　　　　　　　624 000
　　　　应交税费——应交增值税（销项税额）　　　　　　　　　　106 080

【例4－26】17日，华南公司销售甲产品300台给中远贸易公司，每台售价1 125元（不含增值税），共计337 500元，增值税率17%，价税合计394 875元。款已收存银行，产品已发出。

解析：该项经济业务的发生，一方面货款收存银行使得公司的银行存款增加，应记入"银行存款"账户的借方；另一方面销售实现，应确认当期销售收入，记入"主营业务收入"账户的贷方。按现行增值税条例规定，企业在销售货物时，应按销售额和适用税率计算并向购货方收取增值税，由于增值税是价外税，不应计入销售收入，而应直接记入"应交税费——应交增值税（销项税额）"账户的贷方。编制会计分录如下：

借：银行存款　　　　　　　　　　　　　　　　　　　　　　　394 875
　　贷：主营业务收入——甲产品　　　　　　　　　　　　　　　　337 500
　　　　应交税费——应交增值税（销项税额）　　　　　　　　　　　57 375

【例4－27】18日，华南公司收到丰林公司开出并承兑的商业汇票54 000元，用以抵偿其所欠本企业的货款。

解析：该项经济业务的发生，一方面使得公司的应收票据款增加54 000元，应记入"应收票据"账户的借方；另一方面使得公司的应收款减少54 000元。应记入"应收账款"账户的贷方。编制的会计分录如下：

借：应收票据——丰林公司　　　　　　　　　　　　　　　　　　54 000
　　贷：应收账款——丰林公司　　　　　　　　　　　　　　　　　　54 000

【例4－28】20日，企业销售甲产品400台给东方贸易公司，不含税售价为450 000元，增值税76 500元。企业在发出甲产品时以银行存款为东方贸易公司代垫运费1 500元，应收款合计528 000元，产品已发出，款项尚未收到。

解析：该项经济业务的发生，一方面产品售出但未收到货款，形成企业的债权，应记入"应收账款"账户的借方；另一方面销售实现，应确认当期销售收入，记入"主营业务收入"账户的贷方；应向购货方收取的增值税属于"销项税额"，应记入"应交税费——应交增值税（销项税额）"账户的贷方；以银行存款代对方垫付运费，表现为企业银行存款的减少，应记入"银行存款"账户的贷方。编制会计分录如下：

借：应收账款——东方贸易公司 528 000

　　贷：主营业务收入——甲产品 450 000

　　　应交税费——应交增值税（销项税额） 76 500

　　　银行存款 1 500

【例 4 - 29】21 日，华南公司销售一批原材料，价款 98 700 元，增值税 16 779 元，款未收。

解析：按照会计制度规定，材料销售收入属其他业务收入。该项经济业务的发生，一方面使得公司的应收账款增加 115 479（98 700 + 16 779）元，应记入"应收账款"账户的借方；另一方面使得公司的其他业务收入增加 98 700 元，应记入"其他业务收入"账户的贷方；增值税销项税额增加 16 779 元，应记入"应交税费——应交增值税"账户的贷方。编制的会计分录如下：

借：应收账款 115 479

　　贷：其他业务收入 98 700

　　　应交税费——应交增值税（销项税额） 16 779

（二）结转销售成本的核算

销售成本是指已销售产品的生产成本或已提供劳务的劳务成本以及其他销售业务的成本。销售成本包括主营业务成本和其他业务支出两部分，其中，主营业务成本是企业销售商品产品、半成品以及提供工业性劳务等业务所形成的成本；其他业务支出是企业销售材料、出租包装物、出租固定资产等业务所形成的成本。按照配比原则，企业结转的销售成本数量必须与已确认的销售收入数量一致，其计算公式如下：

已确认销售成本 = 已确认销售的数量 × 单位生产成本

对于企业销售的商品产品，"已确认销售的数量"，可直接在"库存商品明细账"上查得；"单位生产成本"可选择采用先进先出法、加权平均法或个别认定法计算确定。一经选定，不得随意变动，以符合会计准则一贯性原则的要求。

在实际工作中，已销售产品的成本可以在每笔销售收入确认之后结转，也可以在期末一次结转。企业可以根据其具体情况采用其中的某种结转方式进行销售成本的结转。下面举例说明月末一次结转销售成本的账务处理。

【例 4 - 30】月末，根据前例中本月已实现销售数量和月末单位生产成本（见例 4 - 23 中的表 4 - 4），编制"产品销售成本汇总表"（表 4 - 5）。

表 4 - 5　　　　　　　　　　　**产品销售成本汇总表**

× × 年 × 月 30 日

单位：元

产品名称	单位	销售数量	单位生产成本	总成本
甲产品	台	700	803.82	562 674
乙产品	台	800	571.19	456 952
合计	—	—	—	1 019 626

解析：企业对外销售产品，一方面表现为企业库存商品的减少，应记入"库存商品"账户的贷方；另一方面，按照配比性原则，已售商品的销售成本应转入与"主营业务收入"相对应的"主营业务成本"中。编制会计分录如下：

借：主营业务成本——甲产品　　　　　　　　　　　　562 674

　　　　　　　　——乙产品　　　　　　　　　　　　456 952

　　贷：库存商品——甲产品　　　　　　　　　　　　562 674

　　　　　　　　——乙产品　　　　　　　　　　　　456 952

【例4-31】30日，华南公司结转本月销售材料的成本63 000元。

解析：该项经济业务的发生，一方面使其他业务成本增加63 000元，另一方面使库存材料成本减少63 000元。其他业务成本的增加应记入"其他业务成本"账户的借方，库存材料成本的减少应记入"原材料"账户的贷方。编制的会计分录如下：

借：其他业务成本　　　　　　　　　　　　　　　　　63 000

　　贷：原材料　　　　　　　　　　　　　　　　　　　63 000

（三）销售费用及销售税费的核算

企业在生产经营过程中，为了扩大销售规模或促进销售等，必然会发生与销售活动有关的费用，包括由企业负担的包装费、运输费、广告费、装卸费、保险费、委托代销手续费、展览费、租赁费（不含融资租赁费）和销售服务费、销售部门人员工资、职工福利费、差旅费、办公费、折旧费、修理费、物料消耗、低值易耗品摊销以及其他经费等。

其次，按照国家税法规定，企业确认销售收入后，就必须依法以确认的销售收入为基数，计缴有关税费，如增值税、营业税、消费税、城市维护建设税、教育费附加等。

【例4-32】25日，华南公司以银行存款支付销售产品的宣传广告费15 000元。

解析：该项经济业务的发生，一方面因销售产品而支付的广告宣传费，应记入"销售费用"账户的借方；另一方面反映企业以银行存款支付费用，应记入"银行存款"账户的贷方。编制会计分录如下：

借：销售费用　　　　　　　　　　　　　　　　　　　15 000

　　贷：银行存款　　　　　　　　　　　　　　　　　　15 000

【例4-33】30日，华南公司分别按本月应交增值税的7%、3%计提本月应交城市维护建设税和应交教育费附加。

解析：该项经济业务的发生，一方面反映企业销售应交城市维护建设税[①]和教育费附加[②]的产品，其税费应由销售收入负担，应记入"营业税金及附加"账户的借方；另一方面反映企业应交未交的税费应记入"应交税费"账户的贷方。有关税费的计算及编制的会计分录如下：

---

① 城市维护建设税是对从事工商经营、缴纳增值税、消费税、营业税的单位和个人征收的一种税。纳税人所在地在城市市区的，税率为7%；纳税人所在地在县城、建制镇的，税率为5%；纳税人所在地不在城市市区、县城、建制镇的，税率为1%。城市维护建设税的计税依据是纳税人实际缴纳的增值税、消费税、营业税税额。不包括滞纳金和罚款。

② 教育费附加是对缴纳增值税、消费税、营业税的单位和个人，就其实际缴纳的税额为计算依据征收的一种附加费，征收率一般为3%。

本月应交增值税① ＝ 本月销项税额合计 － 本月进项税额合计

$$= 256\,734 - 180\,880 = 75\,854 \text{（元）}$$

$$\begin{array}{l} \text{应交城市} \\ \text{维护建设税} \end{array} = \left(\begin{array}{l} \text{实际应缴} \\ \text{的增值税} \end{array} + \begin{array}{l} \text{实际应缴的} \\ \text{消费税额} \end{array} + \begin{array}{l} \text{实际应缴} \\ \text{的营业税} \end{array} \right) \times \text{适用税率}$$

$$= (75\,854 + 0 + 0) \times 7\% = 5\,309.78 \text{（元）}$$

$$\begin{array}{l} \text{应交教育费} \\ \text{附加} \end{array} = \left(\begin{array}{l} \text{实际应缴} \\ \text{的增值税} \end{array} + \begin{array}{l} \text{实际应缴的} \\ \text{消费税额} \end{array} + \begin{array}{l} \text{实际应缴} \\ \text{的营业税} \end{array} \right) \times \text{适用税率}$$

$$= (75\,854 + 0 + 0) \times 3\% = 2\,275.62 \text{（元）}$$

借：营业税金及附加　　　　　　　　　　　　　　　　　　　　　7 585.40

　　贷：应交税费——应交城建税　　　　　　　　　　　　　　　　5 309.78

　　　　　　——应交教育费附加　　　　　　　　　　　　　　　2 275.62

以上业务例 4 - 24 至例 4 - 31，在有关销售收入和成本总分类账户中的记录如图 4 - 40 所示：

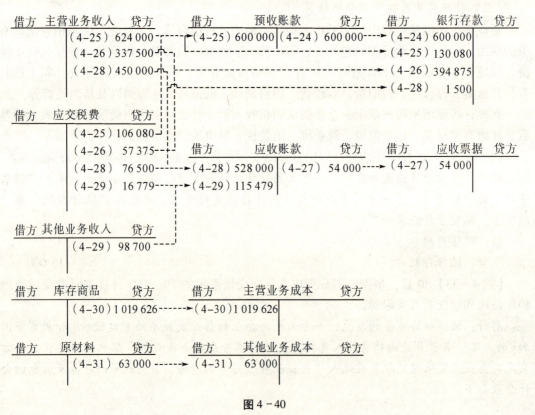

图 4 - 40

---

① 本例为简化起见，只考虑进项增值税和销项增值税。有关数据见本书例 4 - 11、13、14、25、26、28、29。

第五节　财务成果业务的核算

一、核算内容

财务成果是企业一定生产期间的最终经营成果，是企业在一定会计期间所实现的各种收入（收益）大于相关费用（支出等）以后的差额。如果收入小于费用，其差额为企业的亏损。企业在一定时期内从事全部生产、经营活动所取得利润或发生的亏损，它综合反映企业生产、经营活动情况，是考核企业经营管理水平的一个综合指标。

财务成果的核算又称利润形成和分配的核算，其内容主要包括利润形成的核算和利润分配的核算两个方面。利润形成的核算主要涉及主营业务利润、其他业务利润、投资收益和营业外收支，以及期间费用的结转、所得税的计算和缴纳等；利润分配的核算主要涉及提取法定盈余公积金和公益金的核算、向投资者分配利润的核算，以及结转本年利润的核算等。

二、账户设置

为了反映监督企业利润形成和分配过程中发生的经济业务，企业应设置"营业外收入"、"营业外支出"、"投资收益"、"汇兑损益"、"所得税费用"、"本年利润"、"利润分配"、"盈余公积"、"应付股利"等账户。

（一）"营业外收入"账户

"营业外收入"账户是用于核算企业发生的与其生产经营无直接关系的各项收入的账户。该账户属于损益类。账户的贷方登记取得的与生产经营无直接关系的收入，借方登记期末结转至"本年利润"账户的金额，本账户期末应无余额。其账户结构如下图所示（图 4 - 41）。

借方	营业外收入	贷方
期末结转"本年利润"账户数	营业外收入的增加数	
	期末结转后无余额	

图 4 - 41

（二）"营业外支出"账户

"营业外支出"账户是用于核算企业发生的与其生产经营无直接关系的各项支出的账户。该账户属于损益类。账户的借方登记企业发生的与生产经营无直接关系的各项支出，贷方登记期末结转至"本年利润"账户的金额，本账户期末应无余额。其账户结构如下图所示（图 4 - 42）。

借方	营业外支出	贷方
营业外收入的增加数	期末结转"本年利润"账户数	
期末结转后无余额		

图 4 - 42

(三)"投资收益"账户

"投资收益"账户是用于核算企业对外投资所取得的收益或发生的损失的账户。该账户属于损益类。账户的贷方登记企业对外投资所取得的收益，借方登记企业对外投资所发生的损失，期末将贷方或借方余额结转至"本年利润"账户后，本账户应无余额。其账户结构如下图所示（图 4 - 43）。

借方	投资收益	贷方
期末结转"本年利润"账户数	取得投资收益数	
	期末结转后无余额	

图 4 - 43

(四)"所得税费用"账户

"所得税费用"账户是用于核算企业确认的应从当期利润总额中扣除的所得税费用账户。该账户属于损益类。账户的借方登记所得税费用的增加数，期末应将本账户的余额由贷方转入"本年利润"账户的借方，结转后本账户应无余额。本账户可按"当期所得税费用"、"递延所得税费用"进行明细核算。其账户结构如下图所示（图 4 - 44）。

借方	所得税费用	贷方
计算应交所得税费用数	期末结转"本年利润"账户数	
期末结转后无余额		

图 4 - 44

(五)"本年利润"账户

"本年利润"账户是用于核算企业一定时期实现的净利润（或发生的净亏损）的账户。该账户属于所有者权益类。账户的贷方登记从"主营业务收入"、"其他业务收入"、"营业外收入"、"投资收益"等损益类账户转入的金额，借方登记从"主营业务成本"、"其他业务支出"、"营业外支出"、"管理费用"、"销售费用"、"财务费用"、"所得税费用"等损益账户转入的金额。月末时，如果余额在贷方表示截至本月末利润的累计数；如果余额在借方，则表示截至本月末的亏损数。年度终了，应将本年收入与支出相抵后结出的本年实现净利润，从该账户的借方转入"利润分配"账户的贷方；如为净亏损，则该账户的贷方转入"利润分配"账户的借方。将净利润或净亏损结转至"利润分配"账户后，本账户应无余额。其账户结构如下图所示（图4-45）。

借方	本年利润　　　　　 贷方
本期各项支出、费用或损失的转入数	本期各项收入、收益的转入数
期末余额： 　　本期累计净亏损	期末余额： 　　本期累计净利润
年末：结转本年盈利数 （结转后应无余额）	年末：结转本年亏损数 （结转后应无余额）

图4-45

（六）"利润分配"账户

"利润分配"账户是用于核算企业利润的分配（或亏损的弥补）和历年分配（或弥补）后的积存余额的账户。该账户属于所有者权益类。账户的贷方登记净利润的转入数和亏损的弥补数；借方登记净亏损的转入数和净利润的分配数。期末余额如在贷方，反映企业历年积存的未分配利润；期末余额如在借方，反映企业历年积存的未弥补亏损。本账户应设置提取法定公积金、应付优先股股利、提取任意公积金、应付普通股股利、未分配利润等明细账进行明细核算。其账户结构如下图所示（图4-46）。

借方	利润分配　　　　　 贷方
利润分配数 净亏损转入数	净利润转入数 亏损弥补数
期末余额： 　亏损弥补数	期末余额： 　未分配利润

图4-46

（七）"盈余公积"账户

"盈余公积"账户是用于核算企业从净利润中提取的盈余公积的账户。该账户属于资产类。账户的贷方登记企业提取的盈余公积；借方登记盈余公积的使用情况；期末贷方余额反映企业提取的盈余公积余额。本账户应当分别"法定公积金"、"任意公积金"进行明细核算。其账户结构如下图所示（图4-47）。

借方	盈余公积　　　　　 贷方
盈余公积减少数	盈余公积增加数
	期末余额： 盈余公积实有数

图4-47

（八）"资本公积"账户

"资本公积"账户是用于核算企业资本公积的账户。直接计入所有者权益的利得和损失，也通过本账户核算。资本公积包括资本（或股本）溢价、接受捐赠非现金资产准备、接受现金捐赠、其他资本公积等的账户。该账户属于所有者权益类。账户的贷方登记企业

取得的资本公积，借方登记资本公积的使用、减少数，期末贷方余额反映企业实有的资本
公积。其账户结构如下图所示（图4－48）。

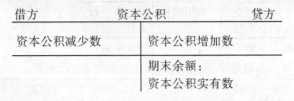

借方	资本公积	贷方
资本公积减少数	资本公积增加数	
	期末余额： 资本公积实有数	

图4－48

（九）"应付股利"账户

"应付股利"账户是用于核算企业经董事会或股东大会，或类似机构确定分配的现金
股利或利润的账户。该账户属于资产类。账户的贷方登记应支付的现金股利或利润；借方
登记实际支付的现金股利或利润；期末贷方余额反映企业尚未支付的现金股利或利润。其
账户结构如下图所示（图4－49）。

借方	应付股利	贷方
已支付股利数	应支付股利增加数	
	期末余额： 应付未付股利数	

图4－49

三、账务处理

（一）利润形成的核算

1. 投资收益的核算

【例4－34】28日，华南公司收回短期投资，取得价款800 000元存入银行。该投资
账面价值为600 000元。

解析：该项经济业务的发生，一方面由于银行存款增加，应记入"银行存款"账户的
借方；另一方面短期投资到期收回，应记入"短期投资"账户的贷方；实收款与投资账面
价值的差额即为企业进行该项投资所获得的投资收益，应记入"投资收益"账户的贷方。
编制会计分录如下：

借：银行存款　　　　　　　　　　　　　　　　　　　　　　　800 000
　　贷：短期投资　　　　　　　　　　　　　　　　　　　　　　　600 000
　　　　投资收益　　　　　　　　　　　　　　　　　　　　　　　200 000

2. 营业外收入的核算

【例4－35】30日，华南公司出售一项专利权，取得收入100 000元存入银行，应交
营业税为5 000元。该项专利权的账面净值为900 000元。

解析：该项经济业务的发生，一方面反映企业银行存款增加，应记入"银行存款"账
户的借方；另一方面反映企业应交营业税增加，应记入"应交税费"账户的贷方；出售专

利权发生所有权转移，应冲销无形资产的账面价值，应记入"无形资产"账户的贷方；出售无形资产的收入与成本费用相抵后的差额，应作为净收益记入"营业外收入"账户的贷方。编制会计分录如下：

借：银行存款　　　　　　　　　　　　　　　　　　　　　　　200 000
　　贷：无形资产　　　　　　　　　　　　　　　　　　　　　160 000
　　　　应交税费——应交营业税　　　　　　　　　　　　　　 10 000
　　　　营业外收入　　　　　　　　　　　　　　　　　　　　 30 000

3. 营业外支出的核算

【例4-36】30日，经公司董事会批准，企业上月财产清查时盘亏的一台设备报准予转销。该设备账面原价50 000元，已提折旧20 000元。

解析：由于企业在盘亏时已将该设备净损失转入了"待处理财产损溢——待处理固定资产损溢"账户的借方，现经批准转销后，就应由"待处理财产损溢——待处理固定资产损溢"账户的贷方结转至"营业外支出"账户的借方。编制的会计分录如下：

借：营业外支出　　　　　　　　　　　　　　　　　　　　　　30 000
　　贷：待处理财产损溢——待处理固定资产损溢　　　　　　　30 000

4. 利润总额的核算

【例4-37】30日，华南公司结转本期各项收入、成本及费用，以确定本期损益。

解析：企业在未结转各种损益类账户之前，本期实现的各项收入和成本费用都分别反映在不同的损益类账户中。为此，企业应在会计期末，按照会计的配比原则，将归集在各损益类账户中收入、成本及费用进行汇总结算，以确定本期经营成果，并结清各损益类账户。该项经济业务的发生，一方面使得公司的有关损益类账户所记录的各种收入减少，同时也使得公司的利润额增加。各项收入的结转应记入"主营业务收入"、"其他业务收入"、"投资收益"、"营业外收入"账户的借方，利润的增加应记入"本年利润"账户的贷方。另一方面使得公司的有关损益类账户所记录的各种成本及费用减少，同时也使得公司的利润额减少。本月有关损益类账户结转前的余额汇总表如下（表4-6）。

表4-6　　　　　　　　　　　本月损益类账户余额（结账前）

××年×月30日　　　　　　　　　　　　　　　　　　　　　　单位：元

成本费用（支出）类账户	金额	收入（收益）类账户	金额
主营业务成本	1 019 626	主营业务收入	1 411 500
其他业务成本	63 000	其他业务收入	98 700
营业税金及附加	18 768	营业外收入	30 000
销售费用	15 000	投资收益	200 000
管理费用	146 583		
财务费用	3 150		
营业外支出	20 000		
合计	1 286 127	合计	1 740 200

编制的会计分录如下：

借：主营业务收入	1 411 500
其他业务收入	98 700
营业外收入	30 000
投资收益	200 000
贷：本年利润	1 740 200
借：本年利润	1 286 127
贷：主营业务成本	1 019 626
其他业务成本	63 000
营业税金及附加	18 768
销售费用	15 000
管理费用	146 583
财务费用	3 150
营业外支出	20 000

5. 所得税的核算

我国的企业所得税是指国家对境内企业的生产、经营所得和其他所得依法征收的一种税。根据税法规定，企业应交所得税的计算公式如下：

应交所得税 = 应纳税所得额 × 25%

应纳税所得额应以企业利润总额为基础，再加减税法规定的调整项目进行计算。假设华南公司的应纳税所得额不涉及税法规定的调整项目，则该公司利润总额等于应纳税所得额。本期应交所得税计算如下：

本月利润总额 = 应纳税所得额 = 1 740 200 - 1 286 127 = 454 073（元）

应交所得税 = 454 073 × 25% = 113 518.25（元）

【例4-38】30日，华南公司按所得税率25%计算本公司应交所得税。

解析：企业计算出应交所得税，一方面反映企业所得税费用的增加，应记入"所得税"账户的借方；另一方面在所得税未交前形成企业的一项流动负债，应记入"应交税费"账户的贷方。编制的会计分录如下：

借：所得税费用	113 518.25
贷：应交税费——应交所得税	113 518.25

【例4-39】30日，华南公司以银行存款缴纳本月应交所得税 113 518.25 元。

解析：该项经济业务的发生，一方面反映应交所得税的减少，应记入"应交税费——应交所得税"账户的借方，另一方面反映银行存款的减少，应记入"银行存款"账户的贷方。编制的会计分录如下：

借：应交税费——应交所得税	113 518.25
贷：银行存款	113 518.25

（3）结转所得税费用的核算

【例4-40】30日，华南公司将"所得税费用"账户余额结转至"本年利润"账户。

解析： 该项经济业务的发生，应从"所得税费用"账户的贷方结转至"本年利润"账户的借方。编制的会计分录如下：

借：本年利润   113 518.25

    贷：所得税费用   113 518.25

以上业务例4-24至例4-40，在有关总分类账户中的记录如图4-50所示：

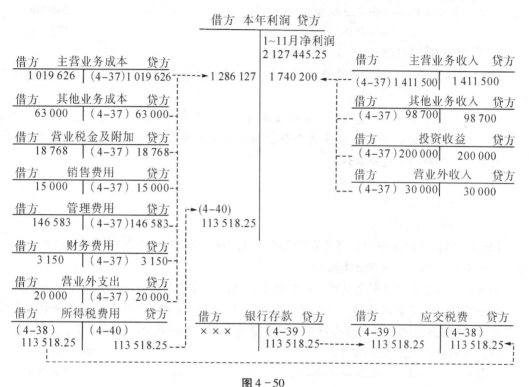

图4-50

（二）利润分配的核算

1. 结转本年利润

【例4-41】 假设华南公司1~11月净利润为2 127 445.25元，12月净利润为340 554.75元，共计2 468 000元。年终决算时，应将本年净利润结转至"利润分配"账户。

解析： 根据企业会计制度规定，年度终了，企业应将全年实现的净利润，自"本年利润"账户的借方结转至"利润分配"账户的贷方。编制的会计分录如下：

借：本年利润   2 468 000

    贷：利润分配——未分配利润   2 468 000

2. 提取公积金

【例4-42】 30日，根据公司董事会决议，按净利润的10%提取法定公积金，按净利润的5%提取任意公积金。

解析： 该项经济业务的发生，一方面反映对企业实现的净利润进行分配，应记入"利润分配"账户的借方；另一方面反映企业提取的盈余公积的增加，应记入"盈余公积"

账户的贷方。有关计算及编制的会计分录如下：

提取法定公积金 = 2 468 000 × 10% = 246 800（元）

提取任意公积金 = 2 468 000 × 5% = 123 400（元）

借：利润分配——提取法定公积金   246 800

        ——提取任意公积金   123 400

  贷：盈余公积——法定公积金   246 800

        ——任意公积金   123 400

3. 向投资者分配利润

【例4-43】30日，按股东大会决议，华南公司应按净利润的20%向投资者分配利润493 600元。

解析：该项经济业务的发生，一方面反映对企业实现的净利润进行分配，应记入"利润分配"账户的借方；另一方面反映企业应付投资者的负债增加，应记入"应付股利"账户的贷方。编制的会计分录如下：

借：利润分配——应付利润   493 600

  贷：应付股利   493 600

4. 结转利润分配账户

【例4-44】年终决算时，将"利润分配"账户所属的各明细分类账户结转至"利润分配——未分配利润"明细分类账户。

解析：根据企业会计制度规定，年度终了，企业应将"利润分配"账户下的各明细分类账户余额结转至"利润分配——未分配利润"明细分类账户。结转后，除未分配利润明细科目外，"利润分配"账户的其他明细科目应无余额。编制的会计分录如下：

借：利润分配——未分配利润   863 800

  贷：利润分配——提取法定公积金   246 800

        ——提取任意公积金   123 400

        ——应付利润   493 600

以上业务例4-41至例4-44，在有关总分类账户中的记录如图4-51所示：

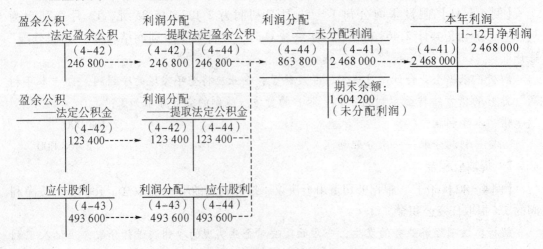

图4-51

课后练习

一、单项选择

1. 某企业"短期借款"账户期初贷方余额 100 000 元，本期借入 150 000 元，偿还到期借款 90 000 元，则"短期借款"账户的期末余额为（　　　）。

    A. 贷方 40 000 元　　　　　　　　　　B. 贷方 160 000 元

    C. 借方 40 000 元　　　　　　　　　　D. 借方 160 000 元

2. 企业预提银行借款利息费用时，应贷记（　　　）科目。

    A. 财务费用　　　　B. 应付利息　　　　C. 短期借款　　　　D. 银行存款

3. "原材料"账户期初余额为 5 000 元，本期借方发生额为 2 000 元，本期贷方发生额为 6 000 元，则期末余额为（　　　）。

    A. 贷方 1 000 元　　B. 借方 1 000 元　　C. 借方 9 000 元　　D. 贷方 9 000 元

4. 材料采购的成本中不包含（　　　）。

    A. 途中的合理损耗　　　　　　　　　　B. 运输费

    C. 入库后的管理费　　　　　　　　　　D. 入库前挑选整理费

5. 某企业外购原材料一批，发票上列明买价 80 000 元，增值税 13 600 元，运杂费 1 880 元，运输途中的保险费 120 元。该批材料的实际成本为（　　　）。

    A. 80 000 元　　　　B. 81 880 元　　　　C. 82 000 元　　　　D. 93 600 元

6. 归集材料实际采购成本时，应设置（　　　）账户。

    A. "原材料"　　　　　　　　　　　　　B. "材料采购"

    C. "应付账款"　　　　　　　　　　　　D. "预付账款"

7. 企业预付材料款时，应借记（　　　）。

    A. "预付账款"　　　　　　　　　　　　B. "应收账款"

    C. "材料采购"　　　　　　　　　　　　D. "原材料"

8. 下列项目中，不属于管理费用的有（　　　）。

    A. 车间管理人员工资　　　　　　　　　B. 厂部管理人员工资

    C. 厂部耗用材料　　　　　　　　　　　D. 厂部办公用房的租金

9. 管理费用账户期末应（　　　）。

    A. 无余额　　　　　　　　　　　　　　B. 有借方余额

    C. 有贷方余额　　　　　　　　　　　　D. 同时有借贷方余额

10. 某企业"固定资产"账户余额 150 000 元，"累计折旧"账户余额 30 000 元，则固定资产净值为（　　　）。

    A. 80 000 元　　　　B. 120 000 元　　　C. 180 000 元　　　D. 100 000 元

11. 产品生产成本中不包含（　　　）支出。

    A. 生产工人的工资　　　　　　　　　　B. 车间购买的办公用品

    C. 支付的短期借款利息　　　　　　　　D. 生产产品领用材料

12. 制造企业"生产成本"账户的余额表示（　　）
  A. 完工产品成本   B. 期末在产品成本
  C. 本月生产费用合计   D. 库存产品成本

13. 某企业 200×年 11 月"生产成本"账户期初借方余额为 50 000 元，本期发生料、工、费共计 90 000 元，期末在产品成本为 30 000 元，则本期完工产品成本是（　　）。
  A. 90 000 元   B. 110 000 元
  C. 30 000 元   D. 170 000 元

14. 下列项目中应当记入产品成本的为（　　）。
  A. 制造费用   B. 公允价值变动损益
  C. 资产减值损失   D. 财务费用

15. 企业生产的产品完工，应将其制造成本转入（　　）科目的借方。
  A. 主营业务成本   B. 本年利润   C. 库存商品   D. 原材料

16. 企业期末结算职工薪酬时，应贷记（　　）科目。
  A. 应付职工薪酬   B. 库存现金   C. 生产成本   D. 管理费用

17. 月末计提固定资产折旧时，应贷记（　　）科目。
  A. 固定资产   B. 累计折旧   C. 生产成本   D. 营业费用

18. 结转产品销售成本时，应借记（　　）科目。
  A. 主营业务成本   B. 生产成本   C. 库存商品   D. 主营业务收入

19. 产品销售成本是指（　　）。
  A. 销售商品发货时支付的运费   B. 为销售商品发生的广告费用
  C. 已出售产品的生产成本   D. 产品在仓库的保管费

20. 产品销售收入的入账金额一般是按已销售产品的（　　）确认。
  A. 售价   B. 进价
  C. 销售产品的制造成本   D. 售价和增值税

21. 下列项目中不属于利润分配形式的有（　　）。
  A. 应付投资者利润   B. 提取公积金
  C. 所得税   D. 未分配利润

22. 以下经济业务中属于资金退出企业的业务是（　　）
  A. 用银行存款购买材料 80 000 元   B. 以银行存款支付前欠货款 50 000 元
  C. 以现金支付股利 100 000 元   D. 提取盈余公积 90 000 元

23. 企业收到所有者投入 50 万元存入银行，应贷记（　　）科目。
  A. 银行存款   B. 实收资本   C. 所有者权益   D. 资本公积

24. 企业取得为期 6 个月的借款 200 000 元存入银行。下述分录正确的是（　　）。
  A. 借：银行存款   20 万
     贷：短期借款   20 万
  B. 借：银行存款   200 000
     贷：短期借款   200 000
  C. 借：短期借款   20 000

    贷：银行存款   20 000

  D. 贷：短期借款   200 000

    借：银行存款   200 000

25. 企业购入一批材料，买价 50 000 元，运杂费 400 元，材料已入库，货款以银行存款支付。该批原材料的成本是（   ）。

  A. 50 400 元   B. 50 000 元   C. 400 元   D. 54 000 元

26. 企业购入一批材料，买价 150 000 元，发生运费 1 000 元，进项增值税 25 500 元，材料已入库，款未付。应做分录（   ）。

  A. 借：原材料   150 000

    应交税费——应交增值税（进项税额）   25 500

     贷：应付账款   175 500

  B. 借：原材料   151 000

    应交税费——应交增值税（进项税额）   25 500

     贷：应付账款   176 500

  C. 借：应付账款   175 500

     贷：原材料   150 000

      应交税费——应交增值税（进项税额） 25 500

  D. 借：应付账款   176 500

     贷：原材料   151 000

      应交税费——应交增值税（进项税额） 25 500

27. 若某企业年末"固定资产"账户余额为 350 000 元，固定资产净值为 280 000 元，不考虑其他因素，则下列表述正确的是（   ）。

  A. "累计折旧"年末贷方余额为 630 000 元

  B. "累计折旧"年末贷方余额为 70 000 元

  C. "累计折旧"年末借方余额为 630 000 元

  D. "累计折旧"年末借方余额为 70 000 元

28. 企业对外销售商品，购货方未支付货款，该项债权应记入（   ）。

  A. "应收账款"账户的借方

  B. "应收账款"账户的贷方

  C. "应付账款"账户的借方

  D. "应付账款"账户的贷方

29. 企业以现金 50 元购办公用品，应借记（   ）科目，贷记"库存现金"科目。

  A. 制造费用   B. 管理费用   C. 生产成本   D. 销售费用

30. 企业采购员预借差旅费，财会部门以现金付讫，应借记（   ）科目，贷记"库存现金"科目。

  A. 其他应付款   B. 其他应收款   C. 管理费用   D. 销售费用

31. "本年利润"账户的借方余额表示（   ）。

  A. 本年累计取得的利润总额

B. 本年累计产生的亏损总额

C. 收入总额

D. 费用总额

32. 企业本期全部损益状况如下：营业收入 1 286 000 元，营业成本 663 000 元，营业税金及附加 24 000 元，销售费用 30 000 元，管理费用 60 000 元，财务费用 20 000 元，投资收益 50 000 元，营业外收入 12 000 元，营业外支出 8 000 元，所得税费用 135 750 元，则企业本期利润总额为（　　）。

A. 489 000 元　　　B. 543 000 元　　　C. 407 250 元　　　D. 457 250 元

二、多项选择

1. 下列会计分录中，反映企业资金筹集业务的有（　　）。

A. 借：银行存款

　　贷：实收资本

B. 借：固定资产

　　贷：银行存款

C. 借：银行存款

　　贷：主营业务收入

D. 借：银行存款

　　贷：长期借款

2. 购进材料时，如果借记"材料采购"科目，可能贷记（　　）科目。

A. 银行存款　　　B. 库存现金　　　C. 应付账款　　　D. 预付账款

3. 属于制造成本的项目有（　　）。

A. 生产工人工资　　　　　　　B. 车间管理人员工资

C. 产品生产耗用的材料　　　　D. 生产用设备折旧

4. 企业预付材料款时，可以（　　）科目。

A. 借记"预付账款"　　　　　B. 借记"应付账款"

C. 贷记"预付账款"　　　　　D. 贷记"银行存款"

5. 期末结转到"本年利润"账户借方的发生额有（　　）。

A. 主营业务收入　　B. 主营业务成本　　C. 所得税费用　　D. 销售费用

6. 企业购入材料一批，可以计入材料实际采购成本的费用包括（　　）。

A. 运输途中的合理损耗　　　　B. 支付的贷款利息

C. 入库前的挑选整理费　　　　D. 材料仓库的折旧费

三、正误判断

1. "材料采购"账户的借方余额表示在途材料的实际成本。　　　　　　（　　）

2. 在采购过程中支付的各项采购费用，不构成材料的采购成本，所以将其记入"管理费用"账户。　　　　　　　　　　　　　　　　　　　　　　（　　）

3. 企业销售产品时未收到销售款，但相关的经济利益已确认能够流入企业，也应作

为销售收入的实现处理。　　　　　　　　　　　　　　　　　　　（　　）

4."生产成本"账户属于成本类账户，所以期末没有余额。　　　（　　）

5.材料按实际采购成本计价入账后，如遇物价变动，已入账的材料价值也应进行调整。　　　　　　　　　　　　　　　　　　　　　　　　　　（　　）

6.结转完工入库产品的制造成本时，应借记"主营业务成本"，贷记"生产成本"。

　　　　　　　　　　　　　　　　　　　　　　　　　　　　　　（　　）

7."营业外支出"账户期末一般没有余额。　　　　　　　　　　（　　）

8.销售收入减去销售成本就是企业当期实现的净利润。　　　　　（　　）

9.如果本期生产的产品全部销售，可直接借记"主营业务成本"，贷记"生产成本"，而不通过"库存商品"科目。　　　　　　　　　　　　　　　　　（　　）

10.企业预收销货款可以直接确认为销售收入。　　　　　　　　（　　）

11.企业所得税是一种费用。　　　　　　　　　　　　　　　　（　　）

12."管理费用"账户属于期间费用账户。　　　　　　　　　　（　　）

13.企业财务管理人员薪酬应计入生产成本。　　　　　　　　　（　　）

14.企业的经营成果可能表现为亏损。　　　　　　　　　　　　（　　）

15."盈余公积"账户属于所有者权益类账户，贷方记增加，借方记减少。（　　）

16.采购材料的实际成本包括材料的买价、采购费用和应负担的增值税。（　　）

17."预收账款"与"应收账款"账户性质相同，结构相同。　　（　　）

18."库存现金"账户属于资产类账户，其余额在借方。　　　　（　　）

19.生产车间发生的办公费用，应记入"管理费用"账户的借方。（　　）

20.城市维护建设税的计算依据是当月应交的增值税、消费税、营业税税额。（　　）

第五章　会计凭证

本章教学内容提示

本章主要介绍会计凭证概念及分类、原始凭证的填制与审核、记账凭证填制与审核、会计凭证的传递与保管。

本章教学要点概览

概念

G1 会计凭证

G2 原始凭证

G3 记账凭证

G4 收款凭证

G5 付款凭证

G6 转账凭证

分析

F1 会计凭证的意义

F2 会计凭证的分类

F3 会计凭证的填制依据

F4 会计凭证的填制要求

F5 会计凭证的审核

F6 会计凭证的传递与保管

实务

S1 会计凭证的装订

第一节　会计凭证的意义及分类

一、会计凭证的意义

会计凭证简称凭证，是记录经济业务，明确经济责任，登记会计账簿的重要依据。

会计是一个循环往复的信息系统，会计凭证就是这个信息系统的源头。经过会计确认而进入会计信息系统的每一项经济业务，在其发生的过程中所涉及的每一个原始数据都源于会计凭证。因此，会计凭证对于会计核算工作具有十分重要的意义。

（一）会计凭证是直接记录经济业务的重要载体

会计凭证是直接记录经济业务最原始的资料。在日常会计核算工作中，所有会计信息的处理都必须具有真凭实据。任何单位在任何一项经济业务的发生时，都必须在进行会计核算前填制或取得会计凭证。例如，供货方向购货方提供的销货发票，收款人向付款人开具的收据，库管员填写的材料、物资出（入）库单等，都是会计凭证。这些会计凭证不仅记录了经济业务发生的具体情况，更是记录会计信息的重要载体。

（二）会计凭证是明确经济责任的书面证明

按照会计制度的规定，会计凭证在记录经济业务的同时，所有与凭证记录相关的经办人员、部门或单位，都必须在凭证中签章，并由此承担相应的经济责任。所以，会计凭证也是明确经济责任、具有法律效力的书面证明文件。

（三）会计凭证是登记会计账簿的重要依据

填制和审核会计凭证既是会计核算的一种专门方法，也是整个会计工作的基础。没有合法的凭证依据，任何经济业务都不能登记到账簿中去。为了保证会计信息的真实性、准确性、合法性，所有准备作为记账依据的会计凭证都应由会计部门进行认真审核，只有经过审核无误的会计凭证，才能作为登记会计账簿的依据。

二、会计凭证的分类

由于各个单位的经济业务是复杂多样的，因而所使用的会计凭证种类繁多，其用途、性质、填制的程序乃至格式等都因经济业务的需要不同而具有多样性，按照不同的标志可以对会计凭证进行不同的分类。

在现实经济活动中，人们所看到的会计凭证是式样纷繁、复杂多变的。为了正确认识、使用会计凭证，我们必须根据会计凭证记录会计信息的基本特征进行归类。

会计凭证按其用途和填制程序可以分为原始凭证和记账凭证。

（一）原始凭证

原始凭证是在经济业务发生时填制或取得，用以证明经济业务的发生或完成情况，并作为记账依据的书面证明。

原始凭证是进行会计核算的原始资料和重要依据，是进入会计信息系统的初始数据资料。一切经济业务的发生，都应由经办部门或经办人员向会计部门提供能够证明该项经济业务已经发生或已经完成的书面单据，以作为编制记账凭证的原始依据。

1. 原始凭证按其取得来源不同分为外来原始凭证和自制原始凭证

（1）外来原始凭证。外来原始凭证是指在某个单位在与外部单位之间发生经济业务时，从对方单位取得的原始凭证。外来原始凭证多属一次凭证，如发票、收据、票据存根等（见表5-1至表5-3）。

表 5-1

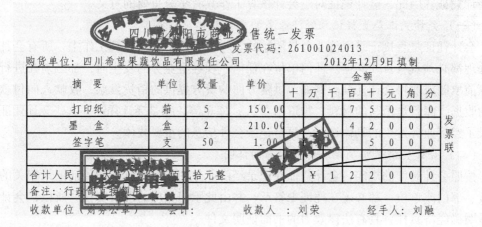

四川省绵阳市商业零售统一发票

发票代码: 261001024013

购货单位: 四川希望果蔬饮品有限责任公司　　　　2012年12月9日填制

摘　要	单位	数量	单价	金额							
				十万	万	千	百	十	元	角	分
打印纸	箱	5	150.00				7	5	0	0	0
墨　盒	盒	2	210.00				4	2	0	0	0
签字笔	支	50	1.00					5	0	0	0
合计人民币（大写）壹仟贰佰贰拾元整					¥	1	2	2	0	0	0
备注：行政部直接领用											

收款单位（财务公章）　会计：　　　　收款人：刘荣　　　　经手人：刘融

表 5-2

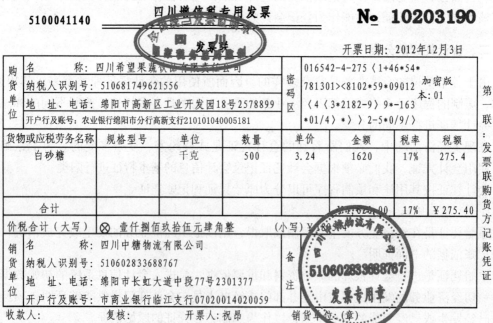

5100041140　　　　四川增值税专用发票　　　　№ 10203190

发票联

开票日期: 2012年12月3日

购货单位	名　称: 四川希望果蔬饮品有限责任公司			密码区	016542-4-275〈1+46*54* 781301〉<8102*59*09012 〈4〈3*2182-9〉9*-163 *01/4〉*〉〉2-5*0/9/〉	加密版本:01
	纳税人识别号: 510681749621556					
	地　址、电话: 绵阳市高新区工业开发园18号2578899					
	开户行及账号: 农业银行绵阳市分行高新支行210101040005181					

货物或应税劳务名称	规格型号	单位	数量	单价	金额	税率	税额
白砂糖		千克	500	3.24	1620	17%	275.4
合计					¥1620.00	17%	¥275.40
价税合计（大写） ⊗ 壹仟捌佰玖拾伍元肆角整					（小写）¥1895.4		

销货单位	名　称: 四川中糖物流有限公司		备注	
	纳税人识别号: 510602833688767			
	地　址、电话: 绵阳市长虹大道中段77号2301377			
	开户行及账号: 市商业银行临江支行07020014020059			

收款人:　　　复核:　　　开票人:祝昂　　　销货单位:（章）

第一联: 发票联购货方记账凭证

表5-3

中国农业银行
现金支票存根(川)

CB/02 **11531701**

科　　目 _

对方科目 _

出票日期　2012年12月1日

收款人：四川希望果蔬饮品有限责任公司

金额：6 000.00元

用途：备用

备注：

单位主管　　　　　会计　　夏琳

（2）自制原始凭证。自制原始凭证是指单位内部管理人员按照自身管理工作的需要，根据经济业务发生的具体情况，自行设计印制，并由单位经办业务的部门或人员，在办理某项经济业务时自行填制的凭证。如收料单、产品入库单等（见表5-4、表5-5）。

表5-4

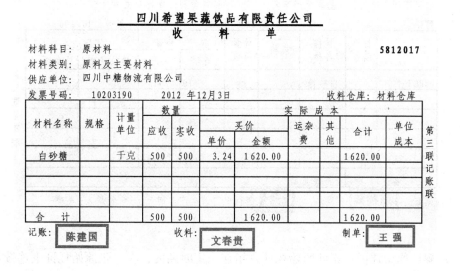

四川希望果蔬饮品有限责任公司
收　料　单

5812017

材料科目：原材料
材料类别：原料及主要材料
供应单位：四川中糖物流有限公司
发票号码：10203190　　2012 年12月3日　　　　收料仓库：材料仓库

材料名称	规格	计量单位	数量		实际成本					第三联记账联
			应收	实收	买价		运杂费	其他	合计	单位成本	
					单价	金额					
白砂糖		千克	500	500	3.24	1620.00			1620.00		
合　计			500	500		1620.00			1620.00		

记账：陈建国　　　　　收料：文春贵　　　　　制单：王强

表5-5

四川希望果蔬饮品有限责任公司
产成品入库单   9001233

交库单位: 生产车间   2012年12月6日   仓库: 成品库

工作令号	产品名称	规格	计量单位	交库数量	备注
08HGX-1	黄瓜爽	1*335*24	件	1800	
08VNY-1	维生素饮料	1*550*20	件	1000	
合计				2800	

第三联记账联

车间负责人: 尚天   仓库管理员: 李义前   制单: 王红

2. 原始凭证按其填制方法不同分为一次凭证、累计凭证和汇总凭证

(1) 一次原始凭证。一次原始凭证又称单项凭证,是指一张原始凭证上只反映一项经济业务,或同时反映若干项同类性质的经济业务,其特点是填制手续一次完成的凭证,如领料单(见表5-6)。

表5-6

四川希望果蔬饮品有限责任公司
领 料 单

材料科目: 原材料

领料车间(部门): 基本生产车间   材料类别: 原料及主要材料

用途: 生产黄   2012 年 12月5日   编号: 112106

工作令号	材料编号	材料名称	规格	计量单位	数量 请领	数量 实发	实际成本 单位成本	实际成本 金额
08HGX-1		白砂糖		kg	170	170		
合计				kg	170	170		
备注		生产黄瓜爽						

第三联记账联

记账: 陈建国   发料: 王本青   领料部门: 生产车间   领人: 吴琼

(2) 累计原始凭证。累计原始凭证是指在一定时期内,在一张原始凭证上连续记载若干项同类性质的经济业务,其填制手续是随着经济业务发生而分次完成的凭证,如限额领料单(见表5-7)。

表 5-7

限额领料单

领料部门：　　　　　　　　　　　　　　　　　　　　　　　第　号
用　　途：　　　　　　　　年　　月　　日　　　　　发料仓库：

材料编号	材料名称	计量单位	计划投产量	单位消耗量	领用限额	实 发																							
						数量	单价									金额								
							百	十	万	千	百	十	元	角	分	百	十	万	千	百	十	元	角	分

日期	领料登记			退料记录			限额结余数量
	数量	领料人	发料人	数量	退料人	收料人	

生产计划部门：　　　　　　　　供销部门：　　　　　　　　仓库：

（3）汇总原始凭证。汇总原始凭证是指在一张原始凭证上，根据若干个同类经济业务的原始凭证汇总编制的一种原始凭证，如材料收入发出汇总表等（见表5-8）。

表 5-8

四川希望果蔬饮料有限责任公司发料凭证汇总表
2012 年 12 月 30 日
单位：元

材料类别 / 领用部门及用途		原 材 料					低值易耗品	包 装 物		
		白砂糖	黄瓜浓缩汁	红牛香精	一水柠檬酸	稳定剂	洗衣粉	热灌装瓶胚	黄瓜标签	红牛标签
基本生产车间	黄瓜爽	550.80	1 235.00			615.36		8,745.00	31.20	
	V能维生素饮料	324.00		19 612.30	581.40	410.24		4,620.00		35.40
	产品共同耗用									
	车间一般消耗	259.20					875.20			
销售部门			123.50				929.90			
待摊费用										
合　计		1 134.00	1 358.50	19 612.30	581.40	1 025.60	1 805.10	13 365.00	31.20	35.40

（二）记账凭证

记账凭证是会计人员采用规范格式，根据审核无误的原始凭证或原始凭证汇总表，反映经济业务内容、确定其应借应贷科目及金额并直接作为记账依据的会计凭证。

原始凭证是具有法律效力的记账依据，但因其只能表明经济业务的具体内容，且种类繁多、数量巨大、格式庞杂，如直接据以记账，不仅工作量大，还极易发生差错。为保证会计信息质量，会计人员在记账前，必须按照会计核算要求，以原始凭证为依据，将其归类、整理，确定经济业务应记入账户名称和应借应贷金额，以及经济业务内容的简要文字描述，填制记账凭证并将其作为登记账簿的直接依据。

在实际工作中，记账凭证可以按照不同的分类标志分为不同的种类。

1. 记账凭证按其填制方法分为复式记账凭证和单式记账凭证

（1）单式记账凭证。单式记账凭证是指将一项经济业务所涉及的每个会计科目，分别填制一张记账凭证，每张记账凭证只填列一个会计科目的记账凭证。单式记账凭证包括单式借项凭证和单式贷项凭证。单式记账凭证的内容单一，便于汇总计算每个会计科目的发生额，可以减少登记总账的工作量；缺点是制证工作量较大，不利于在一张凭证上反映经济业务的全貌，无法掌握每项经济业务所涉及会计科目间的对应关系，不便于查找记录差错，故在实际工作中使用单式记账凭证的单位很少。

（2）复式记账凭证。复式记账凭证是指一项经济业务所涉及的会计科目都集中填列在一张记账凭证上的记账凭证。其优缺点是会计科目对应关系明确，有利于反映经济业务的全貌，有利于全面了解资金运动的来龙去脉；同时还可以减少记账凭证的数量，便于查账。缺点是不便于汇总计算每一会计科目的发生额，不便于分工记账。目前绝大多数单位都采用复式记账凭证进行会计核算，下面介绍的通用记账凭证和专用记账凭证都属于复式记账凭证。

2. 记账凭证按其使用范围分为通用记账凭证和专用记账凭证

（1）通用记账凭证。通用记账凭证是指具有统一格式、适合各类经济业务共同使用的记账凭证。通用记账凭证一般适用于经济业务简单、经营规模较小的单位，其优点是简化会计凭证的编制工作（见表 5-9）。

表 5-9

记 账 凭 证

摘 要	总账科目	明细科目	复核	借 方									贷 方									附件
				千	百	十	万	千	百	十	元	角	分	千	百	十	万	千	百	十	元	角	分	
																							张
合 计																							

会计主管　　　记账　　　稽核　　　填制

（2）专用记账凭证。专用记账凭证是指专门记录某一类经济业务的记账凭证。专用记账凭证按其所记录的经济业务是否与货币资金收付有关又可分为收款凭证、付款凭证和转账凭证三种。规模较大的单位还可将收款凭证分为库存现金收款凭证和银行存款收款凭证，将付款凭证分为库存现金付款凭证和银行存款付款凭证。

①收款凭证。收款凭证是用来记录库存现金和银行存款等货币资金收款业务的记账凭证，是根据有关库存现金和银行存款收入业务的原始凭证填制的（见表 5-10）。

表 5 - 10

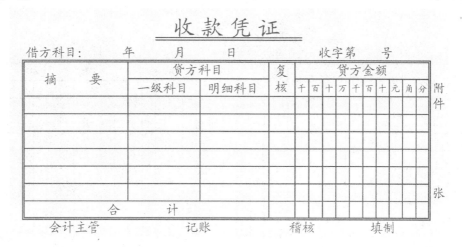

②付款凭证。付款凭证是用来记录库存现金和银行存款等货币资金付款业务的记账凭证，它是根据库存现金和银行存款付款业务的原始凭证填制的。需要注意的是，在涉及库存现金与银行存款之间的收付业务时，只需编制一张付款凭证，而不再编制收款凭证，以免重复。如，将现金存入银行时，只编制库存现金付款凭证；从银行提取现金时，只编制一张银行存款付款凭证（见表 5 - 11）。

表 5 - 11

付 款 凭 证

贷方科目：　　　　年　　月　　日　　　　　付字第　　号

摘　要	借方科目		复核	借方金额										附件
	一级科目	明细科目		千	百	十	万	千	百	十	元	角	分	
														张
合　　　　计														

会计主管　　　　　记账　　　　　稽核　　　　填制

③转账凭证。转账凭证是用来记录与库存现金、银行存款等货币资金收付款业务无关的经济业务的记账凭证，即记录在经济业务发生时不需要收付库存现金和银行存款各项业务的会计凭证。它是根据有关转账业务的原始凭证填制的（见表 5 - 12）。

表 5 - 12

转 账 凭 证

摘　要	总账科目	明细科目	复核	借　方	贷　方	附件
				千百十万千百十元角分	千百十万千百十元角分	
						张
合　　　计						

会计主管　　　　记账　　　　　　稽核　　　　　　填制

3. 记账凭证按其是否经过汇总，可分为汇总记账凭证和非汇总记账凭证

（1）非汇总记账凭证。非汇总记账凭证又称单一记账凭证，是指没有经过汇总的记账凭证，前面介绍的收款凭证、付款凭证和转账凭证以及通用记账凭证都是非汇总记账凭证。

（2）汇总记账凭证。汇总记账凭证是根据同类记账凭证定期汇总而重新编制的记账凭证，其目的是为了简化总分类账的登记手续。汇总的记账凭证根据汇总方法的不同，可分为分类汇总和全部汇总两种。

分类汇总凭证。分类汇总凭证是根据一定期间的记账凭证按其种类分别汇总填制的，如汇总收款凭证、汇总付款凭证、汇总转账凭证。

全部汇总凭证。全部汇总凭证是根据一定期间的记账凭证全部汇总填制的记账凭证，又称科目汇总表。

第二节　原始凭证的填制与审核

一、原始凭证的基本内容

（一）原始凭证的填制依据

原始凭证是记录经济业务发生情况的直接依据。由于经济业务的千差万别，使得原始凭证的内容和格式千变万化，其填写的方法也不尽相同；同时，原始凭证中的外来原始凭证是由对方单位填制的，无须本单位填制。作为一个独立核算的会计主体，所要填写的是与本单位经济业务有关的原始凭证。尽管如此，按照经济业务和原始凭证的基本情况，其填写依据基本可以归为下列几种：

（1）根据真实发生的经济业务情况据实编制。如根据生产车间到仓库实际领用材料的

时间、名称、数量、品种、规格等填制的领料单；根据单位用款需要的时间、数量而签发的现金支票或转账支票；根据单位销售货物的时间、名称、数量、规格等填写的发票等。

（2）根据有关原始凭证汇总编制。如为简化会计核算而根据若干张反映相同经济业务的原始凭证定期汇总编制的汇总原始凭证，比如发料凭证汇总表就是根据若干张领料单汇总编制的。

（3）根据有关账户记载计算编制。如为计算月末在产品成本而根据"制造费用"账户借方发生额和有关资料计算编制"制造费用分配表"，以作为分配制造费用的原始凭证。

（二）原始凭证的基本内容

各种原始凭证尽管格式不统一，项目不一样，但都应该具备一些共同的基本内容，称为凭证要素，一般包括：

（1）原始凭证的名称；

（2）原始凭证的填制日期；

（3）原始凭证的编号；

（4）经济业务的内容（含数量、单价、金额等）；

（5）接受原始凭证的单位名称；

（6）填制单位名称及有关填制人签章；

（7）业务经办人员的签名或盖章；

（8）凭证附件。

二、原始凭证的填制要求

原始凭证是具有法律效力的证明文件，是进行会计核算的重要原始依据。填制原始凭证必须符合下列基本要求：

（一）记录真实

填制或取得的原始凭证必须以实际发生的经济业务为依据，必须实事求是地填写经济业务，原始凭证上填制的日期、业务内容、数量、金额等必须与实际情况完全符合，确保凭证内容真实可靠。

（二）内容完整

原始凭证必须按规定的格式和内容逐项填写齐全，同时必须由经办业务的部门和人员签字盖章，对凭证的真实性和正确性负完全的责任。

（三）书写正确

原始凭证上的文字和数字都要认真填好，要求字迹清楚，易于辨认，不得任意涂改、刮擦或挖补。一般凭证如果发现错误，应当按规定方法更正。而有关现金、银行存款收支业务的凭证，如果填写错误，不能在凭证上更正、撕毁，应加盖"作废"戳记，连同存根保存备查，以免错收错付。

（四）编制及时

按照会计核算中的及时性原则，应当根据经济业务的执行和完成情况及时填制或取得原始凭证，以免延误会计核算工作的顺利进行，保证会计资料和经济信息的时效性。

在实际工作中，填制原始凭证的具体要求应当遵守财政部颁发的《会计工作基础规范》中的有关规定。

三、企业常用原始凭证

（一）购销业务常用原始凭证

1. 增值税专用发票

增值税专用发票是增值税一般纳税人销售货物或者提供应税劳务开具的发票，是购买方支付增值税额并可按照增值税有关规定据以抵扣增值税进项税额的凭证。增值税专用发票的基本联次，统一规定为四联，各联次必须按以下规定用途使用：第一联为存根联，由销货方留存备查；第二联为发票联，购货方作付款的记账凭证；第三联为税款抵扣联，购货方作扣税凭证；第四联为记账联，销货方作销售的记账凭证。

2. 普通发票

普通发票是相对于增值税专用发票而言的，是指在销售商品、提供或接受劳务以及从事其他经营活动时，所开具和收取的除增值税专用发票之外的其他发票。普通发票的基本联次为三联：第一联为存根联，开票方留存备查；第二联为发票联，收执方作为付款原始凭证；第三联为记账联，开票方作为记账原始凭证。

（二）仓储业务常用原始凭证

1. 收料单

收料单是企业购买材料、商品或自制产品验收入库时由仓库保管人员填制的原始凭证。收料单一般一式两联：第一联由保管员记明细账；第二联由保管员送财务部门记账。

2. 领料单

领料单是用料部门从仓库领出材料时由领料人填制的原始凭证。领料单一般一式三联：第一联由保管员凭以登记仓库保管明细账；第二联送财务部门记账；第三联领料部门留存。

3. 限额领料单

限额领料单又称"定额领料单"，是指当月或一定期间在规定限额内可以多次使用，凭此领发材料的一种累计凭证。限额领料单通常适用于有消耗定额或领用限额、领料次数较多的材料。

（三）银行结算业务常用原始凭证

我国常用的银行结算方式有银行汇票、商业汇票、银行本票、支票、汇兑、异地托收承付、信用证等，下以单位最常用的支票为例做简要介绍。

支票是指银行存款人签发给收款人办理提取现金，或委托开户银行将款项支付给收款人的票据，包括现金支票和转账支票。

1. 现金支票

现金支票需填写的正面内容有收款人和开户银行名称、支票号码、签发日期（大写）、签发人账号、大小写金额、用途等项目，填写时必须要素齐全、内容真实、数字正确、字迹清晰，不潦草，不错漏，做到标准、规范，防止涂改。签发支票应使用墨汁或碳素墨水填写。未按规定填写，被涂改冒领的，由签发人负责。支票大小写金额和收款人不得更改。其他内容如有更改，必须由签发人加盖预留银行印鉴以资证明。现金支票反面写上提款人的姓名、身份证号码。最后再盖上预留银行印鉴章，方可去银行提款（见表5－13）。

表5－13

中国工商银行银行现金支票存根		中国工商银行　现金支票　（川）		电子票号

中国工商银行银行现金支票存根
支票号码
附加信息：电子票号 _____
基层单位 _____
一级单位　资金性质 _____
类　款　项目
出票日期　年　月　日
收款人：
金　额：
用　途：
单位主管　　会计

本支票付款时间期限十天

中国工商银行　现金支票　（川）
电子票号
支票号码

出票日期（大写）　年 月 日　付款行名称：
收款人：　　　　　　　　出票人账号：

人民币（大写）　　亿 千 百 十 万 千 百 十 元 角 分

用途_____
上列款项请从
我账户内支付

出票人签章

复核　　记账

2. 转账支票

转账支票的填写方法与现金支票基本相同，但转账支票还要再填写一份一式三联的"进账单"。"进账单"上应正确地填写对方的公司名称和账号等相关内容（见表5－14～表5－15）。

表5－14

中国工商银行银行转账支票存根
支票号码
附加信息：电子票号 _____
基层单位 _____
一级单位　资金性质 _____
类　款　项目
出票日期　年　月　日
收款人：
金　额：
用　途：
单位主管　　会计

本支票付款时间期限十天

中国工商银行　转账支票　（川）
电子票号
支票号码

出票日期（大写）　年 月 日　付款行名称：
收款人：　　　　　　　　出票人账号：

人民币（大写）　　亿 千 百 十 万 千 百 十 元 角 分

用途_____
上列款项请从
我账户内支付

出票人签章

复核　　记账

（使用清分机的，此区域供打印磁性字码）

表 5 - 15

中国工商银行 进账单 （回单）

2013年6月16日

支票号码：													2013年 6月 16日										电子票号											

中国工商银行 进账单 （回单） 1

收款人 全 称 成都市艾普软件工程公司
账 号 2540 1300 0065 496
开户银行 965463

出票人 全 称 成都市华茂商务公司
账 号 7415 6489 0000 321
开户银行 876123
票据种类　票据张数

人民币　亿千百十万千百十元角分　¥ 3 0 0 0 0 0

出票人 全 称 成都市华茂商务公司
账 号 7415 6489 0000 321
开户银行 876123

收款人 全 称 成都市艾普软件工程公司
账 号 2540 1300 0065 496
开户银行 965463

金额 人民币（大写） 叁千元整　亿千百十万千百十元角分　¥ 3 0 0 0 0 0

票据种类　票据张数
票据号码

复核　　记账

开户银行签章

此联是开户银行交给持票人的回单

（四）其他业务常用原始凭证

1. 工资结算单

企业为了同职工办理工资结算手续，一般可按车间、部门编制"工资结算单"（或按每一职工设立"工资卡片"），计算对每一职工的应付工资、代扣款项和实发工资。"工资结算汇总表"根据各部门的"工资结算单"或"工资卡片"汇总编制。"工资结算汇总表"是按企业人员类别和各车间、部门类别以及工资和扣款的种类汇总编制，并结出整个企业应付的各种工资总额、各种代扣款项和实发工资总额。

2. 借款单

借款单是指单位内部所属机构为购买零星办公用品或职工因公出差等原因向出纳员借款时使用的借款原始凭证。借款单一般应一式两联：第一联是借款单存根，作借款人的借款单据；第二联是借款单（代付款凭证），作借款人向企业办理借款的借据，并作为办理借款的付款凭证。

四、原始凭证的审核

为了正确地反映和监督各项经济业务，保证核算资料的真实、正确和合法，会计部门和经办业务的有关部门，必须对原始凭证进行严格认真的审核。

（一）原始凭证审核的内容

原始凭证审核的内容主要有：

（1）原始凭证的真实性审核。原始凭证的真实性审核包括日期、业务内容、数据等是否真实等，有无篡改、伪造、窃取、不如实填写原始凭证，是否存在利用废旧原始凭证将个人消费的费用伪装为单位的日常开支的现象。

（2）原始凭证的合法性审核。原始凭证所反映的经济业务是否符合国家有关政策、法规、制度的规定，是否有违法乱纪等行为。原始凭证有关人员是否全部为正式签章，收付业务是否盖有财务公章及收讫付讫戳记。

（3）原始凭证的合理性审核。原始凭证所记录的经济业务是否符合企业生产经营活动的需要，是否符合有关的计划和预算，所办理的审批传递手续是否符合规定。

（4）原始凭证的正确性审核。原始凭证所填写的文字、数字是否清楚完整，更正方法是否符合规定，书写是否规范、凭证联次是否正确、有无刮擦、涂改和挖补等，自制原始凭证是否连续编号，其存根与所开具的凭证是否一致。

（5）原始凭证的完整性审核。原始凭证所具有的要素是否齐备，包括日期、单位、数量、金额，有无漏记项目，有关签章是否齐全等。

（二）原始凭证审核结果的处理

经审核的原始凭证应根据不同情况进行处理：

（1）对于完全符合要求的原始凭证，应及时据以编制记账凭证入账；

（2）对于真实、合法、合理但内容不够完整、填写有错误的原始凭证，应退回给有关经办人员，由其负责将有关凭证补充完整、更正错误或重开后，再办理正式会计手续；

（3）对于不真实、不合法的原始凭证，会计机构和会计人员有权不予接受，并向单位负责人报告。

第三节　记账凭证的填制与审核

一、记账凭证的基本内容

（一）记账凭证的填制依据

填制记账凭证是会计核算工作的重要内容。记账凭证是登记账簿的直接依据，它是在审核无误的原始凭证或有关账簿记录的基础上，系统归类整理编制而成的。记账凭证有很多种类，同一种类的记账凭证又有不同的格式，但在一般情况下，记账凭证的编制依据主要有以下几种：

（1）根据原始凭证直接填制。如根据转账支票存根编制的记账凭证。

（2）根据若干张反映同类经济业务的原始凭证汇总填制。如根据若干张收料单编制的记账凭证。

（3）根据原始凭证汇总表直接填制。如根据发出材料汇总表或应付职工薪酬结算汇总表而编制的记账凭证。

（4）根据有关账簿记录分析计算填制。如用于调整、结账和更正账簿记录而编制的记账凭证。

任何记账凭证的编制，都必须在其编制前进行认真的审核。只有审核无误的原始凭证、原始凭证汇总表或账簿记录，才能作为编制记账凭证的依据。

（二）记账凭证的基本内容

为满足会计核算的基本要求，记账凭证必须具备以下基本内容：

（1）填制凭证的日期；

（2）凭证编号；

（3）经济业务摘要；

（4）会计科目名称；

（5）金额；

（6）所附原始凭证张数；

（7）填制人签名；

（8）稽核人签名等。

二、记账凭证的填制要求

记账凭证虽有不同格式，但从记账凭证确定会计分录、便于保管和查阅会计资料的作用来看，填制记账凭证除需严格执行原始凭证的填制要求外，还应注意以下几点：

（一）严格审核原始凭证

填制记账凭证必须以内容真实、审核无误的原始凭证作为填制记账凭证的依据，每张记账凭证最多只能记录一项或同一类型的若干项经济业务。如根据一张领料单或若干张相同用途的领料单编制一张记账凭证。

（二）分类正确，连续编号

除少数特殊业务必须将几个会计科目填在一张记账凭证上外，不得将不同类型经济业务的原始凭证合并填制记账凭证，对同一笔经济业务不得填制对应关系不清的多借多贷的记账凭证。

记账凭证应按业务发生顺序按不同种类的记账凭证连续编号，若一笔经济业务，需填制多张记账凭证的，可以采用按该项经济业务的记账凭证数量编列分数顺序号的方法，如前面的整数为总顺序号，后面的分数为该项经济业务的分号，分母表示该项经济业务的记账凭证总张数，分子表示该项经济业务的顺序号。

（三）内容完整，填写规范

记账凭证中的各项内容必须填写齐全，并按规定程序办理签章手续，不得简化。金额栏不得有空行，若有空行须以斜线画上对角线。

摘要填写要简明、正确，要将经济业务的内容以简练概括的文字填入"摘要"栏内。要根据经济业务的性质填写会计分录，即按照会计制度所规定的会计科目和每一会计科目所核算的内容，正确编制会计分录，从而确保核算口径一致，以便于指标的综合汇总和分析对比，同时，也有助于根据正确的账户对应关系，了解有关经济业务的完成情况。

（四）注明附件，签章齐全

除结账与更正差错的记账凭证可以不附原始凭证，其他记账凭证必须附有原始凭证，以便于复核会计分录是否正确，也便于日后查阅原始凭证。如果一张原始凭证要涉及几张记账凭证，可把原始凭证附在一张主要的记账凭证后面，在其他记账凭证上注明附有原始凭证的记账凭证的编号。例如，用支票购物，同时又用现金在同一时间、地点购物，供货单位只开了一张发票，此时，应分别填写两张记账凭证，原始凭证只能附在其中一张后面，另一张记账凭证后面无原始凭证时，应该或复印或在记账凭证摘要栏中注明附原始凭证的记账凭证的凭证号。企业单位提取各项税费的记账凭证，应附自制原始凭证，列明合法的计算提取依据及正确的计算过程。

记账凭证的内容全部填写完成之后，有关人员应签章，以明确经济责任。

三、记账凭证的填制方法

单式记账凭证的应用范围极小，复式记账凭证中的通用记账凭证的填制方法与专用记账凭证中的转账凭证相同，故本节重点介绍复式记账凭证中的专用记账凭证的填制方法，汇总记账凭证的填制方法将在第九章会计核算工作组织中介绍。

（一）收款凭证的填制方法

收款凭证是用来记录货币资金收款业务的凭证，它是由出纳人员根据审核无误的原始凭证收款后填制的。在借贷记账法下，收款凭证左上方所填列的借方科目应是"现金"或"银行存款"科目；记账凭证内所反映的是贷方科目，应填列与"现金"或"银行存款"相对应的科目；金额栏填列经济业务实际发生的数额；在凭证的右侧填写所附原始凭证张数，并在出纳及制单处签名或盖章（见表5-16）。

表5-16

（二）付款凭证的填制方法

付款凭证是用来记录货币资金付款业务的凭证，它是由出纳人员根据审核无误的原始凭证付款后填制的。在借贷记账法下付款凭证的左上方所填列的贷方科目，应是"现金"或"银行存款"科目；记账凭证内所反映的借方科目，应填列与"现金"或"银行存款"相对应的科目；金额栏填写经济业务实际发生的数额；在凭证的右侧填写所附原始凭证的张数，并在出纳及制单处签名或盖章（见表5-17）。

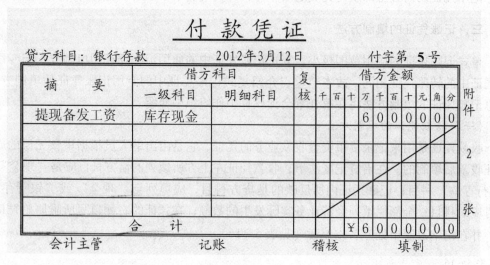

表 5-17

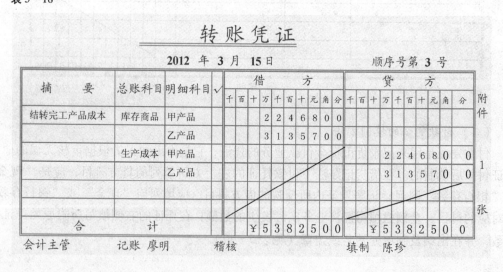

表 5-18

（三）转账凭证的填制方法

转账凭证是用以记录与货币资金收付无关的转账业务的凭证，它是由会计人员根据审核无误的转账业务原始凭证填制的。在借贷记账法下，将经济业务所涉及的会计科目全部填列在凭证内，借方科目在先，贷方科目在后；各会计科目所记应借应贷的金额填列在"借方金额"或"贷方金额"栏内；借、贷方金额合计数应该相等；制单人应在填制凭证后签名盖章，并在凭证的右侧填写所附原始凭证的张数（见表 5-18）。

四、记账凭证的审核

记账凭证是由会计人员对审核无误的原始凭证或汇总原始凭证，按其经济业务的内容加以归类整理，作为登记账簿依据的会计凭证。记账凭证是登记账簿的依据，为了保证账簿登记的正确性，所有填制完成的记账凭证，都必须经过其他会计人员认真审核。在审核记账凭证的过程中，如发现记账凭证填制有误，应当按照规定的方法及时加以更正。记账凭证的审核要点是内容是否真实、项目是否齐全、科目是否正确、金额是否正确、书写是否正确，主要包括以下内容：

（一）凭证填制日期的审核

记账凭证的填写日期一般是会计人员填制记账凭证的当天日期，也可根据管理需要填写经济业务发生日期或月末日期。报销差旅费的记账凭证填写报销当天的日期；现金收付记账凭证填写办理现金收付的日期；银行收款业务记账凭证按财会部门收到银行进账单日期填写；银行付款业务记账凭证，按财会部门开出银行付款单据的日期或承付日期填写；属于计提和分配费用等转账业务应以当月最后的日期填写。

（二）记账凭证编号的审核

记账凭证在一个月内应当连续编号。通用凭证按经济业务的顺序编号；收款凭证、付款凭证和转账凭证可采用"字号编号法"，即收字第×号、付字第×号、转字第×号，也可采用"双重编号法"，即总字顺序编号与类别顺序相结合，如某收款凭证编号为总字第×号、收字第×号。若一笔经济业务需要编制多张记账凭证时，可采用"分数编号法"，如某项经济业务需要编制三张转账凭证，当该凭证的顺序号为 5 时，编号为 $5\frac{1}{5}$、$5\frac{2}{5}$、$5\frac{3}{5}$，应审核凭证是否编号，编号是否正确。

（三）借贷会计科目的审核

采用借贷法编制会计分录时，要先借后贷，可以填制一借多贷或多借一贷的会计分录，在特殊情况下，也可编制多借多贷的会计分录。应审核会计科目的使用是否正确；总账科目和明细科目是否填列齐全，记账凭证所列金额计算是否准确，书写是否清楚、符合要求。

（四）业务内容摘要的审核

摘要栏是对经济业务的简要说明，必须用简明扼要的文字表达出经济业务的主要内容。填写要求为：一是真实准确，其内容要与所附原始凭证的内容相符；二是简明扼要，对经济业务内容表达要准确概括并书写工整。应注意审核经济业务摘要是否正确地反映了经济业务的基本内容。

（五）凭证附件及签章的审核

应注意审核记账凭证上填写的所附原始凭证的张数是否相符，填制凭证人员、稽核人员、记账人员、会计机构负责人、会计主管人员的签名或盖章是否齐全。

此外，对于实行会计电算化的单位，对于机制记账凭证，要认真审核，做到会计科目使用正确，数字准确无误。打印出来的机制记账凭证制单人员、稽核人员、记账人员及会计机构负责人、会计主管人员要加盖印章或者签字。

第四节 会计凭证的传递与保管

会计凭证的传递是指会计凭证从填制时起到归档案保管时止在本单位内部各有关部门和人员之间的传递路线、传递时间和处理程序。正确组织会计凭证的传递，不仅能及时、真实地反映和监督各项经济业务的发生和完成情况，为经济管理提供可靠的经济信息，同时也有利于提高工作效率，有利于单位各部门之间和个人分工协作，相互牵制，加强岗位责任制，实行会计监督。

各单位在制定会计凭证的传递程序，规定其传递时间时，通常要考虑以下两点内容：

其一，根据各单位经济业务的特点、企业内部机构组织、人员分工情况，以及经营管理的需要，从完善内部牵制制度的角度出发，规定各种会计凭证的联次及其流程，使经办业务的部门及其人员及时办理各种凭证手续，既符合内容牵制原则，又提高工作效率。

其二，根据有关部门和人员办理经济业务的必要时间，同相关部门和人员协商制定会计凭证在各经办环节的停留时间，以便合理确定办理经济业务的最佳时间，及时反映、记录经济业务的发生和完成情况。

一、会计凭证的传递

（一）原始凭证的传递

原始凭证的传递是指原始凭证从填制、取得到归档保管时止，在单位各有关部门及人员之间的传递程序和传递时间。原始凭证的归档分两种情况：一种情况是由有关部门保管，另一种情况是附在记账凭证的后面送到会计部门，随同记账凭证一起归档。

（二）记账凭证的传递

记账凭证的传递是指记账凭证从填制时起至归档保管止的过程中，在单位内部有关部门和人员之间的传送程序，也就是会计人员根据原始凭证填制记账凭证，期末同所附原始凭证一起装订后交档案保管员归档保管。会计凭证的传递应考虑以下基本要求：

（1）会计凭证的传递路线，既要保证会计凭证经过必要的环节，以便有关部门（工作人员）进行处理和审核，又要尽量减少不必要的重复，以加快传递速度和提高工作效率。

（2）会计凭证的传递时间，要根据各个环节的工作内容和工作量，规定各种凭证在每个部门和业务环节停留的最长时间，以保证会计核算的及时性。

二、会计凭证的保管

会计凭证是重要的会计档案和经济资料，每个单位都要建立保管制度，妥善保管。对各种会计凭证要分门别类、按照编号顺序整理，装订成册。封面上要注明会计凭证的名称、起讫号、时间以及有关人员的签章（见表5-19）。相关人员要妥善保管好会计凭证，在保管期间会计凭证不得外借，对超过所规定期限（一般是15年）的会计凭证，要严格依照有关程序销毁。需永久保留的有关会计凭证，不能销毁。

表 5-19

<table>
<tr><td colspan="3" rowspan="2" style="text-align:center">会 计 凭 证 封 面</td><td>册</td><td>本月共　　册</td></tr>
<tr><td>数号</td><td>本册第　　册</td></tr>
</table>

会 计 凭 证 封 面

自　　年　　月　　日起至　　月　　日止

记账凭证种类	凭　单　起　讫　号　数			附原始凭证张数
收 款 凭 证	共　　张自第	号至第	号	共　　张
付 款 凭 证	共　　张自第	号至第	号	共　　张
转 账 凭 证	共　　张自第	号至第	号	共　　张
记 账 凭 证	共　　张自第	号至第	号	共　　张
备　　注				

20　年　　月　　日装订

会计主管人员　　　　　　复核　　　　装订员

（一）会计凭证保管要求

会计凭证的保管是指会计凭证登账后的整理、装订和归档存查工作。会计凭证的保管应遵循下列要求：

（1）每月记账完毕，要将本月的记账凭证（连同附件）按编号顺序整理排列，检查有无缺号和附件是否齐全，加上封面封底，装订成册。

（2）如果在一个月内，凭证数量过多，可分装若干册，在封面上加注"共×册"字样。如果某些记账凭证所附原始凭证数量过多或附有以后需要抽出使用的原始凭证，也可以单独装订保管，但应在记账凭证中注明。

（3）每月装订成册的会计凭证，财务部门应指定专人负责，查阅时，要有一定的手续制度。年度终了后，会计凭证与其他会计档案一起，由财务部门继续保管一年，一年后应移交单位的档案室。

（4）会计凭证的保管期限和销毁手续，必须严格执行《会计法》和《会计档案管理办法》的规定，任何人无权自行随意销毁。一般的会计凭证至少保存 10 年，有些重要的资料要永久保存。保管期满需要销毁的会计凭证，也要报经有关部门批准后才能处理。

（二）存档会计凭证的装订

1. 会计凭证装订前的准备

会计凭证装订前的准备，是指对会计凭证进行排序、粘贴和折叠。因为原始凭证的纸张面积与记账凭证的纸张面积不可能全部一样，有时前者大于后者，有时前者小于后者，这就需要会计人员在制作会计凭证时对原始凭证加以适当整理，以便下一步装订成册。对于纸张面积大于记账凭证的原始凭证，可按记账凭证的面积尺寸，先自右向后，再自下向后两次折叠。注意应把凭证的左上角或左侧面让出来，以便装订后，还可以展开查阅。对于纸张面积过小的原始凭证，一般不能直接装订，可先按一定次序和类别排列，再粘在一张同记账凭证大小相同的白纸上，粘贴时宜用胶水。证票应分张排列，同类、同金额的单据尽量粘在一起；同时，在一旁注明张数和合计金额。如果是板状票证，可以将票面票底轻轻撕开，厚纸板弃之不用。对于纸张面积略小于记账凭证的原始凭证，可先用回形针或大头针别在记账凭证后面，待装订时再抽去回形针或大头针。有的原始凭证不仅面积大，而且数量多，可以单独装订，如工资单、耗料单等，但在记账凭证上应注明保管地点。原始凭证附在记账凭证后面的顺序应与记账凭证所记载的内容顺序一致，不应按原始凭证的面积大小来排序。会计凭证经过上述的加工整理之后，就可以装订了。

2. 会计凭证的装订方法

会计凭证的装订是指把定期整理完毕的会计凭证按照编号顺序，外加封面、封底，装订成册，并在装订线上加贴封签。在封面上，应写明单位名称、年度、月份、记账凭证的种类、起讫日期、起讫号数，以及记账凭证和原始凭证的张数，并在封签处加盖会计主管的骑缝图章。如果采用单式记账凭证，在整理装订凭证时，必须保持会计分录的完整。为此，应按凭证号码顺序还原装订成册，不得按科目归类装订。对各种重要的原始单据，以及各种需要随时查阅和退回的单据，应另编目录，单独登记保管，并在有关的记账凭证和原始凭证上相互注明日期和编号。汇总装订后的会计凭证封面如表5-19所示。对会计凭证装订的要求是既美观大方又便于翻阅，所以在装订时要先设计好装订册数及每册的厚度。一般来说，一本凭证，厚度以1.5~2厘米为宜，太厚了不便于翻阅核查，太薄了又不利于戳立放置。凭证装订册数可根据凭证多少来定，原则上以月份为单位装订，每月订成一册或若干册。有些单位业务量小，凭证不多，把若干个月份的凭证合并订成一册就可以，只要在凭证封面注明本册所含的凭证月份即可。为了使装订成册的会计凭证外形美观，在装订时要考虑到凭证的整齐均匀，特别是装订线的位置，太薄时可用纸折一些三角形纸条，均匀地垫在此处，以保证它的厚度与凭证中间的厚度一致。

有些会计在装订会计凭证时采用角订法，装订起来简单易行也很好。它的具体操作步骤如下：

(1) 将凭证封面和封底裁开，分别附在凭证前面和后面，再拿一张质地相同的纸（可以再找一张凭证封皮，裁下一半用，另一半为订下一本凭证备用）放在封面上角，做护角线。

(2) 在凭证的左上角画一边长为5厘米的等腰三角形，用夹子夹住，用装订机在底线上分布均匀地打两个眼儿。

(3) 用大针引线绳穿过两个眼儿。如果没有针，可以将回形别针顺直，然后将两端折向同一个方向，将线绳从中间穿过并夹紧，即可把线引过来，因为一般装订机打出的眼儿是可以穿过的。

(4) 在凭证的背面打线结。线绳最好在凭证中端系上。

(5) 将护角向左上侧折，并将一侧剪开至凭证的左上角，然后抹上胶水。

(6) 向后折叠，并将侧面和背面的线绳扣粘死。

(7) 待晾干后，在凭证本的脊背上面写上"某年某月第几册共几册"的字样。装订人在装订线封签处签名或者盖章。现金凭证、银行凭证和转账凭证最好依次顺序编号，一个月从头编一次序号。如果单位的凭证少，可以全年顺序编号。

 课后练习

一、单项选择

1. 会计凭证按（　　）分类，分为原始凭证和记账凭证。
　　A. 用途和填制程序　　　　　　　　B. 取得来源
　　C. 用途　　　　　　　　　　　　　D. 填制方式

2. 下列原始凭证中属于外来原始凭证的是（　　）。
　　A. 入库单　　　　　　　　　　　　B. 提货单
　　C. 银行收账通知单　　　　　　　　D. 领料汇总表

3. 原始凭证是在（　　）时取得的。
　　A. 经济业务发生　　B. 填制记账凭证　　C. 登记总账　　D. 登记明细账

4. 最典型的（　　）是"限额领料单"。
　　A. 累计凭证　　　　B. 外来凭证　　　　C. 汇总凭证　　D. 付款凭证

5. 下列原始凭证中属于外来凭证的是（　　）。
　　A. 领料单　　　　　　　　　　　　B. 差旅费报销单
　　C. 折旧计算表　　　　　　　　　　D. 银行结算凭证

6. 下列原始凭证中属于累计原始凭证的是（　　）。
　　A. 收料单　　　　　　　　　　　　B. 限额领料单
　　C. 领料凭证汇总表　　　　　　　　D. 领料单

7. 下列原始凭证中属于汇总原始凭证的是（　　）。
　　A. 收料单　　　　　　　　　　　　B. 发货票
　　C. 领料凭证汇总表　　　　　　　　D. 限额领料单

8. 原始凭证按（　　）分类，分为一次凭证、累计凭证等。
　　A. 用途和填制程序　B. 取得来源　　　C. 填制方法　　D. 填制程序

9. 下列原始凭证中不属于自制原始凭证的有（　　）。
　　A. 购货发票　　　　　　　　　　　B. 销售发票
　　C. 产品销售成本计算表　　　　　　D. 缴款书

10. 将同类经济业务汇总编制的原始凭证有（　　）。
　　A. 一次凭证　　　B. 累计凭证　　　C. 汇总记账凭证　　D. 汇总原始凭证

11. 记账凭证是由（　　）编制的。
　　A. 出纳人员　　　B. 经办人员　　　C. 会计人员　　　D. 主管人员

12. 为保证会计账簿记录的正确性，会计人员编制记账凭证时必须依据（　　）。
　　A. 金额计算正确的原始凭证　　　　B. 填写齐全的原始凭证
　　C. 审核无误的原始凭证　　　　　　D. 盖有填制单位财务公章的原始凭证

13. 登记会计账簿的直接依据是（　　）。

A. 记账凭证　　　B. 原始凭证　　　C. 会计要素　　　D. 会计等式

14. 货币资金之间的收付业务应编制（　　）。

A. 收款凭证　　　B. 转账凭证　　　C. 付款凭证　　　D. 原始凭证

15. 将记账凭证分为复式记账凭证和单式记账凭证的根据是（　　）。

A. 与货币资金的关系　　　　　　B. 凭证填制方法

C. 印刷凭证的张数　　　　　　　D. 凭证填制手续

16. 在实际工作中，对于规模小、业务简单的单位，为了简化会计核算工作，可以使用具有统一格式的（　　）。

A. 收款凭证　　　B. 付款凭证　　　C. 转账凭证　　　D. 通用记账凭证

17. 下列会计凭证中只用于记录不涉及现金和银行存款收、付业务的是（　　）。

A. 收款凭证　　　B. 付款凭证　　　C. 转账凭证　　　D. 通用记账凭证

18. 企业发生"购材料款未付"的经济业务应当填制（　　）。

A. 收款凭证　　　B. 付款凭证　　　C. 转账凭证　　　D. 原始凭证

19. 下列经济业务中，应该填制银行存款收款凭证的是（　　）。

A. 销售产品款未收

B. 收到转让设备款，转账支票并已送交银行

C. 开出支票用于支付货款

D. 将现金存入银行

20. 货币资金之间的划转业务只编制（　　）。

A. 付款凭证　　　B. 收款凭证　　　C. 转账凭证　　　D. 原始凭证

21. 从银行提取现金，应编制（　　）凭证。

A. 收款凭证　　　B. 付款凭证　　　C. 转账凭证　　　D. 原始凭证

22. 企业销售产品收到现金 1 000 元的经济业务，应当编制（　　）。

A. 收款凭证　　　　　　　　　　B. 付款凭证

C. 转账凭证　　　　　　　　　　D. 付款凭证或记账凭证

23. 会计凭证的传递，是指会计凭证（　　），在单位内部有关部门及人员之间的传递程序和传递时间。

A. 从编制到审核时止　　　　　　B. 从编制到登账时止

C. 从取得或编制时起到归档保管时止　　D. 从编制到办理完业务时止

二、多项选择

1. 会计凭证可以作为（　　）的依据。

A. 记录经济业务　　B. 明确经济责任　　C. 登记会计账簿　　D. 编制会计报表

2. 会计凭证按用途和填制程序分类可分为（　　）。

A. 原始凭证　　　B. 累计凭证　　　C. 记账凭证　　　D. 转账凭证

3. 下列会计凭证中属于原始凭证的有（　　）。

A. 产成品入库单　　　　　　　　B. 发出材料汇总表

C. 发货票　　　　　　　　　　　D. 提货单

4. 填制和审核会计凭证具有 ( ) 等作用。

    A. 提供会计信息   B. 监督经济活动   C. 提供记账依据   D. 控制经济活动

5. 原始凭证的审核包括 ( )。

    A. 真实性和完整性   B. 合理性和合法性

    C. 技术性和科学性   D. 正确性

6. 原始凭证按其取得来源可分为 ( )。

    A. 单式凭证   B. 外来凭证   C. 自制凭证   D. 通用凭证

7. 外来取得的发票属于 ( )

    A. 外来原始凭证   B. 累计凭证   C. 一次凭证   D. 自制原始凭证

8. 原始凭证按其填列的方法不同,可分为 ( )。

    A. 一次凭证   B. 累计凭证   C. 汇总原始凭证   D. 收款凭证

9. 原始凭证的填制要求包括 ( )。

    A. 记录真实   B. 内容完整   C. 书写正确   D. 编制及时

10. 记账凭证的审核内容包括 ( )。

    A. 会计科目使用是否正确   B. 经济业务内容是否真实

    C. 经济业务是否有违法乱纪行为   D. 借贷方向是否正确

11. "收料单" 是 ( )。

    A. 外来原始凭证   B. 自制原始凭证   C. 一次凭证   D. 累计凭证

12. 下列会计凭证中属于记账凭证的有 ( )。

    A. 收款凭证   B. 汇总收款凭证   C. 科目汇总表   D. 复式记账凭证

13. 记账凭证按与货币收付业务是否有关,分为 ( )。

    A. 汇总记账凭证   B. 收款凭证   C. 付款凭证   D. 转账凭证

14. 收款凭证可以作为出纳人员 ( ) 的依据。

    A. 收入货币资金   B. 付出货币资金

    C. 登记现金日记账   D. 登记银行存款日记账

15. 记账凭证按填制方法可以分为 ( )。

    A. 收款凭证   B. 付款凭证   C. 单式记账凭证   D. 复式记账凭证

16. 会计凭证的传递应结合企业 ( ) 的特点。

    A. 经济业务   B. 内部机构组织   C. 人员分工   D. 经营管理需要

17. 专用记账凭证包括 ( )。

    A. 收款凭证   B. 转账凭证   C. 通用凭证   D. 付款凭证

18. 记账凭证按其反映的经济业务内容不同,通常分为 ( )。

    A. 收款凭证   B. 付款凭证   C. 转账凭证   D. 原始凭证

19. 记账凭证填制的依据是 ( )。

    A. 付款凭证   B. 收款凭证

    C. 原始凭证   D. 原始凭证汇总表

20. 下列记账凭证中可以不附原始凭证的有 ( )。

    A. 收款凭证   B. 付款凭证

  C．结账的记账凭证   D．更正错账的记账凭证

21．下列经济业务中应填制付款凭证的是（ ）。

  A．提现金备用   B．购买材料预付定金

  C．购买材料未付款   D．以存款支付前欠某单位账款

22．需要在资金收、付款凭证上签字的有（ ）。

  A．制证人员 B．记账人员 C．审核人员   D．会计主管

23．企业会计凭证保管的内容包括（ ）。

  A．整理会计凭证   B．装订会计凭证

  C．会计凭证归档存查   D．将会计凭证移交检察机关

24．每年装订的会计凭证，正确的保管方法是（ ）

  A．年度终了后，可暂由会计机构保管一年

  B．出纳人员不得兼管会计档案

  C．会计机构保管一年期满后，移交本单位档案机构统一保管

  D．未设立档案机构的，应在会计机构内部指定专人保管

三、正误判断题

1．所有会计凭证都是登记会计账簿的依据。   （ ）

2．所有会计凭证都应具备有关责任人的签名或盖章。   （ ）

3．原始凭证是进行会计核算的原始依据。   （ ）

4．限额领料单只限于领用一种材料。   （ ）

5．为简化核算，可将相似的经济业务汇总编制一张汇总原始凭证。 （ ）

6．自制原始凭证的填制，均应由本单位的会计人员填写，以保证原始凭证填制的正确性。   （ ）

7．原始凭证可以由非财会部门的人员填制，但记账凭证只能由财会部门的人员填制。   （ ）

8．原始凭证所要求填列的项目必须逐项填列齐全，不得遗漏和省略。年、月、日要按照经济业务发生的实际日期填写。   （ ）

9．原始凭证金额有错误的，应当由出具单位重开或更正，更正处应当加盖出具单位印章。   （ ）

10．只要是真实的原始凭证，就可作为收付财物和记账的依据。 （ ）

11．从银行提取现金时，可以编制现金收款凭证。   （ ）

12．与货币收付无关的业务一律编制转账凭证。   （ ）

13．付款凭证是出纳人员付出货币的依据。   （ ）

14．记账凭证是登记账簿的直接依据，任何记账凭证的编制，都必须有原始凭证。   （ ）

15．记账凭证的填制日期应是经济业务发生或完成的日期。 （ ）

16．收款凭证、付款凭证是出纳人员收、付款项的依据。 （ ）

17．根据规定，记账凭证必须附有原始凭证，但结账和更正错误的记账凭证可以不附

原始凭证。 （ ）

18. 出纳人员在办理收款或付款业务后，应在凭证上加盖"收讫"或"付讫"的戳记。 （ ）

19. 收款凭证一般是按现金收款业务编制的。 （ ）

20. 每年装订成册的会计凭证，在年度终了时可暂由单位会计机构保管一年，期满后应当移交本单位档案机构统一保管。 （ ）

21. 会计凭证的传递程序和方法通常由会计制度统一规定。 （ ）

第六章　会计账簿

本章教学内容提示

　　本章主要介绍会计账簿的意义、种类及适用范围，会计账簿与会计凭证之间的关系，会计账簿的记账规则，掌握账簿的登记方法。

本章教学要点概览

概念

G1 会计账簿

G2 序时账簿

G3 分类账簿

G4 备查账簿

G5 划线更正法

G6 红字更正法

G7 补充登记法

分析

F1 会计账簿的种类

F2 会计账簿的基本内容

F3 会计账簿的登记规则

实务

S1 会计账簿设置、启用、保管

S2 日记账和分类账的登记

S3 分类账的平行登记

S4 错账的更正

S5 对账和结账

第一节 会计账簿的意义及分类

尽管会计凭证记录了每一项经济业务的发生和完成情况，但这种记录是个别的、零星而分散的，要全面、连续、系统地反映单位一定时期内某一类或全部经济业务活动情况，就必须在编制会计凭证的基础上设置和登记会计账簿。

一、会计账簿的意义

会计账簿，简称账簿。它是以会计凭证为依据，由具有一定格式、相互联结的账页所组成，用以全面、连续、系统、分类记录和核算各项经济业务的簿籍。设置和登记账簿是会计核算工作的重要环节，是会计核算的专门方法之一。

会计账簿与会计账户是两个不同的概念。账簿是具有实物形态的一种簿籍，是会计账户的表现形式，而账户是在账簿中开设并用来记录各个会计要素项目增减变化的载体。账簿与账户的关系是形式内容的关系。

设置和登记账簿对加强经济核算，提高经营管理水平具有十分重要的意义，概括起来有如下几个方面：

（一）会计账簿可以提供完整系统的核算资料

通过设置和登记账簿，可以全面反映单位各项资产的增减变动及结存情况，为其经济管理提供系统、完整的会计信息。其次，利用账簿提供的资料进行账实核对，可以检查账实是否相符，从而有利于保证各项财产物资和资金的安全完整和合理使用；同时，设置和登记账簿，既有利于保存会计资料和日后查阅使用，又有利于会计工作的分工。

（二）会计账簿是考核企业经营情况的重要依据

利用设置和登记账簿所形成的会计资料，可以考核和评价单位整体以及单位内部各有关部门的经营活动及经营业绩，正确地计算成本费用和经营成果，为财务成果的合理分配提供依据。其次，会计账簿资料是进行会计分析和会计检查的必要依据，对于加强经济核算和内部监督有着十分重要的作用。

（三）会计账簿是会计报表资料的主要来源

设置和登记账簿是编制会计报表的基础，会计账簿资料是编制会计报表的主要依据，是连接会计凭证和会计报表的重要桥梁。

二、会计账簿的分类

会计账簿可以按不同标准进行分类。按用途可分为序时账簿、分类账簿和备查账簿；按外表形式可分为订本式账簿、活页式账簿和卡片式账簿。

（一）账簿按其用途分类

1. 序时账簿

序时账簿又称"日记账"，是按照经济业务发生的时间先后顺序，逐日逐笔顺序登记的账簿。序时账簿是会计部门按照收到会计凭证号码的先后顺序进行登记的。

序时账簿按其记录内容的不同，又分为普通日记账和特种日记账两种。

普通日记账，也称通用日记账，是用来登记各单位全部经济业务的发生完成情况的日记账。

特种日记账是专门用来记录某一特定项目经济业务发生完成情况的日记账。

2. 分类账簿

分类账簿又称"分类账"，是指对经济业务进行分类登记，提供分类核算指标的账簿。在会计核算中，分类账簿是必须设置的主要账簿，它所提供的核算资料是编制会计报表的主要依据。分类账簿按其提供核算指标的详细程度不同，又分为总分类账和明细分类账。

总分类账，简称总账，是根据总分类科目开设账户，用来登记全部经济业务，进行总分类核算，提供总括核算资料的分类账簿。

明细分类账，简称明细账，是根据明细分类科目开设账户，用来登记某一类经济业务，进行明细分类核算，提供明细核算资料的分类账簿。

3. 备查账簿

备查账簿又称"辅助账簿"，是对某些在序时账簿和分类账簿中未能记载或记载不全的经济业务进行补充登记的账簿。如设置租入固定资产登记簿、送货日记账等。

（二）账簿按其外表形式分类

1. 订本式账簿

订本式账簿亦称订本账，是在启用之前，就将若干账页固定地装订成册，并对账页进行连续编号的账簿。

2. 活页式账簿

活页式账簿亦称活页账，是指在启用之前和使用过程中，不把账页固定地装订成册的账簿。

3. 卡片式账簿

卡片式账簿亦称卡片账，是指用印有记账格式的卡片登记各项经济业务的账簿（见表6-1、表6-2）。

表6-1

固 定 财 产 卡 片　　　　第　　号

类别　　　　　　　　　　　　　年　月　日

编　号		名　称		新旧程度		财产来源	
牌　号		规　格		财产原值		保管地点	
数　量		特　征		来源时间		已使用年限	
所属设备							
折旧价格		折旧年限		年折旧额		清理残值	
备注							

表6-2　　　　　　　　　　**固 定 财 产 折 旧 记 录**　　　　　　　　单位：元

年 度	折旧额	累 计 额	年 度	折旧额	累 计 额	年 度	折旧额	累 计 额

（三）账簿按其账页格式分类

1. 三栏式账页

三栏式账簿是指在账簿内设置借方、贷方和余额三个基本栏目的账簿。如日记账、总分类账、资本、债权、债务明细账一般采用三栏式账簿（见表6-3）。

表6-3

分第　　页总第　　页

会计科目编号	
会计科目名称	

年		凭证		摘要	借 方									√	贷 方									√	借或贷	百	十	万	千	百	十	元	角	分	核对
月	日	种类	号数		百	十	万	千	百	十	元	角	分		百	十	万	千	百	十	元	角	分												

2. 数量金额式账页

数量金额式账页亦称三大栏式账簿，是指在账簿内的借方、贷方和金额三个栏目内都分设数量、单价和金额三小栏，借以反映财产物资的实物数量和价值量。如原材料、库存商品、产成品等存货类明细账一般采用数量金额式账簿（见表6-4）、固定资产数量金额式明细账（见表6-5）。

表6-4

明 细 账　　　　　　　第_____页

最高储备量	类 别		储备定额		编 号		规 格
最低储备量	存放地点		计划单价		计量单位		名 称

年		凭证		摘要	收 入		金 额										发 出		金 额										结 余		金 额										核对
月	日	种类	号数		数量	单价	千	百	十	万	千	百	十	元	角	分	数量	单价	千	百	十	万	千	百	十	元	角	分	数量	单价	千	百	十	万	千	百	十	元	角	分	
12	31			月初余额																																					

表 6-5

固定资产明细账

分第＿＿＿页总第＿＿＿页

使用年限 ＿＿＿＿＿＿＿＿ 估计残值 ＿＿＿＿＿＿＿＿ 名 称 ＿＿＿＿＿＿＿＿

折旧或摊销率 ＿＿＿＿＿＿＿＿ 折 旧 费 ＿＿＿＿＿＿＿＿ 财产编号 ＿＿＿＿＿＿＿＿

年		凭证		摘要	单价	购进或拨入		折旧或转出		余 额		核对
月	日	种类	号数			数量	金 额 百十万千百十元角分	数量	金 额 百十万千百十元角分	数量	金 额 百十万千百十元角分	

3. 多栏式账页

多栏式账页是指由在借方、贷方两个基本栏次或某一方中按需要分设若干专栏的账页所组成的账簿，是明细账中格式最复杂多变的一种账页。其格式主要有借方多栏式、贷方多栏式、借贷方双向多栏式及单向多栏式明细账。借方多栏式明细账主要用于资产类账户结构的账户，如"管理费用"等费用类明细账（见表 6-6）；贷方多栏式明细账主要用于损益类中的收入类账户结构的账户（见表 6-7）；借贷方双向多栏式明细账主要用于现金明细账和在途物资明细账（见表 6-8 至表 6-9）；单向多栏式明细账主要用于成本类，如"生产成本"明细账（见表 6-10），其特点是各专栏反映该科目增加方的金额，即只有借方栏没有贷方栏，如需反映贷方金额，只能在借方栏用红字或在数字前加负号登记。

表 6-6

明细分类账

分第＿＿＿页总第＿＿＿页

一级会计科目	
二级会计科目	

年		凭证		摘要	借 方						贷方	借或贷	余额	核对
月	日	种类	号数											

表 6-7

明细分类账

分第＿＿＿页总第＿＿＿页

一级会计科目	
二级会计科目	

年		凭证		摘要	借 方	贷 方					借或贷	余额	核对
月	日	种类	号数										

表 6-8

多栏式现金日记账

_____年度　　　　　　　　　　第___页

| 年 | | 凭证 | | 摘要 | 收入 | | | | 支出 | | | | | 结存 | 核对 |
| | | | | | 应贷科目 | | | 合计 | 应借科目 | | | | 合计 | | |
月	日	种类	号数		银行存款	其他应收款	主营业务收入		银行存款	其他应付款	管理费用	营业费用			

表 6-9

在 途 物 资 明细账

明细科目 _____　　　　　　　　　　年　月

| 年 | | 记账凭证号数 | 发票账单号数 | 供应单位名称 | 摘要 | 借方（实际成本） | | | | 年 | | 记账凭证号数 | 发票账单号数 | 摘要 | 贷方 | | | | 核对 |
月	日					买价	采购费用	其他	合计	月	日				计划成本	成本差异	其他	合计	

表 6-10

_____车间
_____产品

生 产 成 本 明 细 账

| 年 | | 凭证 | | 摘要 | 直接材料 | | | | | | | | 直接人工 | | | | | | | | 制造费用 | | | | | | | | 其他 | | | | | | | | 合计 | | | | | | | | 核对 |
| 月 | 日 | 种类 | 号数 | | 百 | 十 | 万 | 千 | 百 | 十 | 元 | 角 | 分 | 百 | 十 | 万 | 千 | 百 | 十 | 元 | 角 | 分 | 百 | 十 | 万 | 千 | 百 | 十 | 元 | 角 | 分 | 百 | 十 | 万 | 千 | 百 | 十 | 元 | 角 | 分 | 百 | 十 | 万 | 千 | 百 | 十 | 元 | 角 | 分 | |

第二节 会计账簿的登记

一、会计账簿的登记规则

会计账簿的登记规则是指账簿启用和登记中所应遵守的规范。

（一）基本规则

（1）登记依据。登记账簿必须以审核无误的会计凭证为依据。在日记总账核算形式下，账簿登记的依据是日记总账。

（2）账簿启用。在账簿启用时，必须填列"账簿启用和经管人员一览表"，载明单位名称、账簿名称、账簿编号、账簿册数、账簿页数、启用日期，会计主管人员和记账人员签名或盖章；更换记账人员时，应由会计主管人员监交，在交接记录内写明交接日期和交接人员姓名，并由交接人员和会计主管人员签名或盖章。

（3）登记时间。各种账簿应当隔多长时间登记一次，没有统一规定。一般原则是：总分类账要按照单位所采用的会计核算形式及时登账；各种明细分类账则根据原始凭证、原始凭证汇总表和记账凭证每天进行登记，也可以定期（三天或五天）登记。库存现金日记账和银行存款日记账，应当根据办理完毕的收付款凭证，随时逐笔顺序登记，每天最少登记一次。

（二）登记规则

（1）记账时，应将会计凭证的日期、种类和编号、业务内容摘要、金额等逐项记入账内，同时在会计凭证上注明所记账簿的页数或画"√"符号，表示已经登记入账，防止漏记、重记和错记情况的发生。

（2）记账要保持清晰、整洁，记账文字和数字要端正、清楚、书写规范，一般应占账簿格距的二分之一，以便留有改错的空间。

（3）账簿的记录必须清晰、耐久、防止涂改。在记账时，必须用蓝、黑墨水书写，不得用圆珠笔（银行的复写账簿除外）和铅笔书写。红色墨水只能在结账划线、改错和冲账时使用。

（4）凡需结出余额的账户，应当定期结出余额。库存现金日记账和银行存款日记账必须每天结出余额。结出余额后，应在"借或贷"栏内写明"借"或"贷"的字样。没有余额的账户，应在该栏内写"平"字并在余额栏"元"位上用"0"表示。

（5）账簿要按账页顺序连续登记，不得跳行、隔页。在总分类账和明细分类账中，应在每一账户的首页注明账户的名称；各种账簿都必须按编写的页次逐页、按行顺序连续登记，不得跳行、隔页。如发生跳行、隔页，应将空行或空页划线注销，并注明"此行空白"或"此页空白"，并加盖"作废"戳记，由记账人员在更正处签名或盖章。

（6）必须按照规定的方法更正错账。如果发现账簿记录有差错，应根据错误的具体情况，采用规定的方法予以更正，不得涂改、挖补、乱擦或用褪色药水消除原有字迹。

（7）每登记满一张账页结转下页时，应当结出本页合计数和余额，写在本页最后一行和下页第一行有关栏内，并在本页的摘要栏内注明"转后页"字样，在次页的摘要栏内注明"承前页"字样。

二、会计账簿的基本内容

各种账簿的形式和格式多种多样，但均应具备下列组成内容：

（一）封面

封面主要标明账簿的名称，如总分类账簿、库存现金日记账、银行存款日记账。

（二）扉页

扉页标明会计账簿的使用信息，如科目索引、账簿启用和经管人员一览表等（见表6-11）。

表6-11

账簿启用和经管人员一览表

使用者名称			印　鉴	
账　簿　编　号				
账　簿　页　数	本账簿共计使用　　　　页			
启　用　日　期	年　　　月　　　日			
截　止　日　期	年　　　月　　　日			
责任者盖章	出　纳	审　核　　主　管　　部门领导		
交　接　记　录				
姓　　名	交接日期	交接盖章	监交人员	
			职务	姓名
	经管　　年　　月　　日			
	交出　　年　　月　　日			
	经管　　年　　月　　日			
	交出　　年　　月　　日			
	经管　　年　　月　　日			
	交出　　年　　月　　日			
印花税票				

（三）账页

账页是账簿用来记录经济业务事项的载体，其格式因反映经济业务内容的不同而不同。但其内容应包括：

（1）账户的名称，即一级科目、二级或明细科目名称；

（2）登记账簿的日期栏；

（3）会计凭证的种类和号数栏；

（4）摘要栏，记录经济业务内容的简要说明；

（5）金额栏，记录经济业务的增减变动和余额；

（6）总页次和分户页次栏。

三、会计账簿登记方法

（一）日记账的格式和登记方法

1. 库存现金日记账

（1）账簿格式。库存现金日记账是用来核算和监督库存现金每天的收入、支出和结存情况的账簿，其格式一般采用三栏式和多栏式。无论采用三栏式还是多栏式，库存现金日记账都必须使用订本账。

（2）登记方法。三栏式库存现金日记账的基本格式包括"收入"、"支出"和"结余"三栏，分别用来登记库存现金每天的收入、支出和结存情况。由出纳人员根据与库存现金收付有关的记账凭证，按时间顺序逐日逐笔进行登记，并按照"上日余额＋本日收入－本日支出＝本日余额"的公式，逐日逐笔结出库存现金余额，每日与库存现金实存数核对，以检查每日库存现金收付是否有误（表6-12）。

表6-12

库存现金 日记账

总第 1 页

××年		凭证		摘 要	借方	√	贷方	√	借或贷	余 额	核对
月	日	种类	号数								
12	1			期初余额					借	3 800.00	
	1	记	1	提现备用	6 000.00				借	9 800.00	
	4	记	5	李丹借支旅费			3 000.00		借	6 800.00	
	9	记	14	购买办公用品			1 220.00		借	5 580.00	
	10	记	16	支付张力工资			1 800.00		借	3 780.00	
	12	记	23	支付招待费			570.00		借	3 210.00	
	13	记	25	购进材料付现			1 919.97		借	1 290.03	
	17	记	30	销售产品收现	71 792.00				借	73 082.03	
	20	记	36	支付电话费			1 620.00		借	71 462.03	
	20	记	37	提现备用	151 440.00				借	222 902.03	
	20	记	38	支付工资			151 440.00		借	71 462.03	
	24	记	42	报销差旅费余现退回	300.00				借	71 762.03	
12	31			本月发生额及余额	229 532.00		161 569.97		借	71 762.03	

多栏式日记账是在三栏式日记账的基础上发展来的，其收入栏按与库存现金收入相对应的贷方科目设专栏，支出栏按与库存现金付出相对应的借方科目设专栏。登记时，应先根据有关库存现金收入业务的记账凭证登记库存现金收入日记账，根据有关库存现金支出业务的记账凭证登记库存现金支出日记账，每日终了，根据库存现金支出日记账结计的支出合计数，一笔转入库存现金收入日记账的"支出合计"栏中，结出当日余额。

2. 银行存款日记账

（1）账簿格式。银行存款日记账是用来核算和监督银行存款每日的收入、支出和结余情况的账簿。银行存款日记账应按单位在银行开立的账户和币种分别设置，每个银行账户设置一本日记账。

（2）登记方法。银行存款日记账的格式和登记方法与库存现金日记账相同。

为了加强单位内部控制制度，出纳人员只负责登记日记账，不得兼任稽核、会计档案保管和收入、支出、费用、债权债务等账目的登记工作（见表6-13）。

表6-13

银行存款 日记账

总第 2 页

××年		凭证		摘　要	借　方	√	贷　方	√	借或贷	余　额	核对
月	日	种类	号数								
12	25			承前页	296 647.51		321 142.52		借	152 724.99	
12	27	记	44	收回欠款	78 996.06				借	231 721.05	
	29	记	46	支付业务费			8 700.00		借	223 021.05	
	30	记	47	支付电费			94 519.62		借	128 501.43	
12	31			本月发生额及余额	375 643.57		424 362.14		借	128 501.43	

四、分类账的格式和登记方法

（一）总分类账

1. 格式

总分类账是按照总分类账户分类登记以提供总括会计信息的账簿。总分类账一般采用订本式账簿，账页格式最常用的是三栏式，即设置借方、贷方和余额三个基本金额栏。根据实际需要，也可以在"借方"、"贷方"两栏内增设"对方科目"栏。总分类账的账页格式，也可以采用多栏式格式，如把序时记录和总分类记录结合在一起联合账簿，即日记总账。

2. 登记方法

总分类账的登记依据和方法，主要取决于所采用的会计核算形式。它可以直接根据各种记账凭证逐笔登记，也可以先把记账凭证按照一定方式进行汇总，编制成科目汇总表或汇总记账凭证再据以登记（见表6-14）。

表6-14

应收账款 总账

总第 4 页

××年		凭证		摘　要	借　方	√	贷　方	√	借或贷	余　额	核对
月	日	种类	号数								
12	1			期初余额					借	25 000.00	
	7	记	11	收回欠款			20 000.00		借	5 000.00	
	11	记	20	销售产品款未收	78 996.06				借	83 996.06	
	19	记	34	售货款未收	183 750.00				借	267 746.06	
	27	记	44	收回欠款			78 996.06		借	188 750.00	
12	31			本月发生额及余额	262 746.06		98 996.06		借		

（二）明细分类账

1. 格式

明细分类账是根据二级账户或明细账户开设账页，分类、连续地登记经济业务以提供明细核算资料的账簿，其格式有三栏式、多栏式、数量金额式等多种格式。

2. 登记方法

不同类型经济业务的明细分类账可根据管理需要，依据记账凭证、原始凭证或汇总原始凭证逐日逐笔或定期汇总登记。固定资产、债权、债务等明细账应逐日逐笔登记；库存商品、原材料的收发明细账，以及收入、费用明细账可以逐笔登记，也可定期汇总登记。

（1）三栏式明细分类账。三栏式明细分类账的登记方法与三栏式总账相同，不同之处是一般需逐笔登记。三栏式明细账适用于只需进行金额核算，不需进行数量核算的结算类科目的明细分类核算。例如"应收账款"、"应收票据"、"预收账款"、"应付账款"、"预付账款"、"应付票据"等总账科目的明细分类核算（见表6-15）。

表6-15

应收票据——商业承兑汇票（××机械厂）

第___1___页

××年		凭证		摘要	总页	借　方										√	借　方										√	借或贷	余　额										核对
月	日	种类	号数			千	百	十	万	千	百	十	元	角	分		千	百	十	万	千	百	十	元	角	分			千	百	十	万	千	百	十	元	角	分	
12	1			月初余额																								借				4	2	0	0	0	0	0	
	3	记	3	发出A产品款未结				5	6	2	0	0	0	0	0												借				9	8	2	0	0	0	0	
	6	记	9	收到承兑汇票款															4	2	0	0	0	0	0	借				5	6	2	0	0	0	0	
	24	记	30	发出B产品款未结				3	1	4	0	0	0	0												借				8	7	6	0	0	0	0	
12	31			本月发生额及余额				3	1	4	0	0	0	0					4	2	0	0	0	0	0	借				8	7	6	0	0	0	0	

（2）多栏式明细分类账。多栏式明细分类账是按明细项目在账内设置若干专栏，以便归类、集中登记这些明细科目或明细项目全部金额的账簿。多栏式明细账适用于那些要求对金额进行分析的有关费用成本、收入成果类科目的明细分类核算，例如"主营业务收入"、"管理费用"、"销售费用"、"生产成本"等总账科目的明细核算。

需要注意的是，多栏式明细账在各专栏的设计上，其发生额和余额栏都只反映借方金额或只反映贷方金额。如"生产成本"明细分类账就只有借方栏无贷方栏，平时记录成本费用的增加数登记在借方，月末结转完工产品成本时本应登记在贷方，因无贷方栏，结转的完工产品成本只能用红字或在数字前加负号登记在借方栏（见表6-16）；"主营业务收入"明细分类账则只有贷方栏无借方栏，平时记录收入的增加数登记在贷方，月末结转销售收入"本年利润"账户时本应由借方转出，因无借方栏，结转时只能用红字登记在贷方栏。

表 6-16

基本生产　车间
黄瓜爽　产品

生产成本　明细账

单位: 元

××年		凭证		摘　要	直接材料	直接人工	制造费用	其他	合　计	核对
月	日	种类	号数							
12	1			月初余额	2 300.00	1 200.00	1 440.00		4 940.00	
	5	记	6	领料	550.80				5 490.80	
	11	记	18	领料	1 276.00				6 766.80	
	13	记	24	领料	615.36				7 382.16	
	19	记	33	领料	8 855.70				16 237.86	
	30	记	47	支付电费	37 483.60				53 721.46	
	30	记	50	分配本月工资		65 800.00			119 521.46	
	30	记	51	提取本月福利费		9 212.00			128 733.46	
	31	记	53	结转本月制造费用			17 303.74		146 037.20	
	31	记	54	结转完工产品成本	51 081.46	76 212.00	18 743.74		146 037.20	

（3）数量金额式明细分类账。数量金额式明细分类账的登记方法与企业对存货的管理方式有关。对于仓库不需要进行价值核算的企业，仓库的材料物资明细账可以只登记数量不登记金额，财务部门平时也只登记数量，月末确定各类（种）材料物资的单价后再登记金额。数量金额式明细账适用于既要进行金额核算，又要进行数量核算的各种财产物资类科目的明细分类核算。例如"原材料"、"库存商品"等总账科目的明细分类核算（表6-17）。

表 6-17

原材料——原料及主要材料　明　细　账　第 1 页

最高储备量 _____　类别 ____　储备定额 ____　存放地点 ____　规格 ____
最低储备量 _____　编号 ____　计划单价 ____　计量单位　千克　名称　白砂糖

××年		凭证		摘要	收入			发出			结余			核对
月	日	种类	号数		数量	单价	金额	数量	单价	金额	数量	单价	金额	
12	1			月初余额							25	3.24	81.00	
	3	记	4	材料入库	500	3.24	1 620.00				525	3.24	1 701.00	
	5	记	6	领料				170	3.24	550.80	355	3.24	1 150.20	
12	31			本月发生额及余额	500	3.24	1 620.00	170	3.24	550.80	355	3.24	1 150.20	

（4）横线登记式明细分类账。横线登记式明细分类账是指采用横线登记法，将每一相关业务登记在一行，从而依据每一行各个栏目的登记是否齐全来判断该项业务的进展情况。该明细分类账适用于登记物资采购业务、应收票据和一次性备用金业务，如在途物资明细账（表6-18）。

表 6 - 18

在途物资 明细账

明细科目　　甲产品

单位: 元

××年		记账凭证号数	发票账单号数	供应单位名称	摘要	借方（实际成本）				××年		记账凭证号数	发票账单号数	摘要	贷　方				核对
月	日					买价	采购费用	其他	合计	月	日				计划成本	成本差异	其他	合计	
4	1	2	357	远大公司	购料款付料未到	50 000	200	140	50 340	4	4	5	357	材料到库	51 000	-660		50 340	
	8	8	468	洪基公司	购料款付料未到	95 320	360	400	96 080	4	18	16	468	材料到库	95 800	280		96 080	
	10	12	567	永宁公司	购料款付料未到	36 300	210	150	36 660										

第三节　错账的更正

记账是会计核算的一个重要环节，会计人员应按照会计制度规定，减少差错，保证账簿资料的正确可靠。但是由于种种原因，在记账过程中可能出现错账。错账有多种类型，归纳起来有证错和账错两种。证错，就是记账凭证中错填会计科目和金额，引起账簿记录的错误。账错，就是记账凭证正确，仅仅记账和结算账户时发生的错误，如漏记账、记重账、记反账、记账串户、记错金额等。从错账的具体错误来看，又分为数字错误和文字错误。

为了迅速准确地更正错账，就必须采用比较合理的方法查找错账。错账发现后，应视其错误的具体情况，采用不同的方法更正。一般有下列三种更正方法：

一、划线更正法

划线更正法又称红线更正法。如果发现账簿记录有错误，而其所依据的记账凭证没有错误，即纯属记账时文字或数字的笔误，应采用划线更正法进行更正。更正的方法如下：

第一步，将错误的文字或数字划一条红色横线注销，但必须使原有字迹仍可辨认，以备查找；

第二步，在划线的上方用蓝字或黑字将正确的文字或数字填写在同一行的上方位置；

第三步，由经办人员在错误数字的更正处加盖印章，以明确责任。

需要注意的是，对于错误的数字应将整笔数字划掉。例：把 45 600 误记为 54 600，应将 54 600 全数用红线划去，在上方更正为 45 600，不得只划 54 两个数字。

划线更正法适用的记账错误如下：

（1）记账凭证正确，登记的科目正确、登记的方向正确，记入金额错误。

【例 6 - 1】用现金支付本月职工工资 566 400 元。编制记账凭证如下：

借：应付职工薪酬　　　　　　　　　　　　　　　　　　　　566 400

　　贷：库存现金　　　　　　　　　　　　　　　　　　　　　　　566 400

登账时误将"库存现金"账户贷方发生额 566 400 元记为 564 600 元，则更正方法如下：

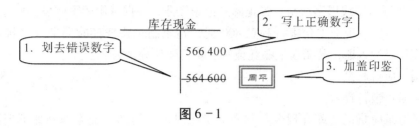

图 6－1

（2）记账凭证正确，登记的科目正确、记入金额正确，登记的方向错误。

【例 6－2】若【例 6－1】中，记账员登账时，将应记入库存现金账户贷方的 566 400 元，误记为借方，则更正方法如下：

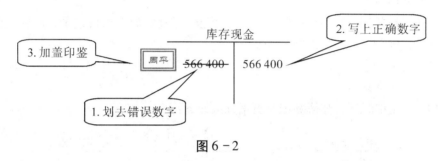

图 6－2

（3）记账凭证正确，记入金额正确，登记的方向正确，登记的科目错误。

【例 6－3】若【例 6－1】中，登账时将应记入银行存款账户贷方的 566 400 元，误记入库存现金账户的贷方，则更正方法如下：

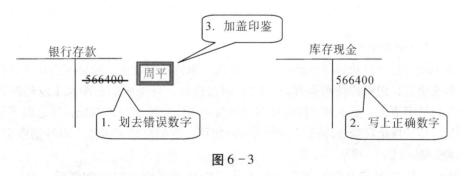

图 6－3

二、红字更正法

红字更正法又称红字冲销法。在会计上，以红字记录表明对原记录的冲销。红字更正适用于以下两种情况：

（一）会计科目或记账方向错误

会计科目或记账方向错误是指根据记账凭证所记录的内容记账以后，发现记账凭证中的应借、应贷会计科目或记账方向有错误，且记账凭证同账簿记录的金额相吻合，应采用红字更正。更正的方法如下：

（1）先用红字（书中以方框表示）填制一张与原错误记账凭证内容完全相同的记账凭证，并据以用红字登记入账，冲销原有错误的账簿记录；

（2）再用蓝字或黑字填制一张正确的记账凭证，并据以用蓝字或黑字登记入账。

【例6-4】以现金支付银行利息 800 元，在填制记账凭证时误记入"银行存款"科目，并据以登记入账，其错误记账凭证所反映的会计分录为：

①借：应付利息　　　　　　　　　　　　　　　　　　　　800
　　贷：银行存款　　　　　　　　　　　　　　　　　　　　　　　800

该项分录应贷记"库存现金"科目。更正时，应用红字金额编制如下记账凭证进行更正。

②借：应付利息　　　　　　　　　　　　　　　　　　　　$\boxed{800}$
　　　贷：银行存款　　　　　　　　　　　　　　　　　　　　　　$\boxed{800}$

错误的记账凭证以红字记账更正后，表明已全部冲销原有错误记录，然后用蓝字或黑字填制如下正确分录，并据以登记入账：

③借：应付利息　　　　　　　　　　　　　　　　　　　　800
　　贷：库存现金　　　　　　　　　　　　　　　　　　　　　　800

根据以上记账凭证，账簿登记及更正方法如下：

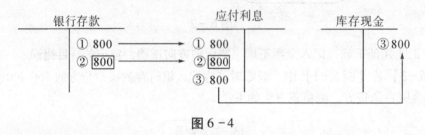

图 6-4

（二）应记金额小于已记金额

根据记账凭证所记录的内容记账以后，发现记账凭证中应借、应贷的会计科目和记账方向都没有错误，记账凭证和账簿记录的金额也吻合，只是所记金额大于应记的正确金额，应采用红字更正。更正的方法是将多记的金额用红字填制一张与原错误记账凭证所记载的借贷方向、应借应贷会计科目相同的记账凭证，并据以登记入账，以冲销多记金额，求得正确金额。

【例6-5】用银行存款 4 000 元购买办公用品，在填制记账凭证时，误记金额为 40 000 元，但会计科目、借贷方向均无错误，其错误记账凭证所反映的会计分录为：

借：管理费用　　　　　　　　　　　　　　　　　　　40 000
　　贷：银行存款　　　　　　　　　　　　　　　　　　　　　40 000

在更正时，应用红字金额 36 000 元编制如下记账凭证进行更正。

借：管理费用　　　　　　　　　　　　　　　　　　　$\boxed{36\ 000}$
　　贷：银行存款　　　　　　　　　　　　　　　　　　　　$\boxed{36\ 000}$

错误的记账凭证以红字记账更正后，即可反映其正确金额为 4 000 元。

如果记账凭证所记录的文字、金额与账簿记录的文字、金额不符，应首先采用划线法更正，然后再用红字冲销法更正。

以上两张记账凭证记账的结果如下：

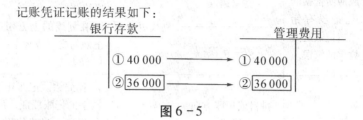

图 6 - 5

三、补充登记法

补充登记法又称蓝字补记法。根据记账凭证所记录的内容记账以后，发现记账凭证中应借、应贷的会计科目和记账方向都未错，记账凭证和账簿记录的金额也吻合，只是所记金额小于应记的正确金额，应采用补充登记法。更正的方法是将少记的金额用蓝字或黑字填制一张与原错误记账凭证所记载的借贷方向、应借应贷会计科目相同的记账凭证，并据以登记入账，以补记少记金额，得到正确金额。

【例 6 - 6】用银行存款 1 200 元购买办公用品，在填制记账凭证时，误记金额为 120 元，但会计科目、借贷方向均无错误，其错误记账凭证所反映的会计分录为：

借：管理费用   120

  贷：银行存款   120

在更正时，应用蓝字或黑字编制如下记账凭证进行更正：

借：管理费用   1 080

  贷：银行存款   1 080

错误的记账凭证以蓝字或黑字记账更正后，即可反映其正确的金额为 1 200 元。

以上两张记账凭证记账的结果如下：

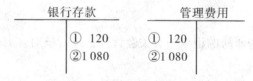

图 6 - 6

如果记账凭证中所记录的文字、金额与账簿记录的文字、金额不符，应首先采用划线法更正，然后用补充登记法更正。为便于理解，特将三种更正方法的更正方法和程序汇总如下（表 6 - 19）。

表 6 - 19　　　　　　　　　　　错账更正方法汇总表

错账类型	错账描述	错账情况		更正方法	更正程序
账错	登记账簿所依据的记账凭证没有错误，纯属记账时文字或数字的笔误。	文字错误		划线更正法	1. 将错误的文字或数字划一条红色横线注销； 2. 在划线的上方用蓝字或黑字写上正确的文字或数字； 3. 经办人员在更正处加盖印章。
		数字错误			
证错	记账凭证中错填会计科目和金额，引起账簿记录的错误。	科目或记账方向错误		红字更正法	1. 比照错误记账凭证编制一张红色数字的记账凭证，并据以登账； 2. 编制一张蓝色数字的记账凭证据以登账。
		数字错误	应记＜已记（多记）		编制一张红色数字的记账凭证，金额为应记减已记数，并据以登账。
			应记＞已记（少记）	补充登记法	编制一张蓝色数字的记账凭证，金额为已记减应记数，并据以登账。

第四节　结账与对账

了解对账的含义及内容；了解结账的含义、主要程序和内容，以及结账的方法。

一、对账

为了保证各种账簿记录的完整和正确，为编制会计报表提供真实可靠的数据资料，必须做好对账工作。对账就是指在本期内对账簿记录进行核对。对账包括账证核对、账账核对、账实核对。

（一）账证核对

账证核对是指将各种账簿的记录与有关会计凭证进行核对。

（二）账账核对

账账核对是指各种账簿之间的有关数字进行核对。主要包括：

（1）总分类账簿之间的核对。分类账各账户本月借方发生额合计数与贷方发生额合计数是否相等；期末借方余额合计数与贷方余额合计数是否相等，以检查总分类账户的登记是否正确。

（2）总分类账簿与明细分类账簿的核对。各明细分类账的本期借、贷方发生额合计数及期末余额合计数与总分类账应该分别核对相符，以检查各明细分类账的登记是否正确。

（3）总分类账簿与序时账簿的核对。现金日记账和银行存款日记账的本期借、贷方发生额合计数及期末余额合计数与总分类账应该分别核对相符，以检查日记账的登记是否正确。

（4）会计部门的财产物资明细账与保管和使用部门的有关明细账定期核对。会计部门有关财产物资的明细分类账结存数，应该与财产物资保管或使用部门的有关保管账的账存数核对相符，以检查双方记录是否正确。

（三）账实核对

账实核对是指各种财产物资的账面余额与实存数额相核对。具体内容包括：

（1）现金日记账账面余额与实地盘点的库存现金实有数相核对；

（2）银行存款日记账账面余额与开户银行账目（银行对账单）相核对；

（3）各种财产物资明细分类账账面余额与其清查盘点后的实存数相核对；

（4）各种应收、应付款明细分类账账面余额与有关债务、债权单位的账目相核对。账实核对一般是通过财产清查进行的，对此将在财产清查一讲中做详细说明。

二、结账

各个单位的经济活动是连续不断进行的，为了总结每一会计期间（月份、季度、年度）的经济活动情况，考核经营成果，编制会计报表，就必须在每一会计期末进行结账。结账是指期末时，在本期发生的经济业务全部登记入账的基础上，按照规定的方法对本期内的账簿记录进行小结，结算出每个账户的本期发生额合计和期末余额，并将期末余额结转下期或转入新账。实际工作中，一般采用划线结账的方法。

（一）结账的主要程序和内容

（1）结账前，必须将本期内发生的各项经济业务全部登记入账。

（2）实行权责发生制的单位，按照权责发生制的要求，进行账项调整的账务处理，并在此基础上，进行其他有关转账业务的账务处理，以计算确定本期的成本、费用、收入和利润。需要说明的是，不能为了赶编报表而提前结账，也不能将本期发生的经济业务延至下期登账，也不能先编会计报表后结账。

（3）结账时，应结出现金日记账、银行存款日记账以及总分类账和明细分类账各账户的本期发生额和期末余额，并将期末余额结转下期。

（二）结账的方法

计算登记各种账簿本期发生额和期末余额的工作，一般按月进行，称为月结；有的账目还应按季结算，称为季结；年度终了，还应进行年终结账，称为年结。期末结账主要采用划线结账法。也就是期末结出各账户的本期发生额和期末余额后，加以划线标记，将期末余额结转下期。结账时，不同的账户记录应分别采用不同的方法：

（1）月结。一般采用一行结账法。即每月结账时，应在各账户本月份最后一笔记录下面划一条通栏红线，表示本月结束；然后，在红线下面结出本月发生额和月末余额，如果没有余额，在余额栏内写上"平"或"0"符号。同时，在摘要栏内注明"本月合计"或"×月份发生额及余额"字样，最后，再在下面划一条通栏红线，表示完成月结工作。

（2）季结。季结的结账方法与月结基本相同，但在摘要栏内注明"本季合计"或"第×季度发生额及余额"字样。

（3）年结。办理年结时，应在12月份月结下面（需办理季结的，应在第四季度的季结下面）结算填列全年12个月的月结发生额和年末余额，如果没有余额，在余额栏内写上"平"或"0"符号，并在摘要栏内注明"本年合计"或"年度发生额及余额"字样；然后，将年初借（贷）方余额抄列于下一行的借（贷）方栏内，并在摘要栏内注明"年初余额"字样，同时将年末借（贷）方余额再列入下一行的贷（借）方栏内，在摘要栏内注明"结转下年"字样；最后，分别加计借贷方合计数，并在合计数下面划通栏双红线表示封账，完成了年结工作。需要更换新账的，应在新账有关账户的第一行摘要栏内注明"上年结转"或"年初余额"字样，并将上年的年末余额以相同方向记入新账中的余额栏内。

第五节　会计账簿的更换与保管

年终结账后，在新的会计年度，总账、日记账和多数明细账应当更换新账。但有些财产物资明细账和债权债务明细账，各种账簿同会计凭证及会计报表一样，都是重要的经济档案，必须按照会计制度统一规定的保存年限妥善保管，不得丢失和任意销毁，以供日后检查、分析和审计。

一、会计账簿的更换

会计账簿的更换是指在会计年度终了，将上年旧账更换为次年新账。

更换新账的程序是，当年度终了时，在本年有余额的账户"摘要"栏内注明"结转下年"字样。在更换新账时，注明各账户的年份，在第一行"日期"栏内写明1月1日；"记账凭证"栏空置不填；将各账户的年末余额直接抄入新账余额栏内，并注明余额的借贷方向。过入新账的有关账簿余额的转让事项，不需要编制记账凭证。在新的会计年度建账并不是所有的账簿都更换为新的。一般来说，现金日记账、银行存款日记账、总分类账、大多数明细分类账应每年更换一次。但是有些财产物资明细账和债权债务明细账，由于材料品种、规格和往来单位较多，更换新账，需要重抄一遍，工作量较大，因此，可以跨年度使用，不必每年更换一次。第二年使用时，可直接在上年终了的双线下面记账，各种备查簿也可以连续使用。

二、会计账簿的保管

会计账簿是各单位重要的经济资料，必须建立管理制度，妥善保管。账簿管理分为平时管理和归档保管两部分。

（一）账簿平时管理的具体要求

各种账簿要分工明确，指定专人管理，账簿经管人员既要负责记账、对账、结账等工作，又要负责保证账簿安全。会计账簿未经领导和会计负责人或者有关人员批准，非经管人员不能随意翻阅查看会计账簿。会计账簿除需要与外单位核对外，一般不能携带外出，对携带外出的账簿，一般应由经管人员或会计主管人指定专人负责。会计账簿不能随意交与其他人员管理，以保证账簿安全和防止任意涂改账簿等问题发生。

（二）旧账归档保管

年度终了更换并启用新账后，对更换下来的旧账要整理装订，造册归档。归档前旧账的整理工作包括：检查和补齐应办的手续，如改错盖章、注销空行及空页、结转余额等。活页账应撤出未使用的空白账页，再装订成册，并注明各账页号数。旧账装订时应注意：活页账一般按账户分类装订成册，一个账户装订成一册或数册；某些账户账页较少，也可以合并装订成一册。装订时应检查账簿扉页的内容是否填写齐全。装订后应由经办人员及装订人员、会计主管人员在封口处签名或盖章。旧账装订完毕应编制目录和编写移交清单，然后按期移交档案部门保管。各种账簿同会计凭证和会计报表一样，都是重要的经济档案，必须按照制度统一规定的保存年限妥善保管，不得丢失和任意销毁。根据《会计档案管理办法》的规定，总分类账、明细分类账、辅助账、日记账均应保存 15 年。其中，现金、银行存款日记账要保存 25 年，涉外和对私改造账簿应永久保存。保管期满后，应按照规定的审批程序报经批准后才能销毁。

课后练习

一、单项选择

1. 银行存款日记账一般采用的格式为（　　）。
  A. 三栏式   B. 多栏式   C. 数量金额式 D. 活页式

2. 下列账户的明细分类账适宜采用数量金额式的是（　　）。
  A. 原材料   B. 实收资本   C. 应收账款 D. 营业外收入

3. 日记账按用途分类属于（　　）。
  A. 备查账簿   B. 序时账簿   C. 订本账簿 D. 分类账簿

4. "租入固定资产登记簿"按用途分类属于（　　）。
  A. 三栏式明细分类账   B. 备查账簿
  C. 分类账簿   D. 日记账

5. 活页式账簿和卡片式账簿适用于（　　）。
  A. 现金日记账   B. 银行存款日记账
  C. 总分类账簿   D. 明细分类账簿

6. 下列账户中，适用于三栏式明细分类账簿的有（　　）明细账。
  A. "管理费用" B. "本年利润" C. "原材料" D. "制造费用"

7. 固定资产明细账一般采用（　　）形式。
  A. 订本式账簿   B. 卡片式账簿
  C. 活页式账簿   D. 多栏式明细分类账

8. "实收资本"明细账的账页格式一般采用（　　）。
  A. 三栏式   B. 数量金额式 C. 活页式   D. 卡片式

9. 登记账簿要用（　　）书写。

A. 铅笔 B. 蓝圆珠笔

C. 蓝黑墨水或碳素墨水 D. 黑圆珠笔

10. 现金日记账是由（　　）根据相关凭证登记的。

A. 会计人员 B. 出纳人员 C. 会计主管 D. 单位负责人

11. 从银行提取现金时，登记现金日记账的依据是（　　）。

A. 现金收款凭证 B. 现金付款凭证

C. 银行存款收款凭证 D. 银行存款付款凭证

12. 在月末结账前发现所填制的记账凭证无误，根据记账凭证登记账簿时，将 1 548 元误记为 1 538 元，按照有关规定，更正时应采用的错账更正方法是（　　）。

A. 划线更正法 B. 红字更正法 C. 补充登记法 D. 平行登记法

13. 某会计人员根据记账凭证登账时，误将 600 元填写为 6 000 元，而记账凭证无误，应用（　　）予以更正。

A. 红字更正法 B. 补充登记法 C. 划线更正法 D. 黑字更正法

14. 依据会计凭证登记入账后，发现所依据入账的记账凭证将"4 000 元"记为"400 元"，应该采用的更正错账的方法是（　　）。

A. 划线更正法 B. 红字更正法 C. 补充登记法 D. 蓝字划线法

15. 依据会计凭证登账后，发现所依据入账的记账凭证上的会计科目和应借应贷方向未错，但所记金额大于应记金额，对此应采用（　　）更正。

A. 划线更正法 B. 红字更正法 C. 补充登记法 D. 红字划线法

16. 依据会计凭证登记入账后，发现所依据的记账凭证上的会计科目正确，但应借应贷方向出错，对此应采用（　　）更正。

A. 划线更正法 B. 红字更正法 C. 补充登记法 D. 红字补充法

17. 依据会计凭证登记入账后，发现所依据入账的记账凭证上的会计科目应借应贷方向正确，但科目名称出错，对此应采用（　　）更正。

A. 划线更正法 B. 红字更正法 C. 补充登记法 D. 蓝字更正法

18. 总分类账户和明细分类账户平行登记的要点可以概括为（　　）。

A. 依据相同、方向一致、金额相等、同期入账

B. 方向一致、颜色相同、金额相等、同时入账

C. 同时登记、同方向登记、同金额登记

D. 依据相同、方向一致、颜色相同

二、多项选择

1. 账簿按其用途分类，可以分为（　　）。

A. 序时账簿 B. 订本式账簿

C. 分类账簿 D. 备查账簿

2. 账簿按其外表形式分类，可以分为（　　）。

A. 订本式账簿 B. 三栏式账簿

C. 卡片式账簿 D. 活页式账簿

3. 现金、银行存款日记账的账页格式主要有（　　　）。
    A. 三栏式
    B. 多栏式
    C. 卡片式
    D. 数量金额式

4. 三栏式明细分类账的账页格式，适用于（　　　）明细账。
    A. "管理费用"
    B. "原材料"
    C. "预提费用"
    D. "预收账款"

5. 数量金额式明细分类账的账页格式，适用于（　　　）明细账。
    A. "库存商品"
    B. "制造费用"
    C. "应付账款"
    D. "原材料"

6. 多栏式明细分类账的账页格式，适用于（　　　）明细账。
    A. "应收账款"
    B. "财务费用"
    C. "管理费用"
    D. "制造费用"

7. 采用订本式账簿的有（　　　）。
    A. 现金日记账
    B. 银行存款日记账
    C. 总分类账
    D. 明细分类账

8. 任何会计主体必须设置的账簿有（　　　）。
    A. 现金日记账
    B. 银行存款日记账
    C. 总分类账簿
    D. 明细分类账簿

9. 明细分类账可以根据（　　　）登记。
    A. 原始凭证
    B. 汇总记账凭证
    C. 记账凭证
    D. 经济业务

10. 错账的更正方法有（　　　）。
    A. 划线更正法
    B. 红字补充法
    C. 补充登记法
    D. 红字更正法

11. 用红色墨水登记账簿时，适用于下列情况（　　　）。
    A. 根据红字冲账的记账凭证，冲销错误记录
    B. 在不设借贷栏的多栏式账页中，登记减少金额
    C. 在期末结账时，用红色墨水划通栏红线
    D. 在三栏式账户的余额前如未注明余额方向，在余额栏内登记负数余额

12. 总分类账户和所属明细分类账户的平行登记，应满足下列要求（　　　）。
    A. 同依据登记
    B. 同期登记
    C. 同金额登记
    D. 同方向登记

三、正误判断

1. 按规定总分类账必须采用订本式账簿，其登记依据可以是记账凭证或明细账。
（　　　）

2. "应收账款"明细账应该采用数量金额式账页。　　　（　　　）

3. 现金日记账和银行存款日记账，必须采用订本式账簿。　　（　　　）

4. 总分类账一般采用三栏式订本式账簿。　　　　　　　　　　　　（　　）

5. 多栏式明细分类账一般适用于债权、债务结算户的明细分类账。　（　　）

6. 登记账簿必须用蓝、黑墨水书写，不得使用圆珠笔、铅笔书写，更不得使用红色墨水书写。　　　　　　　　　　　　　　　　　　　　　　　　　（　　）

7. 各种明细分类账的登记依据，既可以是原始凭证，也可以是记账凭证。（　　）

8. 各种明细分类账的登记，可以逐日逐笔登记，也可以在月末汇总登记。（　　）

9. 银行存款日记账是由会计人员根据审核后的收款凭证、付款凭证逐日逐笔序时登记的账簿。　　　　　　　　　　　　　　　　　　　　　　　　　（　　）

10. 红字更正法只适用于入账后发现记账凭证中会计科目的错误更正。（　　）

11. 采用划线更正法时，对错误的文字和数字，可以只划去错误的部分进行更正。

　　　　　　　　　　　　　　　　　　　　　　　　　　　　　　（　　）

12. 某会计人员在填制记账凭证时，误将 9 800 元记为 8 900 元，并已登记入账，月终结账前发现错误，更正时应采用划线更正法。　　　　　　　　　（　　）

13. 新的会计年度开始时，必须更换全部账簿，不得只更换总账和现金日记账、银行存款日记账。　　　　　　　　　　　　　　　　　　　　　　　　（　　）

14. 凡设有明细分类账户的总分类账户，均是统驭账户。　　　　　　（　　）

15. 总分类账户和明细分类账户的登记方向必须相同。　　　　　　　（　　）

| 第七章 | 财产清查 |

本章教学内容提示

本章主要介绍财产清查的意义、清查的方法及财产清查结果的账务处理。

本章教学要点概要

概念

G1 财产清查

G2 实地盘存制

G3 永续盘存制

G4 未达账项

分析

F1 财产清查的意义

F2 财产清查的种类

F3 财产清查的方法

计算

J1 实地盘存制下期末存货成本的计算

J2 永续盘存制下期末存货成本的计算

实务

S1 货币资金清查

S2 银行未达账项的处理要求

S3 银行存款余额调节表的编制

S4 财产清查的账务处理

第一节　财产清查的意义

一、财产清查的概念

财产清查是指通过对各项财产物资进行实物盘点、账目核对，以确定各项财产物资、货币资金和结算款项的实有数额与其账面数是否一致，从而保证账实相符的一种会计核算专门方法。

《中华人民共和国会计法》第十七条规定："各单位应当定期将会计账簿记录与实物、款项及有关资料相互核对，保证会计账簿记录与实物及款项的实有数额相符、会计账簿记录与会计凭证的有关内容相符、会计账簿之间相对应的记录相符、会计账簿记录与会计报表的有关内容相符。"为保证会计信息的真实性，会计核算应严格按照会计规范，根据企业实际发生的经济业务，真实地记录各项财产物资的增减变动和结余情况。

但在实际工作中，由于种种原因，财产物资的账簿记录和实有数往往出现差错，有关账户之间的记录也不尽一致，最终导致账存数与实存数发生差异。如企业较为常见的情况有：由于自然的原因导致某些财产物资的损耗或增加，比如汽油的自然挥发，食品吸湿增重等造成的数量增减；财产物资在收发过程中，由于计量检验器具不准确或保管人员工作疏忽，造成财产物资在数量、品种或质量上发生差错；由于规章制度不健全，管理不善或工作人员失职造成财产保管时间过久，或仓库保管条件不佳等引起财产物资的残损、霉变、短缺、过时、价值降低等；由于会计或其他管理人员在财产物资的收发过程中没有及时填制凭证登记入账或记账，造成漏记、重记、多记、少记等错账现象；由于不法分子的贪污盗窃、营私舞弊等直接侵占企业财产物资所发生的损失；由于未达账项或拒付等原因引起记账时间、金额与实际业务不符；由于自然灾害或人为事故造成财产损失；其他原因造成财产损失或升溢等。这些情况都会直接影响企业会计信息的真实性和正确性。通过财产清查，可以对各种财产物资进行定期或不定期的核对和盘点，对保护财产物资的安全完整，保证账实相符，提高财产物资的使用效率，维护财经纪律和结算纪律等，具有十分重要的意义。

二、财产清查的作用

（一）保护财产物资的安全完整

通过财产清查可以查明企业单位财产、商品、物资是否完整，有无毁损、缺损和霉变现象，以便堵塞漏洞、改进和健全各种责任制，消除不安全因素的隐患，保护财产物资安全完整。

（二）保证会计资料账实相符

通过财产清查可以及时查明各项财产物资的实际结存数，并与账簿记录相核对，以发现记账中的错误，确定账实是否相符。若发现账实不符，应查明原因，分清责任，并按实存数及时调整账面数字，直至账实相符。只有这样，才能及时发现问题，保证根据账簿信息编制的财务报表真实可靠，从而提高会计信息质量。

（三）提高财产物资的使用效率

通过财产清查可以摸清家底，并在掌握各项财产物资实有数的同时，查明其使用情况，以便采取措施，及时发现企业财产物资超储积压、占用不合理等情况，以便处理超储积压物资和未使用财产，减少损失浪费，节约使用资金，充分挖掘现有财产物资的潜力，促进企业合理使用资金，提高财产物资的使用效率，加速资金周转。

（四）维护财经纪律和结算纪律

通过财产清查，尤其通过对企业财产、物资、货币资金及往来款项的清查，可以查明有关业务人员是否遵守财经纪律和结算纪律，有无贪污盗窃、挪用公款的情况；查明资金使用是否合理，是否存在化公为私、营私舞弊、偷税漏税等行为发生，是否符合党和国家的方针政策和法规，从而更加自觉地遵纪守法，促使企业自觉维护和遵守财经纪律和结算纪律。

三、财产清查的分类

财产清查按照清查的对象和范围，可以分为全面清查和局部清查；按照清查的时间，可以分为定期清查和不定期清查。

（一）全面清查和局部清查

1. 全面清查

全面清查是指对所有财产和资金进行全面盘点与核对。其清查对象主要包括：原材料、在产品、自制半成品、库存商品、库存现金、短期存（借）款、有价证券及外币、在途物资、委托加工物资、往来款项、固定资产等。全面清查的内容全，范围广，需要彻底清查单位的所有物资，因此投入的人力多，费用高，时间长，一般在年终决算或单位破产、撤销、合并或改变隶属关系时进行，目的是保证会计核算资料的真实性。此外，企业在进行清产核资时也应进行一次全面的清查，以如实反映企业情况。

2. 局部清查

局部清查又称重点清查，是指对一个单位的部分财产进行的清查。如流动资金中变化较频繁的原材料、在产品、库存商品等，除每年进行全面清查外，还应根据需要随时轮流盘点或重点抽查，对于各种贵重物资至少每月盘点一次，对于库存现金要天天核对，对于银行存款和银行借款至少每月同银行核对一次。局部清查相对于全面清查来说，需要的人力少，费用低。

（二）定期清查和不定期清查

1. 定期清查

定期清查是按照有关制度中预先规定的时间进行的财产清查，也就是在会计年度内的某些规定的时间，依照会计程序的要求在正常情况下对财产物资进行的清查。一般在年末、季末或月末结账时进行。

2. 不定期清查

不定期清查又称临时清查，是指事前不规定清查的固定日期而根据实际需要临时进行的清查。不定期清查一般是在更换财产物资保管人员、企业撤销、合并或发生意外财产损失、上级和有关管理机关要求进行临时财产检查；会计主体发生变化或隶属关系发生变动等情况时所进行的清查。定期清查和不定期清查的范围应视具体情况而定，可全面清查也可局部清查。

此外，企业还可以按清查主体分为内部清查和外部清查。内部清查是指由企业内部的有关人员组成的清查小组进行的清查。外部清查是指由企业外部有关行政机构（关）人员组成的清查组织对企业财产物资及账务进行的清查，如税务检查。

第二节 财产清查程序和盘存制度

一、财产清查的程序

财产清查是一项复杂而又细致的工作，涉及面广，工作量大，为保证财产清查工作顺利地进行，在清查过程中应当遵循一定的程序。财产清查的基本程序如下：

（一）成立清查小组

清查小组是负责财产清查的组织机构，通常由企业财务部门和财产管理部门人员及有关领导组成。其主要职责是对清查工作的全过程进行组织、协调、指导、监督。如在清查前，需组织清查小组人员学习有关政策规定，掌握有关法律、法规和相关业务知识，以提高财产清查工作的质量；根据清查任务，确定清查对象、范围及内容；制定清查方案，落实清查时间、程序和方法；清查过程中，进行监督、检查和指导；清查结束，应对清查结果提出处理意见和建议。

（二）做好清查准备

有关清查部门应按清查小组的安排做好清查前的准备工作：会计部门应按清查范围提供完整、正确的会计记录，财产管理部门应将各种清查手续办理齐全、将实物码放整齐，准备、调试有关的衡量器具和清查所需的各种登记表。

（三）实施财产清查

在清查过程中，清查人员应当按照清查计划和要求，采取先核查数量后认定质量的原则进行清查。为便于进行账实核对，清查人员应针对不同的清查对象编制相应的财产盘点盈亏报告表，以确认账实是否相符。

（四）处理清查结果

企业对清查结果的处理应视其具体情况采用不同的处理方法。在账实差异不大或属正常损耗的情况下，会计人员应根据各种盘点盈亏报告表，按照会计制度有关规定进行账务处理；在账实差异较大或属非正常损耗的情况下，应按有关规定将清查结果和处理意见及时报告上级及有关部门，未经上级及有关部门的审批前，只能按实际盘点结果（实有数）调整财产物资账户的账面数，但不得擅自调整费用或收入。

二、财产清查盘存制度

（一）实地盘存制

实地盘存制是指对仓储财产物资，平时只登记入库数量，期末通过实地盘点，确定期末结存数量，再结合期初数量和本期存货入库数量，即可计算出本期存货发出数量的一种财产盘存制度。其计算公式如下：

本期存货出库数量＝期初存货数量＋本期存货入库数量－期末存货盘点数量

根据本期存货出库数量、期末存货盘点数量和单位成本（或计划单价），就可计算出本期存货出库成本和期末存货成本。其计算公式如下：

本期存货出库成本＝本期存货出库数量×存货单位成本（或计划单价）

期末存货成本＝期末存货盘点数量×存货单位成本（或计划单价）

实地盘存制的主要优点是不需每天记录出库数和结存数，存货账户可以按大类或全部商品设置，从而起到简化核算工作的作用。

但是，由于这种制度平时只登记收入数量，采取以存计销再倒挤出存货出库成本，因此其最大的缺点是不能反映存货的出库数和结存数，不利于财产物资的日常管理，还容易掩盖一些管理上的问题，如非正常损失、浪费甚至是贪污盗窃问题，从而削弱企业对存货的控制和监督，影响成本核算的准确性，不利于发挥会计监督的作用。实地盘存制主要适用于一些单位价值低、品种多、收发频繁的财产物资或损耗大、收发数量不稳定的鲜活商品。

（二）永续盘存制

永续盘存制也称账面盘存制，是指对财产物资的收入和发出，都应根据会计凭证在有关账簿中逐笔连续登记，并随时结出各种财产物资的结存数的一种财产盘存制度。其最大的特点是期末存货结存数量是通过账面记录计算而得，其计算公式如下：

期末存货结存数量＝期初存货数量＋本期存货入库数量－本期存货出库数量

期末存货成本＝期末存货结存数量×存货单位成本（或计划单价）

永续盘存制的优点是核算严密，特别是"期末存货结存数量"通过账簿中的"期初数"、"本期入库数"、"本期出库数"计算而来，不仅能及时反映各种财产物资的收、发、结存情况，还可以强化企业的内部控制制度。其次，采用这种制度，企业可随时将其制定的储备定额与存货明细账上的结存数量进行对比，以检查是否存在超额储备或储备不足的情况，尽快组织存货购销或处理，加速资金周转；最后，企业通过存货的盘点，可以随时将盘存结果与账面记录进行核对，如存货发生溢余和短缺，能够及时查明原因予以纠正，保证账实相符。这种盘存制度的缺点是存货的明细分类核算工作量较大，需要耗用较多的人力和费用。对于存货品种繁杂的企业，如果采用月末一次结转发出成本的办法，库存成本和发出成本的计算工作比较集中。

由于永续盘存制在控制和保护财产物资安全方面具有明显的优势，所以在实际工作中，多数企业尤其是制造业普遍采用这种盘存制度。

为进行两种盘存制度的比较，举例如下。

【例7－1】某企业成品库 A 产品期初库存 40 件，本期购进 90 件，发出 100 件，单位成本均为 30 元。

（1）实地盘存制

在实地盘存制下，期末库存数量是通过实地盘点确定的，假设经实地盘点，A 产品实际库存为 26 件。其计算过程如下：

本期发出 A 产品数量＝40＋90－26＝104（件）

A 产品结存数量＝40＋90－104＝26（件）

A 产品库存成本＝26×30＝780（元）

（2）永续盘存制

在永续盘存制下，期末库存数量是通过账面数计算的。其计算过程如下：

A 产品结存数量 = 40 + 90 - 100 = 30（件）

A 产品库存成本 = 30 × 30 = 900（元）

从上例可以看出，采取实地盘存制的期末库存成本比永续盘存制少 120 元（900 - 780），其原因是期末结存数量是按实地盘点结果确定的，故比采取永续盘存制按账面结存数少了 4 件。

第三节　财产清查的方法

财产清查对象包括货币资金、财产物资、往来款项等。清查对象不同，所采取的清查方法亦不同。

一、库存现金的清查

库存现金的清查方法是实地盘点，即通过对库存现金的清点结果进行账款核对，以检查库存现金是否账实相符，保护现金的安全完整。库存现金的清查包括出纳人员的每日清点核对、账款核对和清查小组定期或不定期的清查与核对。清查前，出纳人员应将截至清查时已办妥的现金收付凭证全部登记入账，并结出现金余额。清查结束，应将清查结果与库存现金日记账核对的情况填制"库存现金盘点报告表"（见表 7 - 1），并由清查人员和出纳员共同签章方能生效。

表 7 - 1　　　　　　　　　　　库存现金盘点报告表

单位名称：　　　　　　　　　　　年　月　日　　　　　　　　　　　单位：元

实存金额	账面金额	清点差异		差异原因
		盘盈数	盘亏数	

负责人（签章）：　　　　　　清查人（签章）：　　　　　　出纳员（签章）：

库存现金清查中应注意以下问题：

（1）清查时出纳人员必须在场。不仅要检查账实是否相符，还应查明现金管理工作是否符合现金的管理制度和财经纪律，如白纸收据、借条不能抵充现金实际库存数，有无坐支情况发生，企业库存现金分放两处或两处以上的应同时清查或先封存再依次清查。

（2）发现现金盈余或短缺，应尽快查明差异原因，并在库存现金盘点报告表中列明实存、账存及盈余金额和原因，及时报告有关负责人，根据不同情况作出处理。

二、银行存款的清查

银行存款的清查方法是账目核对，即将本单位"银行存款日记账"与本单位开户行送来的"银行对账单"进行逐笔核对。若双方的记录均无记账错误而结果仍不一致，那么应是由于"未达账项"造成的。

"银行对账单"是银行按照企业收付存款逐笔输出的账页，它完整地记录了企业存放在银行的每笔款项的增减变动情况及其余额，是进行银行存款清查的重要依据。

所谓"未达账项"是指在企业和其开户银行之间，对于同一项经济业务的记录，一方已登记入账而另一方尚未入账的款项。产生"未达账项"的原因主要是因为企业和银行都是根据同一套原始凭证记账，在凭证的传递过程中，只能先传递到企业或银行的某一方，这样就使得双方取得凭证的时间不同，导致双方的记账时间不一致，由此发生一方已入账而另一方未收到原始凭证而未入账的情况。

"未达账项"一般有两种类型：一是企业已入账而银行尚未入账的款项；二是银行已入账而企业尚未入账的款项。具体包括以下四种情况：

（1）企业已收款入账，银行尚未入账的款项；

（2）企业已付款入账，银行尚未入账的款项；

（3）银行已收款入账，企业尚未入账的款项；

（4）银行已付款入账，企业尚未入账的款项。

由于"未达账项"会引起企业登记的"银行存款日记账"余额与其开户行送来的"银行对账单"余额不一致，为消除"未达账项"的影响，企业应在收到"银行对账单"时，首先排除因记账错误而导致的余额不等问题，再将"银行对账单"与企业的"银行存款日记账"逐笔核对，仔细查找企业与银行之间的未达账项后，应填制"未达账项登记表"（表7-2），并根据核对结果编制"银行存款余额调节表"（表7-3）。

表7-2　　　　　　　　　　　未达账项登记表

年　　月　　日

序号	企业未入账	金额	备注	序号	银行未入账	金额	备注

核对人：　　　　　　　　　　　　　　　　出纳员：

【例7-2】某企业2008年8月31日银行存款日记账的余额为36 000元，银行对账单的余额为59 000元，经核对发现以下未达账项：

（1）收到某公司汇来的购货款 7 500 元，银行已记增加，企业尚未记增加；

（2）企业将收到的销售货款 21 000 元存入银行，企业已记银行存款增加，而银行尚未记增加；

（3）企业开出转账支票 38 000 元支付购料款，企业已记银行存款减少，而银行尚未记减少；

（4）银行代企业支付水电费 1 500 元，银行已记减少，企业尚未记减少。

调整后的双方余额应该相符。其计算公式如下：

企业银行存款日记账余额 + 银行已收企业未收款项 − 银行已付企业未付款项 = 银行对账单的余额 + 企业已收银行未收款项 − 企业已付银行未付款项

根据上述资料编制"银行存款余额调节表"（表 7 - 3）。

表 7 - 3

银行存款余额调节表

××年 8 月 31 日 单位：元

项　目	金额	项　目	金额
调整前企业存款日记账账面余额	36 000	调整前银行对账单余额	59 000
加：银行已入账，企业未入账的收入款项　（某公司汇入的购货款）	7 500	加：企业已入账，银行未入账的收入款项　（企业收到销售货款）	21 000
减：银行已入账，企业未入账的支出款项　（银行代付水电费）	1 500	减：企业已入账，银行未入账的支出款项　（企业开出转账支票）	38 000
调整后的存款余额	42 000	调整后的存款余额	42 000

核对人： 出纳员：

在会计实务中，"银行存款余额调节表"只能作为核对企业银行存款日记账和银行对账单的依据，不能作为调整企业银行存款日记账或其他账户的依据，即不能在编制"银行存款余额调节表"后调整账簿记录，或做任何账务处理，只有当企业收到有关原始凭证之后才能进行相应的账务处理。

三、实物财产的清查

实物财产的清查主要包括存货和固定资产清查，清查时有关负责人和实物财产保管人员必须在场，以明确经济责任；对清查的实物要逐一清点，防止重复盘点或遗漏盘点；清查时除盘点各种财产物资的数量外，还应注意其质量是否完好，有无缺损、霉烂变质、过时物资等情况；清查过程中应填制有关凭证，作为记录清查情况和会计调整账面记录的依据。

（一）实物财产清查的技术方法

在清查过程中，根据实物的不同特点可分别采用实地盘点法、技术推算盘点法、抽样盘点法、函证核对法等不同方法。

1. 实地盘点法

实地盘点法是指通过点数或运用度、量、衡等计量工具，逐一确定被清查实物实有数的一种方法。适用于可以逐一点数、丈量、过磅的实物清查。

2．抽样盘点法

抽样盘点法是指从总体中选取所需个体，通过盘点个体的数量，推断出总体数量的方法。适用于价值小、数量多、重量比较均匀的实物清查。

3．技术推算盘点法

技术推算盘点法是指按照一定的标准推算出实物实有数的方法。具体做法是通过量方、计尺等方法确定有关数据，然后据以计算其总体重量。适用于大量成堆、价廉笨重且难以逐一点数、丈量、过磅的实物的清查。

4．函证核对法

函证核对法是指对于委托外单位加工或保管的物资，采用向对方单位发函调查，并与本单位的账存数相核对的方法。

实物财产的清查是各种清查中工作量最大的部分，每种清查方法所针对的清查对象各有不同，但最重要的是在清查前要准备和调试好各种度、量、衡计量工具及盘点报告表。

（二）实物财产清查的原始凭证

在实物清查过程中，清查人员需要将各项清查结果登记在有关的盘点报告表中，这些表格就是记录清查情况和进行会计核算的原始凭证。根据需要一般可以填制以下几种原始凭证。

1．财产物资盘存单

"财产物资盘存单"简称"盘存单"（表7-4），是用来记录和反映各种财产物资在盘点日实有数量和质量的原始凭证。实物盘点后，应将盘点的数量和质量，如实地填写入"盘存单"。"盘存单"中各项实物类别、编号、名称和计量单位等，必须和核算中所采用的一致，以便与账面资料进行核对。为明确经济责任和保证盘点结果的可靠性，参加清查工作的人员和实物保管人员均应在"盘存单"上签名。为提高盘点效率，保证盘点质量，企业应在盘点前根据清查范围，将"财产编号"和"财产名称"等项目填写在盘存单中，编表造册，防止漏盘。

表7-4　　　　　　　　　　　　　**财产物资盘存单**

_____年___月___日

单位名称_____　　　　　　　　　　财产编号_____

财产类别_____　　　　　　　　　　存放地点_____

财产编号	财产名称	计量单位	盘点数量	单价	金额	备注

负责人：　　　　　　　　　　　　　　　　　　　　保管人：

2. 账存实存对比表

"账存实存对比表"是用来记录和反映各种财产物资的账存数和实存数及其差异数的原始凭证。在实际工作中，为简化编表工作，"账存实存对比表"一般只填列账实不符的各种财产物资。会计部门根据"盘存单"上所列各种财产物资的盘点数量，及时地与账面记录数量进行核对，填制"账存实存对比表"。与"盘存单"不同的是，"账存实存对比表"主要是反映盘盈盘亏情况，所以也称为"盘点盈亏报告单"（表7-5）。

表7-5 账存实存对比表

单位名称：　　　　　　　　　　　　　　　　　　　_____年___月___日

财产编号	财产类别	财产名称	计量单位	单价	实存		账存	盘盈	盘亏	备注
					数量	金额				

负责人：　　　　　　　　　　　　　　　　　　　　　　保管人：

3. 积压变质报告单

"积压变质报告单"是用来记录和反映清查过程中发现的各种积压呆滞、残损变质财产物资的原始凭证。在清查过程中，发现积压变质物资时应另行堆放，并如实填制积压变质报告单说明情况，提出处理意见，报请审批后作出账务处理。积压变质报告单的格式如表7-6所示。

表7-6 积压变质报告单

财产类别：　　　　　　　　　　　　　　　　　　　_____年___月___日

财产编号	财产名称	规格型号	计量单位	盘点数量	单价	金额	处理建议	备注
审批意见：								

负责人：　　　　　　　　　　　　　　　　　　　　　　保管人：

企业委托外单位加工、保管、代销的财产物资，可通过信件询证等办法进行核对。对于不属于本企业的物资，如代管、代加工物资也混入本企业的盘存单应单独填列。

四、往来款项的清查

往来款项的清查是指对各种应收、应付款项的清查，其清查方法是采取同对方单位核对账目的方法，具体做法是：

其一，检查本单位账面记录往来款项，做到准确无误，编制对账单；

其二，在第一步的基础上，通过电函、信函寄发或派人送交"对账单"给对方面询等方式，请对方核对；

其三，将经过对方逐笔勾对、注明核对结果、盖章、核对完毕的回单联取回，据以编制"往来款项清查报告单"（表7-7）。若有未达账项的调整，其方法类似于银行存款清查时采用的调整方法。

表7-7　　　　　　　　　　往来款项清查报告单

编制单位：　　　　　　　　　　　　　　　　　　　　　　　　　　单位：元

总账及明细分类账名称	账面金额	对方对账结果	核对不符原因分析		其他	备注
			未达账项	有争议金额		

清查人：　　　　　　　　　　　　　　　　　　　　　记账：

第四节　财产清查的账务处理

一、财产清查结果的处理程序

财产清查结果是指企业对各项财产实存数与账面数对比的结果，一般有两种情况，即账实相符或账实不符。当账面数大于实存数为盘亏；反之则为盘盈。为保证财产清查结果处理的正确性，企业应按照国家有关财务制度规定，在清查后结账前做好以下工作：

（1）明确经济责任，查明盈亏原因。清查工作结束后，要确认、核准货币资金、财产物资和往来款项的盈亏金额，查明、分析盈亏原因。对于个人失职造成的损失应由当事人赔偿；对于定额内或自然原因引起的损耗，应根据有关规定及时转销；对于有争议的往来款项应与对方协商解决或提请有关部门裁决；对于玩忽职守或贪污盗窃等违法行为造成的损失，应追缴赃款赃物和处以罚金，直至追究刑事责任。

（2）调整账簿记录，保证账实相符。为保证会计信息的真实准确，无论盘盈或盘亏，都必须按照实存数调整财产物资的账面记录,并使其账实相符。其次,对于不能直接转销的盈亏结果,不能直接注销相应的账簿记录,而应按照会计制度规定在特定的会计科目中进行登记。经上级或有关部门做出批复后,才能按盈亏数额调整收益或费用。

(3)总结财产管理经验,提高管理水平。财产清查的最终目的是在保证账实相符的前提下,加强企业财产物资的管理。通过财产物资的清查能够发现财产物资管理中的问题,以便提出改进工作的措施,积极处理超储积压物资、呆滞商品以及多余存货,做到物尽所用;通过清理长期拖欠的债权债务,指定专人负责,限时清偿或及时注销,剔除不实信息,找出管理上的薄弱环节,建立健全相应的财产物资管理制度,尤其是岗位责任制和内控制度,有利于提高财产物资的使用效率和保证其安全完整。

二、财产清查结果的账务处理

(一)账户设置

为了反映和监督财产清查中各种财产物资的盈亏、毁损及处理情况,应设置"待处理财产损溢"账户(表7-8)。

表7-8

借方	待处理财产损溢	贷方
盘点后报批前的财产盘亏或毁损数 批准转销的财产盘盈数	盘点后报批前的财产盘盈数 批准转销的财产盘亏数	
期末余额:待处理财产的净损失	期末余额:待处理财产的净溢余	

该账户按其反映的经济内容属资产类账户,但由于同时反映财产物资的盘盈和盘亏两种结果,其账户结构兼有双重性质,月末余额可能在借方也可能在贷方,如果清查的结果全部转销完毕,该账户应无余额。

平时,该账户的借方登记盘点后报批前的财产盘亏数或毁损金额,贷方登记盘点后报批前的财产盘盈金额。当上级批复意见下达后,应将盘亏或毁损的金额从该账户的贷方转销,盘盈的金额从该账户的借方转销。期末,该账户如果有借方余额,表示待处理财产的净损失,即盘亏或毁损大于盘盈的金额;如果期末余额在贷方,表示待处理的财产物资的净溢余,即盘盈大于盘亏或毁损金额。该账户下设"待处理固定资产损溢"和"待处理流动资产损溢"两个明细账户。

(二)账务处理

1. 财产盘盈的账务处理

企业在财产清查中发生盘盈时,应根据"库存现金盘点报告单"、"实存账存对比表"等原始凭证编制记账凭证,并通过"待处理财产损溢"账户进行账务处理。对于已经确认的盘盈数,应借记"库存现金"、"原材料"、"生产成本"、"库存商品"、"固定资产"等资产科目,贷记"待处理财产损溢",待查明原因后再转销。一般情况下,对于流动资产的盘盈数可冲减"管理费用",固定资产盘盈可转作"营业外收入"。

【例7-3】某企业2008年6月进行库存现金清查中发现现金溢余400元,原因不明待查。根据"库存现金盘点报告单"编制会计分录如下:

借：库存现金 400

  贷：待处理财产损溢——待处理流动资产损溢 400

经反复核查，仍未查明原因，报经批准转作营业外收入处理时：

借：待处理财产损溢——待处理流动资产损溢 400

  贷：营业外收入 400

【例7-4】某企业在财产清查中盘盈A材料2 000千克，每千克计划成本5元。经核实是由于存货收发计量器具产生的定额内误差所致，根据"实存账存对比表"进行账务处理如下：

借：原材料——A材料 10 000

  贷：待处理财产损溢——待处理流动资产损溢 10 000

批准以后，计入管理费用：

借：待处理财产损溢——待处理流动资产损溢 10 000

  贷：管理费用 10 000

【例7-5】某企业在财产清查中发现账外设备一台，其重置完全价值为86 000元，估计已提折旧额32 000元，报经批准之前其账务处理如下：

借：固定资产 86 000

  贷：累计折旧 54 000

    待处理财产损溢——待处理固定资产损溢 32 000

上述盘盈设备，按规定程序批准后转账，其会计分录为：

借：待处理财产损溢——待处理固定资产损溢 32 000

  贷：营业处收入 32 000

2. 财产盘亏的账务处理

企业在财产清查中发生盘亏时，应根据"库存现金盘点报告单"、"实存账存对比表"等原始凭证编制记账凭证，并通过"待处理财产损溢"账户进行账务处理。对于已经确认的盘亏数，应借记"待处理财产损溢"，贷记"库存现金"、"原材料"、"生产成本"、"库存商品"、"固定资产"等资产科目，待查明原因后再转销。对于盘亏的流动资产应当首先查明经济责任，以便索赔。一般情况下，对于由过失人或保险公司负责赔偿的损失应借记"其他应收款"，属于企业管理制度问题造成的盘亏应借记"管理费用"，属自然灾害引起的非正常损失应借记"营业外支出"。

【例7-6】某企业2008年8月进行库存现金清查中发现现金短款300元，原因不明待查。根据"库存现金盘点报告单"编制会计分录如下：

借：待处理财产损溢——待处理流动资产损溢 300

  贷：库存现金 300

经查实，该短款属于出纳员周明的责任，应由出纳员赔偿：

借：其他应收款——周明 300

  贷：待处理财产损溢——待处理流动资产损溢 300

如果该笔短款无法查明原因，按照管理制度规定经有关部门批准，其会计分录为：

借：管理费用 300

  贷：待处理财产损溢——待处理流动资产损溢 300

【例7-7】某企业本月甲产品盘亏160千克，实际单位成本50元。经查明属于定额内合理损耗。根据"实存账存对比表"进行账务处理如下：

借：待处理财产损溢——待处理流动资产损溢　　　　　　　　　8 000
　　贷：库存商品——甲产品　　　　　　　　　　　　　　　　　8 000

经批准同意计入管理费用时：

借：管理费用　　　　　　　　　　　　　　　　　　　　　　　8 000
　　贷：待处理财产损溢——待处理流动财产损溢　　　　　　　　8 000

【例7-8】某企业盘亏B材料6吨，每吨200元。经查明该项损失是由过失人造成的材料毁损，残料价值300元，应由过失人钟洪赔偿800元，余款计入管理费用。根据"实存账存对比表"进行账务处理如下：

借：待处理财产损溢——待处理流动资产损溢　　　　　　　　　1 200
　　贷：原材料——B材料　　　　　　　　　　　　　　　　　　1 200

批准后由过失人赔偿部分应记为：

借：其他应收款——钟洪　　　　　　　　　　　　　　　　　　800
　　贷：待处理财产损溢——待处理流动资产损溢　　　　　　　　800

残料作价入库时应记为：

借：原材料——B材料　　　　　　　　　　　　　　　　　　　300
　　贷：待处理财产损溢——待处理流动资产损溢　　　　　　　　300

扣除过失人的赔款和残值后的净盘亏数计入管理费用时：

借：管理费用　　　　　　　　　　　　　　　　　　　　　　　100
　　贷：待处理财产损溢——待处理流动资产损溢　　　　　　　　100

【例7-9】某一般纳税企业在财产清查中，发现毁损的C材料一批，采购成本9 000元，该企业增值税适用税率为17%。经查明，该材料盘亏属于非常事故造成的损失。

按照税法规定，增值税一般纳税企业发生盘亏或毁损的存货所含增值税中的进项税额是不能抵扣的，因此进行有关账务处理时应从"应交税费——应交增值税"中转出，存货损失应包括存货成本和进项税额。上例中，盘亏的C材料在批准前将存货账面记录调整为实存数时，应编制如下会计分录：

借：待处理财产损溢——待处理流动资产损溢　　　　　　　　　10 530
　　贷：原材料——C材料　　　　　　　　　　　　　　　　　　9 000
　　　　应交税费——应交增值税（进项税额转出）　　　　　　　1 530

经批准后计入营业外支出时：

借：营业外支出　　　　　　　　　　　　　　　　　　　　　　10 530
　　贷：待处理财产损溢——待处理流动资产损溢　　　　　　　　10 530

【例7-10】某企业在财产清查中发现盘亏设备一台，其原价为550 000元，累计折旧28 000元。其账务处理如下：

对于盘亏的固定资产，企业应按盘亏固定资产的净值借记"待处理财产损溢"账户，按已提折旧额借记"累计折旧"账户，按原值贷记"固定资产"账户。按规定程序批准后，再按盘亏固定资产的净值借记"营业外支出"账户，贷记"待处理财产损溢"账户。

借：待处理财产损溢——待处理固定资产损溢　　　　　　　　522 000

　　累计折旧　　　　　　　　　　　　　　　　　　　　　　28 000

　　贷：固定资产　　　　　　　　　　　　　　　　　　　　　　　　550 000

上述盘亏设备按规定程序批准后转账时：

借：营业外支出　　　　　　　　　　　　　　　　　　　　　28 000

　　贷：待处理财产损溢——待处理固定资产损溢　　　　　　　　　28 000

3. 往来款项清查结果的账务处理

在财产清查过程中，发现长期未收回的款项，应查明原因，追究责任。对确实无法收回的，应按企业管理制度，报经有关管理部门批准，作为坏账损失予以转销。

坏账是指企业无法收回或收回的可能性极小的各种应收款项。因坏账而造成的损失称为坏账损失。坏账的转销在账务处理上主要有"备抵法"和"直接转销法"两种。采用备抵法核算的企业，因平时已提取坏账准备，转销坏账时应冲减坏账准备金；采取直接冲销法的企业，则将坏账损失直接计入当期损益。

【例 7－11】企业应收某公司货款 60 000 元，经查证确属无法收回。该企业采取备抵法核算，其账务处理如下：

借：坏账准备　　　　　　　　　　　　　　　　　　　　　60 000

　　贷：应收账款——某公司　　　　　　　　　　　　　　　　　　60 000

【例 7－12】假设上例中企业在转销后又收回 8 000 元货款，存入银行。

已确认并转销的坏账损失，如果以后又收回，按实际收回的金额，做上述相反分录；同时，借记"银行存款"账户，贷记"应收账款"账户。其账务处理如下：

借：应收账款——某公司　　　　　　　　　　　　　　　　8 000

　　贷：坏账准备　　　　　　　　　　　　　　　　　　　　　　　8 000

同时：

借：银行存款　　　　　　　　　　　　　　　　　　　　　8 000

　　贷：应收账款——某公司　　　　　　　　　　　　　　　　　　8 000

若案例 7－10 采用直接冲销法核算，其账务处理如下：

借：管理费用　　　　　　　　　　　　　　　　　　　　　60 000

　　贷：应收账款　　　　　　　　　　　　　　　　　　　　　　　60 000

若以后又收回，按实际收回的金额，一方面做上述相反分录；另一方面借记"银行存款"，贷记"应收账款"。

【例 7－13】某企业在财产清查中，发现无法支付的应付账款 30 000 元，经批准予以转销。

在会计实务中，由于债权单位撤销或关闭等原因造成债务单位长期应付而无法支付的款项，经批准予以转销。债务单位对于无法支付的款项在批准前不作账务处理，即不需通过"待处理财产损溢"账户进行核算。按规定的程序批准后，债务单位将应付款项转作"资本公积"账户。其账务处理如下：

借：应付账款　　　　　　　　　　　　　　　　　　　　　30 000

　　贷：资本公积　　　　　　　　　　　　　　　　　　　　　　　30 000

 课后练习

一、单项选择

1. 财产清查按照清查的对象和范围可以分为（　　）。
   - A. 全面清查和局部清查
   - B. 定期清查和不定期清查
   - C. 财产清查和债务清查
   - D. 年终清查和日常清查

2. 对现金的清查所采用的方法是（　　）。
   - A. 实地盘点法
   - B. 账面价值法
   - C. 技术推算法
   - D. 查询核实法

3. 通常在年终决算之前，要（　　）。
   - A. 对企业所有财产进行技术推算盘点
   - B. 对企业所有财产进行全面清查
   - C. 对企业一部分财产进行局部清查
   - D. 对企业流动性较大的财产进行全面清查

4. 在记账无误的情况下，银行对账单与企业银行存款日记账账面余额不一致的原因是（　　）。
   - A. 由于坏账损失造成的
   - B. 由于未达账项造成的
   - C. 由于应收账款造成的
   - D. 由于应付账款造成的

5. 通过盘点先确定期末存货的数量，然后推算出本期发出存货的数量，这种方法称之为（　　）。
   - A. 永续盘存制
   - B. 实地盘存制
   - C. 权责发生制
   - D. 收付实现制

6. 企业的存货资产在盘盈盘亏后、报经批准前，应通过（　　）账户核算。
   - A. 待处理财产损溢
   - B. 固定资产清理
   - C. 在建工程
   - D. 管理费用

7. 企业银行存款日记账与银行对账单的核对属于（　　）。
   - A. 账证核对
   - B. 账账核对
   - C. 账实核对
   - D. 账表核对

8. 技术推算法适用于（　　）。
   - A. 流动性较大的物资
   - B. 固定资产
   - C. 大量成堆难以逐一清点的存货
   - D. 检查账表是否相符

9. 银行存款的清查是将（　　）进行核对。
   - A. 银行存款日记账与总账
   - B. 银行存款日记账与银行存款收、付款凭证
   - C. 银行存款日记账与银行对账单
   - D. 银行存款总账与银行存款收、付款凭证

10. 存货在存储中发生定额内损耗，在批准处理前，应记入（　　）账户。
    A. "待处理财产损溢"　　　　　　　B. "管理费用"
    C. "营业外支出"　　　　　　　　　D. "其他应收款"

11. 盘盈现金时，批准前，应借记（　　）科目。
    A. "待处理财产损溢"　　　　　　　B. "其他应付款"
    C. "库存现金"　　　　　　　　　　D. "营业外收入"

12. 对于长期挂账的应收款项在批准转销时，若采用"备抵法"应借记（　　）账户。
    A. "营业外支出"　　　　　　　　　B. "待处理财产损溢"
    C. "应付账款"　　　　　　　　　　D. "坏账准备"

13. 盘亏的固定资产经批准后，应借记（　　）科目。
    A. "待处理财产损溢"　　　　　　　B. "营业外收入"
    C. "营业外支出"　　　　　　　　　D. "累计折旧"

14. 盘盈的固定资产经批准前，应借记（　　）科目。
    A. "待处理财产损溢"　　　　　　　B. "固定资产"
    C. "营业外收入"　　　　　　　　　D. "累计折旧"

15. 没收的押金，应借记（　　）科目。
    A. "待处理财产损溢"　　　　　　　B. "应付账款"
    C. "库存现金"　　　　　　　　　　D. "管理费用"

二、多项选择

1. 财产物资盘存制度有（　　）。
    A. 权责发生制　　　　　　　　　　B. 永续盘存制
    C. 收付实现制　　　　　　　　　　D. 实地盘存制

2. 全面清查适用于（　　）。
    A. 年终决算前　　　　　　　　　　B. 单位撤销
    C. 资产评估　　　　　　　　　　　D. 单位合并

3. 不定期清查适用于（　　）。
    A. 更换财产保管人　　　　　　　　B. 发生自然灾害损失
    C. 发生意外损失　　　　　　　　　D. 更换现金保管人

4. 财产清查按照清查时间可以分为（　　）。
    A. 全面清查　　　　　　　　　　　B. 局部清查
    C. 定期清查　　　　　　　　　　　D. 不定期清查

5. 下列中可用作原始凭证的是（　　）。
    A. 实存账存对比表　　　　　　　　B. 现金盘点报告表
    C. 未达账项登记表　　　　　　　　D. 往来款项清查报告单

6. 对于固定资产和存货等各项财产物资的数量清查，一般采用（　　）。
    A. 账面价值法　　　　　　　　　　B. 实地盘点法

    C．技术推算法   D．查询核实法

7．实地盘点法一般适用于（   ）的清查。

    A．各项实物财产物资   B．银行存款

    C．库存现金   D．应付账款

8．未达账项属于（   ）清查。

    A．企业已经入账银行尚未入账的收入事项

    B．企业已经入账银行尚未入账的付款事项

    C．银行已经入账企业尚未入账的收入事项

    D．银行已经入账企业尚未入账的付款事项

9．对财产物资数量的清查一般采用（   ）。

    A．实地盘存制   B．实地盘点法

    C．技术推算法   D．全面清查

10．财产清查结果会出现（   ）等情况。

    A．账实一致   B．账存数大于实存数

    C．毁损   D．账存数小于实存数

三、正误判断

1．财产清查是会计核算方法之一。 （   ）

2．工作人员由于失误造成现金、银行存款和应收款项损失属于正常原因。 （   ）

3．出纳人员在发现短款时应在当日进行现金短款处理，若发现长款则可在次日处理。

                                                     （   ）

4．按财产清查的清查主体划分，财产清查可以分为内部清查和外部清查。 （   ）

5．货币资金的清查主要是对现金和银行存款的清查。 （   ）

6．银行存款余额调节表是更改账簿记录的依据。 （   ）

7．往来款项的清查方法一般采用信函查询，或开出结算资金核对表，与对方单位核对账目。 （   ）

8．采用实地盘存制进行存货类账户记录，可以逐日逐笔连续反映各项存货的收入、发出和结存情况。 （   ）

9．银行存款日记账余额与银行对账单余额不符的原因可能是由于未达账项。 （   ）

10．对库存现金的账实差异一般不通过“待处理财产损溢”账户反映。 （   ）

11．经批准，盘亏设备的净值一般转作管理费用。 （   ）

12．企业财产清查结果的账务处理必须通过设置的“待处理财产损溢”账户进行。

                                                     （   ）

第八章　财务报表

本章教学内容提示

　　本章主要介绍财务报表的意义、作用和分类，财务报表的编制要求和基本编制方法。

本章教学要点概览

概念

G1 财务报表

G2 资产负债表

G3 利润表

G4 现金流量表

分析

F1 财务报表的意义

F2 财务报表的分类和编制要求

F3 财务报表项目与对应会计科目的区别与联系

F4 资产负债表的基本结构和编制方法

F5 利润表的基本结构和编制方法

F6 现金流量表的基本结构和编制方法

计算

J1 资产负债表各报表项目的计算

J2 利润表各报表项目的计算

实务

S1 资产负债表的编制

S2 利润表的编制

　　会计工作的目的是为信息使用者提供财务信息，财务信息的最终形式就是财务报表。财务报表是财务报告的重要组成部分，主要包括财务报表和财务报表附注。财务报表是以表格的形式反映企业的财务信息，财务报表附注则是以文字的形式对财务报表中的个别项目做详细说明。本章重点介绍企业财务报表中的资产负债表和利润表的有关内容。

第一节　财务报表的概述

一、财务报表的意义

　　财务报表是根据日常核算资料编制，用来综合反映企业某一特定日期财务状况和某一会计期间经营成果与现金流量的书面文件。财务报表是企业对外提供财务信息的主要工具和重要载体，是企业会计工作的一项重要内容。

　　在现代会计中，财务信息是一个完整的信息系统，财务报表是这个系统的最后结果。毫无疑问，在这个信息系统中，所有的会计资料都能够为信息使用者提供信息，如会计凭证是按每笔经济业务来反映会计主体的经营活动情况，而会计账簿则是按每个会计科目反映企业经济活动的增减变动和结存情况。但这种分散的、不集中的方式，不利于管理者和其他信息使用者在尽可能短的时间内了解企业经济活动的整体情况。为达此目的，会计人员必须在对会计凭证和会计账簿资料进行整理、归类、计算、加工的基础上，按照会计准则的要求，汇总编制财务报表，为会计信息使用者提供更为简略、概括的财务信息。财务报表就是以最概括、便捷的方式向信息使用者提供企业经营活动和财务状况全貌的载体。

　　财务信息的使用者主要来自企业内部和外部的两个方面。从外部看，主要有投资者、债权人和其他与企业有经济利害关系的外部集团，国家经济管理部门以及社会公众；从内部看，主要是企业内部的经营管理者。不同的财务信息使用者对财务信息的需求不同，使用财务报表的目的不同，财务报表所起的作用也不同。

　　（1）企业的投资人、债权人和其他与企业有经济利害关系的外部集团通过查阅财务报表，可以了解企业的偿债能力、获利能力及投资回报和利润分配等情况，分析企业经营活动范围及发展趋势，并据以做出投资、融资和信贷决策。在投资人队伍中，还有一种是潜在的投资人，他们存在于社会公众之中。作为潜在的投资人，他们也会随时关注企业的财务信息，以便确认企业是否具有投资价值，并通过对企业的发展趋势进行判断，做出是否投资的决策。

　　（2）企业管理者根据财务报表，可以全面系统地了解企业经营状况、财务状况和经营成果，检查财务计划执行情况，发现经营管理中存在的问题，以便及时采取措施，改善经营管理，提高经济效益。此外，由于财务报表特别的报表格式，企业可以利用财务报表中有关的报表项目，采用计算、对比、分析的方法，掌握不同会计期间的财务指标变化情况，为企业经营预测和决策提供有关信息。

　　（3）国家经济管理部门通过对企业财务报表的归类汇总，可以分析国家宏观经济运行的基本情况，以促进社会资源合理分配，为宏观管理和调控提供依据。尤其是国家财政、税务、审计等有关部门，根据财务报表，可以掌握企业利润、税金的计提和解缴情况，以及资金的使用情况和财务管理状况，确保国家税款及时全额入库，为全面贯彻财经方针和政策提供直接依据。

由此看出，财务报表的编报，对投资者、债权人、政府管理部门以及企业自身都具有十分重要的意义，因为财务报告所反映的财务信息能帮助他们作出正确决策提供重要依据。

二、财务报表的种类

按照财政部 2006 年颁发的《企业会计准则第 30 号——财务报表列报》的规定，企业的财务报表至少应当包括资产负债表、利润表、现金流量表、所有者权益（或股东权益，下同）变动表和附注。财务报表可以按照不同标志进行如下分类：

（1）按照财务报表的编报时间分类，可分为中期财务报表和年度财务报表。中期财务报表包括月度、季度、半年度财务报表。月度财务报表是每月末编报的财务报表，是反映企业本月经营成果与月末财务状况的报表。季度财务报表是每季末编报的财务报表，是反映企业一个季度的经营成果与季末财务状况的报表。年度财务报表是每年末编报的财务报表，是用以全面反映企业全年的经营成果、年末的财务状况以及年内现金流量的报表，是企业年度经济活动的总结性报告。

（2）按照财务报表反映的经济内容分类，可分为主要报表和附表。主要报表简称主表，是用以反映企业主要经营活动及其成果的财务报表，如资产负债表、利润表、现金流量表、所有者权益变动表及其附注。附表是对企业主表中某一项目或某些项目的经济内容进行具体补充说明的报表，如主营业务收支明细表、管理费用明细表、应交增值税明细表等。

（3）按照财务报表的编制单位分类，可分为单位财务报表和汇总财务报表。单位财务报表是由基层单位在自身会计核算的基础上，按照规定编制，对账簿记录进行加工而编制的财务报表，它只反映基层单位自身的经营活动情况。汇总财务报表是指由主管部门或上级机关，根据所属企业报送的财务报表，连同本单位财务报表汇总编制的综合性财务报表。

（4）按照财务报表的服务对象分类，可分为外部财务报表和内部财务报表。外部财务报表是为企业外部的信息使用者编制的财务报表，包括资产负债表、利润表、现金流量表等。虽然这些报表也可用于企业内部管理，但更侧重于企业财务信息外部使用者的信息要求。因此，国家在外部财务报表的项目、名称、格式、填报方法、时间等方面都有严格的规范。内部财务报表是因内部管理需要编制的财务报表，其目的是为满足企业管理者进行内部控制、预测和决策的需要。这类报表通常无统一格式，内容也多由企业自行决定，报表内容无需对外公开。

（5）按照财务报表的数字内容分类，可分为个别报表和合并报表。个别报表指以单个的独立法人作为会计主体编制的财务报表，它反映某个企业的财务状况、经营成果和现金流量，它是编制合并报表的基础。合并报表是以个别财务报表为基础编制的财务报表，它是直接通过个别财务报表相加得出汇总数后，抵消重复因素，得到合并数编制而成。合并会计报表的编制单位可以是母公司，也可以是控股公司。

三、财务报表的编制要求

企业编制财务报表的基本要求是应符合会计准则对会计信息质量特征的要求，财务报表的种类、格式、内容和编制方法应遵循国家统一会计制度的规定。为保证财务报表质量，企业在编制财务报表时应当满足以下具体要求：

（一）数字真实

财务报表是财务信息使用者进行预测、决策的基础。真实的财务报表信息有利于他们做出正确估计、判断。为了保证财务报表的真实性，企业必须根据真实的交易事项进行相关的账务处理。在编制报表之前，检查账册，保证账簿与账簿之间的有关数字相等；认真做好财产清查。在编制报表时，应做到账账、账表、账实之间相符，并以审核无误的账簿资料作为依据来编制报表。财务报表中的各项数据必须真实可靠，计算准确。企业不能以虚假的经济业务事项或者资料来进行核算，不能以估计数字填列报表，更不能弄虚作假、伪造报表信息，不得以任何方式弄虚作假。

（二）计算准确

各种财务报表项目的金额主要来自日常的账簿记录。但是，编制财务报表并不完全是账簿数字的简单摘抄。在财务报表中，有部分报表项目的金额需要将有关会计科目的金额进行分析、计算整理后才能填列；同时，报表项目之间也存在着一定的勾稽关系。所以，应当采用正确的计算方法，保证结果计算准确。

（三）内容完整

企业财务报表是一个完整的指标体系，编制的财务报表应当全面披露企业的财务状况、经营成果和现金流动情况，完整地反映企业经营活动的过程和结果，以满足各有关方面对财务信息的需要。对于不同会计期间应编报的各种财务报表，应按要求编报齐全；对于应当填列的项目，无论是表内项目或是补充资料，都必须填列齐全。报表中需要加以说明的项目，应在报表附注中用文字简要说明。总之，财务报表必须按照规定的报表种类、格式和内容来编制，不得漏编漏报或任意取舍。

（四）报送及时

财务报表的信息具有很强的时效性，只有及时编制和报送财务报表才能为使用者提供决策所需信息。为了切实发挥财务报表的作用，企业必须按规定的期限和程序，及时编制和报送报表及有关资料，以便财务信息使用者及时了解编报单位的财务状况和经营成果，便于有关部门和地方财政部门及时进行汇总；否则，即使财务报表的编制完全符合真实、全面、完整的要求，也会由于编报不及时失去其应有的价值。随着市场经济和信息技术的迅速发展，财务报表的及时性要求将变得日益重要。

第二节　资产负债表

一、资产负债表的意义和作用

资产负债表是反映企业在某一特定日期财务状况的报表。它是全面反映企业的资金在相对静止状态下的资产、负债、所有者权益情况的报表，是静态财务报表。对于财务信息使用者而言，资产负债表的作用主要表现在以下方面：

（1）根据企业拥有或控制的经济资源及其分布情况，有利于了解企业的经营规模，分析企业的资产结构，正确评估不同资产的变现能力，判断企业整体的经济实力。

（2）根据企业债务状况，并通过资产与负债项目的对比，有利于评价企业的短期偿债能力和长期偿债能力。

（3）根据财务报表反映的所有者权益状况，了解企业资产中投资人投入资本所占份额，掌握权益的结构情况。

（4）通过对各会计期间资产、负债和所有者权益项目变化的比较，有利于了解企业管理人员是否有效地利用了现有的经济资源，资产是否实现了保值增值，以便客观分析、评价、预测企业管理人员的经营业绩。

二、资产负债表的结构和格式

（一）资产负债表的结构

资产负债表的结构从内容上看，包括"资产"、"负债"和"所有者权益"三个部分，三者之间的关系是根据"资产＝负债＋所有者权益"的会计等式建立的。在每一部分中，又是按照一定的分类标准和次序，把企业在某一特定日期的资产、负债和所有者权益各要素进行项目分类和适当排列而成。

从资产负债表的外观形式看，资产负债表通常包括表首和正表。表首部分包括报表名称、编制单位、编制日期和金额的计量单位，它体现了会计主体和会计分期假设的要求。正表部分包括资产、负债和所有者权益各项目的年初数和期末数，是资产负债表的主要部分。

1. 资产类项目

资产类项目按其流动性或变现能力递减的顺序进行排列，流动性或变现能力越强的排序越靠前，总体排列顺序是：流动资产在前，非流动资产在后。流动资产的排列顺序为货币资金、交易性金融资产、应收票据、应收账款、预付账款、应收利息、应收股利、其他应收款、存货等；非流动资产的排列顺序为长期股权投资、固定资产、在建工程、无形资产和其他非流动资产等。

2. 负债类项目

负债类项目按其偿还期限递增的顺序排列，偿还期限越长的排序越靠后，总体排列顺序是：流动负债在前，非流动负债在后。流动负债的排列顺序为短期借款、应付票据、应付账款、预收账款、应付工资、应付福利费、应付股利、应交税费、其他应交款、其他应付款、预提费用和预计负债；非流动负债的排列顺序为长期借款、应付债券、长期应付款、专项应付款、预计负债等。

3. 所有者权益项目

所有者权益项目按与所有者关系的密切程度排列，其排列顺序是：实收资本、资本公积、盈余公积、未分配利润等。

（二）资产负债表的格式

资产负债表的格式主要有账户式和报告式两种。

1. 账户式

账户式资产负债表是将报表分为左右两边，左边列示资产项目，右边列示负债和所有者权益项目（见表8-1）。

表8-1 　　　　　　　　　　　　　**资 产 负 债 表（账户式）**

编制单位：　　　　　　　　　　　　年　月　日　　　　　　　　　　　　单位：元

资　产	期末余额	年初余额	负债和所有者权益	期末余额	年初余额
流动资产：			流动负债：		
其他流动资产			其他流动负债		
流动资产合计			流动负债合计		
非流动资产：			非流动负债：		
长期股权投资			负债合计		
固定资产			所有者权益：		
无形资产			实收资本		
其他非流动资产			资本公积		
非流动资产合计			盈余公积		
			未分配利润		
			所有者权益合计		
资产总计			负债和所有者权益总计		

2. 报告式

报告式资产负债表是将报表项目自上而下排列，最上方列示资产项目，接着列示负债项目，最下方列示所有者权益项目（见表8-2）。在我国，企业资产负债表的格式一般采用账户式。

表8-2 资产负债表（报告式）

编制单位： 年 月 日 单位：元

资　产	期末余额	年初余额
流动资产：		
其他流动资产		
非流动资产：		
长期股权投资		
固定资产		
无形资产		
其他非流动资产		
资产总计		
负债和所有者权益		
流动负债：		
其他流动负债		
非流动负债：		
负债合计		
所有者权益：		
实收资本		
资本公积		
盈余公积		
未分配利润		
负债和所有者权益总计		

三、资产负债表的编制方法

（一）基本方法

（1）资产负债表是以"资产 = 负债 + 所有者权益"的会计等式作为报表编制的理论基础。因此，一张完整的资产负债表必然存在一个恒等关系，这也是验证报表编制结果是否正确的一个最简便的方法。

（2）资产负债表是一种静态报表，其实质是反映会计期末这一特定日期企业资产的存在形态和资金来源情况，因此编制资产负债表的数据来源主要是资产、负债和所有者权益三类会计科目的期末余额；资产负债表项目的列示方式与账户余额方向有密切关系。一般情况下，账户余额为借方的，应列在报表的"资产"方；账户余额为贷方的，应列在报表的"负债和所有者权益"方；若账户余额为借方要列在报表的"资产"方，或账户余额为贷方要列在报表的"负债和所有者权益"方，应以"－"号列示。

（3）由于资产负债表项目与会计科目不是完全直接对应的关系，因此编表时不能直接把资产、负债、所有者权益三类会计科目的期末余额全部直接照搬照抄，而应按照会计准则的要求，根据不同的指标分别处理。

（二）资产负债表的编制

资产负债表中的各项目都列有"年初数"和"期末数"两栏。

"年初数"栏内各项数字，应根据上年末资产负债表"期末数"栏内所列数字填列。如果本年度资产负债表规定的各个项目的名称和内容同上年度不相一致，应对上年年末资产负债表各项目的名称和数字按照本年度的规定进行调整，再填入本表"年初数"栏内。

"期末数"栏内各项目应根据会计账簿的记录填列。前已述及，由于资产负债表是一种静态报表，各项目均反映企业某一时点的指标，所以本表项目主要根据账户期末余额填列。但由于资产负债表各项目与企业账户的设置并不完全一致，因此，在填列时有的项目可以根据账户余额直接填列，有的项目则应根据账户余额计算或分析后填列。具体填列方法如下：

1. 根据某个总账科目余额直接填列

（1）直接根据总账借方余额填列的有："交易性金融资产"、"应收票据"、"应收股利"、"应收利息"、"其他应收款"等项目。

（2）直接根据总账贷方余额填列的有："短期借款"、"应付票据"、"应付利息"、"应付股利"、"其他应付款"、"实收资本"、"资本公积"、"盈余公积"等项目；

（3）直接根据总账科目借方余额填列，若期末余额在贷方，应以"－"号填列：如"固定资产清理"项目。

（4）直接根据总账科目贷方余额填列，若期末余额在借方，应以"－"号填列：如"应付职工薪酬"、"应交税费"等项目。

上述项目可以直接根据有关会计科目余额填列，项目的名称与某些会计科目的名称基本一致（见表8－3）。

表8－3　　　　　　　会计科目与资产负债表项目对照表（一）　　　　　单位：元

顺序号	科目编号	会计科目			资产负债表		报表填列方法
		科目名称	借或贷	月末余额	项目名称	金额	
8	1101	交易性金融资产	借	97 500	交易性金融资产	97 500	1. 直接根据总账科目借方余额填列。
10	1121	应收票据	借	300 000	应收票据	300 000	
13	1131	应收股利	借	627 900	应收股利	627 900	
14	1132	应收利息	借	1 800	应收利息	1 800	
18	1221	其他应收款	借	324 900	其他应收款	324 900	
70	2001	短期借款	贷	525 000	短期借款	525 000	2. 直接根据总账科目贷方余额填列。
79	2201	应付票据	贷	150 000	应付票据	150 000	
84	2231	应付利息	贷	641 600	应付利息	641 600	
85	2232	应付股利	贷	190 984	应付股利	190 984	
86	2241	其他应付款	贷	143 100	其他应付款	143 100	
110	4001	实收资本	贷	3 936 750	实收资本	3 936 750	
111	4002	资本公积	贷	187 500	资本公积	187 500	
112	4101	盈余公积	贷	211 272	盈余公积	211 272	

表8-3(续)

顺序号	科目编号	会计科目			资产负债表		报表填列方法
		科目名称	借或贷	月末余额	项目名称	金额	
55	1606	固定资产清理	借	243 100	固定资产清理	243 100	3. 直接根据总账科目借方余额填列；若期末余额在贷方，以"－"号填列。
82	2211	应付职工薪酬	贷	102 690	应付职工薪酬	102 690	4. 直接根据总账科目余额填列；若期末余额在借方，以"－"号填列。
83	2221	应交税费	贷	218 224	应交税费	218 224	

2. 根据两个及以上总账科目余额分析计算填列

（1）直接根据两个及以上总账科目余额相加填列

如："货币资金"项目，应根据"库存现金"、"银行存款"、"其他货币资金"等总账的期末借方余额的合计数填列（见表8-4）。

表8-4　　　　　　　　　会计科目与资产负债表项目对照表（二）　　　　　　　　单位：元

顺序号	科目编号	会计科目			资产负债表		报表填列方法
		科目名称	借或贷	月末余额	项目名称	金额	
1	1001	库存现金	借	6 000	货币资金	3 777 000	直接根据两个及以上总账科目余额相加填列。
2	1002	银行存款	借	3 750 000			
5	1012	其他货币资金	借	21 000			

（2）根据两个及以上总账科目余额备抵填列

按照企业会计准则规定，凡计提资产减值准备的报表项目，应根据该项目所依据的会计总账余额与其对应的备抵总账余额相减后的净额填列。如："长期股权投资"项目，根据"长期股权投资"总账的期末余额，减去"长期投资减值准备"总账中有关股权投资减值准备期末余额后的金额填列。

"无形资产"和"固定资产"总账期末余额均表示原始价值，但资产负债表上的"无形资产"和"固定资产"项目则要求反映净值。因此，在填列这两个报表项目时，应先将"无形资产"和"固定资产"总账的期末借方余额，分别减去"累计摊销"和"累计折旧"，再分别减去"无形资产减值准备"和"固定资产减值准备"总账期末贷方余额后的净额予以填列（见表8-5）。

表 8 - 5 会计科目与资产负债表项目对照表（三） 单位：元

顺序号	科目编号	会计科目			资产负债表		报表填列方法
		科目名称	借或贷	月末余额	项目名称	金额	
44	1511	长期股权投资	借	375 000	长期股权投资	363 750	根据两个及以上总账科目余额备抵填列。
45	1512	长期股权投资减值准备	贷	11 250			
50	1601	固定资产	借	4 793 725	固定资产	3 451 482	
51	1602	累计折旧	贷	958 745			
52	1603	固定资产减值准备	贷	383 498			
62	1701	无形资产	借	150 000	无形资产	129 000	
63	1702	累计摊销	贷	9 000			
64	1703	无形资产减值准备	贷	12 000			

（3）根据两个及以上总账科目余额相加和备抵方式填列

存货虽然也同属于应计提资产减值准备的报表项目，也应根据该项目所依据的会计账户余额与其对应的备抵账户余额相减后的净额填列。但是，由于"存货"本身包括了"原材料"、"周转材料"等账户的金额。因此，企业存货在按实际成本计价的情况下，填列"存货"项目时，应先根据"在途物资"、"原材料"、"库存商品"、"委托加工物资"、"周转材料"、"生产成本"等账户的期末借方余额计算合计，再减去"存货跌价准备"账户期末贷方余额后的净额填列（见表 8 - 6）。如果企业的存货按计划成本计价，还应考虑"材料成本差异"账户的余额进行调整计算。

表 8 - 6 会计科目与资产负债表项目对照表（四） 单位：元

顺序号	科目编号	会计科目			资产负债表		报表填列方法
		科目名称	借或贷	月末余额	项目名称	金额	
27	1402	在途物资	借	31 600	存货	1 999 510	根据两个及以上总账科目余额相加和备抵方式填列。
28	1403	原材料	借	425 100			
30	1405	库存商品	借	965 300			
33	1408	委托加工物资	借	31 490			
34	1411	周转材料	借	21 400			
117	5001	生产成本	借	584 910			
40	1471	存货跌价准备	贷	60 290			

3. 根据两个及以上总账科目及所属明细科目余额分析计算填列

（1）两个及以上总账科目及所属明细科目余额采取相加方式填列

"应付账款"项目应根据"应付账款"账户所属明细账期末贷方余额，加上"预付账款"所属明细账期末贷方余额填列；"预付款项"项目应根据"预付账款"所属明细账的借方余额，加上"应付账款"所属明细账借方余额填列；"预收款项"项目应根据"预收账款"所属明细账贷方余额，加上"应收账款"所属明细账贷方余额填列（见表 8 - 7）。

表 8-7　　　　　　　会计科目与资产负债表项目对照表（五）　　　　　单位：元

顺序号	科目编号	会计科目			资产负债表		报表填列方法	
		科目名称	借或贷	月末余额	项目名称	金额		
11	1122	应收账款	借	41 000	应付账款	283 640	37 940+245 700	根据两个及以上总账科目及所属明细科目余额采取相加方式填列。
	112201	汇丰公司	借	15 000				
	112202	宏达公司	借	26 000				
12	1123	预付账款	借	89 900	预付账款	335 600	33 560+0	
	112301	元华集团	借	335 600				
	112302	南岭集团	贷	245 700				
80	2202	应付账款	贷	37 940				
	220201	洋浦公司	贷	13 260				
	220202	巨航公司	贷	24 680				
81	2203	预收账款	贷	237 680	预收账款	415 940	415 940+0	
	220301	亚欣公司	贷	415 940				
	220301	国嘉公司	借	178 260				

（2）两个及以上总账科目及所属明细科目余额采取相加和备抵方式填列

如："应收账款"项目应根据"应收账款"账户期末借方余额减去"坏账准备"账户期末贷方余额，加上"预收账款"所属明细账期末借方余额的合计数填列（见表8-8）。

表 8-8　　　　　　　会计科目与资产负债表项目对照表（六）　　　　　单位：元

顺序号	科目编号	会计科目			资产负债表		报表填列方法
		科目名称	借或贷	月末余额	项目名称	金额	
11	1122	应收账款	借	41 000	应收账款	215 060	根据两个及以上总账科目及所属明细科目余额采取相加和备抵方式填列。
	112201	汇丰公司	借	15 000		41 000+178 260-4 200	
	112202	宏达公司	借	26 000			
81	2203	预收账款	贷	237 680			
	220301	亚欣公司	贷	415 940			
	220301	国嘉公司	借	178 260			
19	1231	坏账准备	贷	4 200			

4. 根据总账和有关明细账余额方向分析计算填列

"未分配利润"项目应根据"本年利润"账户和"利润分配"账户的余额计算填列，若计算结果为负数，即为"尚未弥补的亏损"，应在本项目内以"－"号填列（见表8-9）。

表8-9　　　　　　　　会计科目与资产负债表项目对照表（七）　　　　　单位：元

顺序号	科目编号	会计科目			资产负债表		报表填列方法
		科目名称	借或贷	月末余额	项目名称	金额	
114	4103	本年利润	贷	250 000	未分配利润	430 000	根据总账和有关明细账余额方向分析计算填列。
115	4104	利润分配	借	180 000			

第三节　利润表

一、利润表的意义和作用

利润表是反映企业一定会计期间经营成果的财务报表。利润表把一定时期的营业收入与同一会计期间相关的营业费用进行配比，以计算出企业一定时期的净利润（或净亏损）。由于利润是企业生产经营活动最终成果的体现，是一项考核企业经济效益的综合指标，因此，利润表是财务报表中的主要报表，应当按月编报。利润表是反映企业一定时期利润的形成或亏损发生过程的动态报表，利润表的结构和内容与企业利润构成的因素直接相关。

由于利润表能全面反映企业在一定会计期间内收入与费用的形成情况，因此，利润表所提供的会计信息对有关方面有着重要的作用。

（1）利润表是对企业经营管理者的经营业绩和管理水平进行考核和评价的一个重要依据。利润表中反映的利润数额是企业在生产经营过程中各项投入和产出进行对比的结果，是企业在生产、经营、理财和投资等各项活动中管理效率和效益的综合体现。通过对利润表中各项构成因素的比较分析，可以考核企业经营目标的完成情况，总结成绩，发现问题，促使经营管理人员找出差距，明确重点，不断提高经营管理水平。

（2）利润表是企业投资者、债权人进行相关经济决策的主要依据。通过利润表提供的反映企业经营成果的数据，并对不同时期利润表数据的比较，可以分析企业的获利能力和偿债能力，预测未来收益，便于投资者、债权人进行投资决策和信贷决策。

（3）利润表是对经营成果进行分配的重要依据。由于利润表能综合反映企业的经营成果，而与企业相关者的利益，如国家的所得税税收收入、股东的股利收入、职工的福利待遇、管理人员的奖金等，都直接受到利润表上数据的影响，因此，利润表上反映的利润，是进行经营成果分配的重要依据。

二、利润表的结构和格式

（一）利润表的结构

利润表的结构，是由其所反映的基本内容决定的。利润表由收入、费用和利润三个动态要素组成，并按"收入－费用＝利润"的平衡关系联系起来，从而形成该表的基本结构。

（二）利润表的格式

利润表的格式主要包括单步式和多步式。

1. 单步式

单步式利润表的编制方法是，首先将当期所有收入列示并加计汇总，再将当期所有费用列示并加计汇总，然后将收入总额减去费用总额得出净利润，确定当期损益。因为这种计算净利润的方式只有一个相减的步骤，故称为单步式利润表（见 8－10）。单步式利润表的特点就是对于企业的营业收入和各项费用支出不分彼此先后、层次，通过一次计算得出当期损益。这种方法的优点是比较直观，编制方便，易于理解。但按这种方法编制的利润表所提供的资料没有区分企业营业性收益与非营业性收益，即对实现利润的影响，不便于报表使用者进行具体分析，不利于分析利润表的结构，在我国一般不采用这种格式。

表 8－10　　　　　　　　　　　　　　利润表

编制单位：×公司　　　　　　　　　年度　　　　　　　　　　金额单位：元

项　　目	行次	上年数	本年累计数
一、收入			
主营业务收入			
其他业务收入			
投资收益			
营业外收入			
收入合计			
二、费用			
主营业务成本			
其他业务成本			
营业税金及附加			
销售费用			
管理费用			
财务费用			
费用合计			
三、净利润			

2. 多步式

多步式利润表，就是将表中的净利润按其形成的主要环节，分解为多个计算步骤，分段列示。通常把利润计算分解为三部分：营业利润、利润总额、净利润。各部分包括的内容及排列和计算如表 8－11 所示。

表 8－11　　　　　　　　　　　　　　利润表

编制单位：×公司　　　　　　　　　　年度　　　　　　　　　　金额单位：元

项　目	行次	本月数	本年累计数(略)
一、营业收入			
减：营业成本			
营业税金及附加			
销售费用			
管理费用			
财务费用			
资产减值损失			
加：公允价值变动损益（损失以"－"填列）			
投资收益（损失以"－"填列）			
其中：对联营企业和合营企业的投资收益			
二、营业利润（亏损以"－"填列）			
加：营业外收入			
减：营业外支出			
其中：非流动资产处置损失			
三、利润总额			
减：所得税费用			
四、净利润（亏损总额以"－"填列）			
五、每股收益：			
（一）基本每股收益			
（二）稀释每股收益			

在多步式利润表中，利润按照其构成分类分项列示，分三步计算得出净利润。

第一步，计算营业利润。其计算公式为：

营业利润＝营业收入－（营业成本＋营业税金及附加＋销售费用＋管理费用＋财务费用＋资产减值损失）＋公允价值变动损益＋投资收益

第二步，计算利润总额。其计算公式为：

利润总额＝营业利润＋营业外收入－营业外支出

第三步，计算净利润。其计算公式为：

净利润＝利润总额－所得税费用

多步式利润表的排列格式强调收入与费用支出配比的基本层次，在利润的计算过程中产生了一些中间性利润，有利于前后期各相应项目之间的比较，有利于同行业不同企业之间生产经营情况的分析，有利于预测企业今后的盈利能力，因而是我国《企业会计准则》规定报送格式。

三、多步式利润表的编制方法

（一）基本方法

（1）利润表是"收入－费用＝利润"的会计等式作为报表编制的理论基础，因此整个报表是按照这个等式为基础建立的，利润表的编制过程就是净利润的计算过程。

（2）利润表中的基本数据都来自"损益"类账户的本期发生额，因而该报表反映的是一组动态数据，亦被称为动态报表。

（3）现行利润表中的项目一般有两种类型，一种是直接根据会计科目发生额列入，名称与对应的会计科目名称完全一致，这种类型既是利润表与资产负债表的不同之处，也使利润表编制起来更简便、快捷。另一种是根据报表中的数据计算列入，如"营业利润"、"利润总额"、"净利润"等项目。

（二）利润表的编制

利润表中的各项目都列有"本月数"和"本年累计数"两栏。

利润表"本月数"反映各项目的本月实际发生数，应根据本月有关"损益"类账户的本月发生额填列；在编报中期和年度财务报表时，应将"本月数"改成"上年数"。具体填列方法如下：

1. 根据有关"损益"类账户的本期发生额直接填列

如："营业税金及附加"、"销售费用"、"管理费用"、"财务费用"、"资产减值损失"、"公允价值变动损溢"、"营业外收入"、"营业外支出""所得税费用"等项目，可根据相同名称的会计科目本期发生额直接填列；"投资收益"应根据"投资收益"账户的发生额分析填列；如为投资损失，以"－"号填列（见表8－12）。

表8－12　　　　　　会计科目与利润表项目对照表　　　　　　单位：元

顺序号	科目编号	会计科目			利润表		报表填列方法
		名称	借或贷	发生额合计	项目名称	金额	
132	6111	投资收益	贷	13 600	投资收益	13 600	根据有关"损益"类账户的本期发生额直接填列。
136	6301	营业外收入	贷	10 000	营业外收入	10 000	
139	6403	营业税金及附加	借	5 300	营业税金及附加	5 300	
149	6601	销售费用	借	7 480	销售费用	7 480	
150	6602	管理费用	借	16 450	管理费用	16 450	
151	6603	财务费用	借	600	财务费用	600	
153	6701	资产减值损失	借	1 200	资产减值损失	1 200	
154	6711	营业外支出	借	2 000	营业外支出	2 000	
155	6801	所得税费用	借		所得税费用		

2. 根据有关"损益"类账户的本期发生额计算填列

如："营业收入"应根据"主营业务收入"和"其他业务收入"账户的发生额计算填列；"营业成本"应根据"主营业务成本"和"其他业务成本"账户的发生额分析填列

（见表 8 - 13）。

表 8 - 13 　　　　　会计科目与利润表项目对照表　　　　　单位：元

顺序号	科目编号	会计科目			利润表		报表填列方法
		名称	借或贷	发生额合计	项目名称	金额	
124	6001	主营业务收入	贷	74 200	营业收入	106 000	根据有关"损益"类账户的本期发生额计算填列。
129	6051	其他业务收入	贷	31 800			
137	6401	主营业务成本	借	24 500	营业成本	35 000	
138	6402	其他业务成本	借	10 500			

3．根据本表有关项目在表中计算填列

如：利润表中的"营业利润"、"利润总额"、"净利润"等项目，均应根据表中有关项目计算填列，计算过程见表 8 - 11 中列示。

（二）"本年累计数"栏

该栏反映各项目自年初起至本月末止的累计实际发生数。应根据上月利润表的"本年累计数"栏各项目数额，加上本月利润表的"本月数"栏各项目数额，然后将其合计数填入该栏相应项目内。

 课后练习

一、单项选择

1．会计报表是反映会计主体财务状况、经营成果和现金流量情况的书面文件，由（　　）组成。

　　A．资产负债表、利润表、现金流量表

　　B．资产负债表、利润表

　　C．静态报表

　　D．对外报送的会计报表、会计报表附注和财务情况说明书

2．会计报表中有关报表项目的金额，其直接来源是（　　）。

　　A．原始凭证　　　　　　　　　B．记账凭证

　　C．日记账　　　　　　　　　　D．账簿记录

3．会计分析一般包括事前的预测分析、事中的控制分析和事后的总结分析。会计报表分析属于（　　）。

　　A．事前分析　　　　　　　　　B．事中分析

　　C．事后分析　　　　　　　　　D．以上情况都有可能

4．下列资产负债表的各项目中，不能直接根据总账余额填列的是（　　）。

　　A．短期借款　　　　　　　　　B．应收股利

　　C．存货　　　　　　　　　　　D．固定资产

5. "应收账款"科目为"贷方余额"时，应将其记入资产负债表的（　　）项目。

    A. 应收账款   B. 预收账款

    C. 应付账款   D. 其他应付款

6. 资产负债表设计的主要依据是（　　）。

    A. 会计恒等式   B. 复式记账原理

    C. 账户结构原理   D. 收入－费用＝利润

7. 资产负债表的项目，按（　　）的类别，采用左右相平衡对照的结构。

    A. 资产、负债和所有者权益

    B. 收入、费用和利润

    C. 资产、负债、所有者权益、收入、费用、利润

    D. 资金来源、资金运用

8. 资产负债表中报表项目（　　）。

    A. 都可以按账户余额直接填列

    B. 必须对账户发生额进行分析计算才能填列

    C. 大多数项目可以直接根据账户余额填列，少数报表项目需要根据账户发生额分析计算后才能填列

    D. 大多数项目可以直接根据账户余额填列，少数报表项目需要根据账户余额分析计算后才能填列

9. 下列报表项目中需要计算填列的项目有（　　）。

    A. 应付职工薪酬   B. 待处理流动资产净损失

    C. 存货   D. 累计折旧

10. 下列报表项目中可以直接填列的项目有（　　）。

    A. 货币资金   B. 应收账款

    C. 短期借款   D. 应付账款

11. 利润表反映企业在（　　）。

    A. 一定会计期间的经营成果   B. 某一特定日的财务状况

    C. 某一特定日的经营成果   D. 一定会计期间现金流入流出的信息

12. 利润表是反映企业在一定期间内（　　）的报表。

    A. 财务状况和盈利能力   B. 经营成果及其分配情况

    C. 营业利润、利润总额、利润分配   D. 营业收入、营业利润、利润分配

13. 多步式利润表通过多步计算，得出当前期损益。通常把利润计算分解为（　　）。

    A. 主营业务利润、营业利润、利润总额和净利润

    B. 毛利、营业利润和应税利润额

    C. 营业收入、营业利润和可供分配利润

    D. 毛利、营业利润和利润总额

14. 资产负债表是反映企业某一特定日期（　　）的会计报表。

    A. 权益变动情况   B. 财务状况

    C. 经营成果   D. 现金流量

15. 资产负债表中的资产项目是按资产的（　　）强弱顺序排列的。

　　A. 流动性　　　　　　　　　　　B. 重要性

　　C. 变动性　　　　　　　　　　　D. 盈利性

16. 资产负债表中，负债项目是按照（　　）进行排列的。

　　A. 变现能力　　　　　　　　　　B. 盈利能力

　　C. 清偿债务的先后顺序　　　　　D. 变动性

17. 资产负债表分为左、右两方，左方是（　　）项目。

　　A. 资产　　　　　　　　　　　　B. 负债

　　C. 所有者权益　　　　　　　　　D. 利润

18. 下列选项中，反映了资产负债表内有关所有者权益项目排列顺序的是（　　）。

　　A. 实收资本、盈余公积、资本公积、未分配利润

　　B. 实收资本、资本公积、盈余公积、未分配利润

　　C. 实收资本、资本公积、未分配利润、盈余公积

　　D. 实收资本、未分配利润、资本公积、盈余公积

19. 按照我国现行会计制度规定，企业每个（　　）都要编制资产负债表。

　　A. 月末　　　　　　　　　　　　B. 季末

　　C. 半年度　　　　　　　　　　　D. 年末

20. 反映企业在一定会计期间经营成果的报表是（　　）。

　　A. 资产负债表　　　　　　　　　B. 利润表

　　C. 现金流量表　　　　　　　　　D. 产品成本报表

21. 为了具体反映利润的形成情况，我国现行的利润表的结构一般采用（　　）报告结构。

　　A. 单步式　　　　　　　　　　　B. 三步式

　　C. 四步式　　　　　　　　　　　D. "T"字形

22. 在利润表上，利润总额扣除（　　）后，得出净利润或净亏损。

　　A. 管理费用和财务费用　　　　　B. 增值税

　　C. 营业外收支净额　　　　　　　D. 所得税

二、多项选择

1. 财务报表的使用者有（　　）。

　　A. 所有者和潜在投资者　　　　　B. 债权人

　　C. 政府及社会机构　　　　　　　D. 企业经营管理者

2. 财务报表的编制必须做到（　　）。

　　A. 数字真实　　　　　　　　　　B. 计算准确

　　C. 内容完整　　　　　　　　　　D. 报送及时

3. 会计报表按其反映的经济内容分类分为（　　）的报表。

　　A. 资产负债表　　　　　　　　　B. 利润表

　　C. 现金流量表　　　　　　　　　D. 所有者权益变动表和附注

4. 会计报表按编制时间分类，可分为（　　　）。

    A. 月度报表　　　　　　　　　　B. 季度报表

    C. 年度报表　　　　　　　　　　D. 对外报表

5. 资产负债表中的存货项目应根据（　　　）账户的期末余额合计数填列。

    A. 材料采购　　　　　　　　　　B. 库存商品

    C. 原材料　　　　　　　　　　　D. 生产成本

6. 下列账户中，可能影响资产负债表中"应付账款"项目金额的有（　　　）。

    A. 应收账款　　　　　　　　　　B. 预收账款

    C. 应付账款　　　　　　　　　　D. 预付账款

7. 下列项目中，可以根据账户余额直接填列的有（　　　）。

    A. 应收账款　　　　　　　　　　B. 应收票据

    C. 实收资本　　　　　　　　　　D. 应交税费

8. 利润表中需要计算填列的项目有（　　　）。

    A. 营业利润　　　　　　　　　　B. 所得税

    C. 主营业务利润　　　　　　　　D. 利润总额

9. 下列项目中，影响营业利润的有（　　　）。

    A. 主营业务收入　　　　　　　　B. 营业外收入

    C. 管理费用　　　　　　　　　　D. 所得税

三、正误判断

1. 财务报表是财务报告的有机组成部分。　　　　　　　　　　　　（　　　）

2. 财务报表对重要的经济业务应当单独反映。　　　　　　　　　　（　　　）

3. 为了保证财务报表的及时性，可以提前结账。　　　　　　　　　（　　　）

4. 财务报表必须依据工作底稿编制。　　　　　　　　　　　　　　（　　　）

5. 在资产负债表中，资产按流动性的强弱排序，流动性强的列前，流动性弱的列后。

                                                   （　　　）

6. 资产负债表是反映企业某一会计期间财务状况的财务报表。　　（　　　）

7. 资产负债表是静态报表。　　　　　　　　　　　　　　　　　　（　　　）

8. 资产负债表是反映企业在某一特定期间财务状况的报表。　　　（　　　）

9. 资产负债表的格式有单步式和多步式。　　　　　　　　　　　　（　　　）

10. 利润表是反映企业在某一日期经营成果及其分配情况的报表。　（　　　）

第九章 会计核算工作组织

本章教学内容提示

本章主要介绍会计核算工作组织的意义和组成、几种常用会计核算形式的特点及适用范围、会计核算组织管理的基本内容。

本章教学要点概览

概念

G1 会计核算工作组织

G2 会计核算组织形式

G3 记账凭证会计核算组织形式

G4 汇总记账凭证会计核算组织形式

G5 科目汇总表会计核算组织形式

G6 会计工作规范

G7 会计法律

G8 会计准则

G9 会计制度

G10 会计机构

G11 会计人员职业道德

G12 会计档案

分析

F1 会计核算组织形式的种类、特点及适用范围

F2 会计工作规范的基本内容

F3 会计机构的组织形式

F4 会计岗位的设置要求

F5 会计人员的职责、权限及职业道德规范

程序

C1 记账凭证会计核算形式的基本流程

C2 汇总记账凭证会计核算组织形式的基本流程

C3 科目汇总表会计核算组织形式的基本流程

在会计核算过程中，进行会计事项的处理都必须依次完成以下工作：填制或取得原始凭证，审核原始凭证；分析经济业务，填制记账凭证；登记会计账簿；试算平衡，调整账项、对账、结账；编制会计报表。这一会计循环所包括的步骤和应完成的工作，都会在每个会计期间周而复始地进行。如何在会计工作中正确地进行会计核算，就需要认真选择适合于自身的会计核算组织形式，进行科学的会计核算组织管理。会计核算工作的组织就是会计核算组织形式和会计核算组织管理的有机结合。

第一节 会计核算组织形式

一、会计核算组织形式的含义和要求

（一）会计核算组织形式的含义

会计核算组织形式，又称会计核算形式或账务处理程序，是指在会计核算中，会计凭证组织、会计账簿组织、记账程序和登账方法相互结合的方式。

会计凭证组织是指会计凭证的种类、格式，各会计凭证之间、会计凭证与会计账簿之间的关系；会计账簿组织是指账簿的种类、格式和各种账簿之间，以及会计账簿与会计报表之间的关系；记账程序是指从填制和审核会计凭证到登记账簿以及编制会计报表为止的工作顺序和过程；登账方法是指会计账簿的登记是逐笔还是汇总登记，是手工操作还是采用计算机操作等所采用的技术方法。可见，不同的会计凭证组织、会计账簿组织、记账程序和登账方法的结合方式，构成了不同的会计核算组织形式。

（二）会计核算组织形式的要求

不同会计主体由于经营规模、经济业务类型及业务量不尽相同，对会计核算要求亦不同。因此，各会计核算单位必须根据其实际情况，科学、有效地组织会计核算，选择恰当的会计核算组织形式，以充分发挥会计职能，保证会计核算工作质量，为经营决策提供高质量的会计信息。

选择具体会计核算组织形式的基本要求一是"质量"，二是"效率"，即要同时兼顾保证会计信息质量、提高会计工作效率两个方面的要求。其次，在选择会计核算组织形式时，要有一定的前瞻性或预见性，尤其是采用会计软件进行会计核算的单位更应注意。此外，还应注重其实用性。当上述要求发生冲突时，一般应首先满足会计信息质量的要求。因为保证会计信息质量是会计核算工作的基本要求。会计核算组织形式的要求有：

（1）适用性。适用性是指采用的会计核算组织形式要与会计主体性质和生产经营管理活动的特点，单位内部会计机构的分工协作和会计岗位责任制等情况相适应。

（2）正确性。正确性是指采用的会计核算组织形式应能及时提供本单位经济活动真实、完整的会计资料，以满足单位内部管理和宏观综合平衡工作的需要。

（3）效率性。效率性是指采用的会计核算组织形式在保证正确、完整、及时地提供会计资料的前提下，应尽可能地简化会计核算手续，提高会计工作效率，降低核算成本。

在实际工作中，常见的会计核算组织形式有记账凭证会计核算形式、汇总记账凭证会计核算形式、科目汇总表会计核算形式、多栏式日记账会计核算形式、日记总账会计核算形式。以上五种会计核算组织形式在很多方面，比如会计基本循环上都具有相同之处，但又各具特点。它们之间最重要的区别就在于登记总账的依据不同。下面将重点介绍前三种会计核算形式。

二、记账凭证会计核算形式

（一）主要特点

记账凭证会计核算形式是指对发生的经济业务，先以原始凭证或原始凭证汇总表编制记账凭证，然后根据记账凭证逐笔登记总分类账户的一种会计核算形式。记账凭证会计核算形式是最基本的一种会计核算形式，其他会计核算形式都以它为基础发展演化而成，因此，它是其他会计核算形式的基础。该种会计核算形式主要特点是直接根据记账凭证逐笔登记总分类账。

（二）会计凭证和会计账簿组织

1. 会计凭证组织

采用记账凭证会计核算形式时，记账凭证一般采用专用格式的记账凭证，即收款凭证、付款凭证和转账凭证三种格式，以便分类登记总分类账户。在业务量不大的情况下，也可采用通用格式的记账凭证。

2. 会计账簿组织

在记账凭证会计核算形式下，主要设置的会计账簿包括日记账（库存现金日记账和银行存款日记账）和分类账（总分类账和明细分类账）。其中日记账和总账应采用订本账，账页格式为三栏式，并按照各个总账科目（一级科目）开设账页；明细账则可根据业务特点和管理要求，采用活页式，账页格式分别采用三栏式、数量金额式或多栏式。

（三）记账程序和登账方法

1. 记账程序图（图9-1）

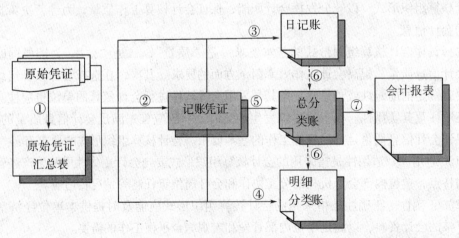

图9-1

2. 核算程序说明

（1）根据原始凭证编制原始凭证汇总表；

（2）根据原始凭证或原始凭证汇总表编制通用或专用记账凭证；

（3）根据原始凭证和记账凭证逐笔登记日记账；

（4）根据原始凭证和记账凭证逐笔登记明细分类账；

（5）根据记账凭证逐笔登记总分类账；

（6）总分类账与日记账核对，总分类账与明细分类账核对；

（7）根据总分类账和有关明细分类账编制会计报表。

（四）主要优缺点和适用范围

记账凭证会计核算形式的主要优点是：记账程序简单明了，易于理解；直接根据记账凭证逐笔登记总分类账，使总分类账能详细反映经济业务的发生和完成情况，账户之间的对应关系比较清晰，便于对账和查账。

记账凭证会计核算形式的缺点是：由于需要根据每张记账凭证逐笔登记总分类账，当经济业务发生频繁时，总账登记工作量较大，会计核算的组织工作将非常繁重。

在采用手工记账的条件下，记账凭证会计核算形式一般只适应于规模小，且经济业务量较少，记账凭证不多的单位。需要注意的是，在采用会计软件记账的条件下，利用计算机进行会计业务的处理，不仅可以减轻登记总分类账的工作，极大地提高工作效率，还能保持账户之间的对应关系清晰的特点。

三、汇总记账凭证会计核算形式

（一）主要特点

汇总记账凭证会计核算形式是记账凭证会计核算形式的发展，在核算的基本程序上，与记账凭证会计核算形式没有本质区别，所不同的是将"按每张记账凭证逐笔登记总分类账"变成了"按汇总记账凭证登记总账"，并因此减少了登记总账的工作量。它的基本特点是在登记总账之前，先定期将全部记账凭证按照不同种类分别归类编制汇总记账凭证，然后再根据汇总记账凭证登记总分类账。

（二）会计凭证和会计账簿组织

1. 会计凭证组织

采用汇总记账凭证会计核算形式，只能采用专用格式的记账凭证（收款、付款、转账凭证），此外，还需根据记账凭证定期（一般5～10天）编制汇总记账凭证（包括汇总收款凭证、汇总付款凭证和汇总转账凭证），月末汇编为一张并结出各科目合计，作为登记总账的直接依据。

2. 汇总记账凭证的编制

汇总收款凭证是按"库存现金"和"银行存款"科目的借方分别设置，按有关对应的贷方科目归类汇总编制，用以汇总一定时期内库存现金和银行存款的收款业务的一种汇总记账凭证。

汇总付款凭证是按"库存现金"和"银行存款"科目的贷方分别设置，按有关对应的借方科目归类汇总编制，用以汇总一定时期内库存现金和银行存款的付款业务的一种汇总记账凭证。对于库存现金与银行存款之间的划转业务，也应以付款方科目为准，编制汇总付款凭证。

汇总转账凭证是用来汇总一定时期内的全部转账业务的汇总记账凭证。编制汇总转账凭证时，应按除"库存现金"、"银行存款"以外的每一贷方科目分别设置，而按对应的借方科目进行归类汇总。

汇总记账凭证对编制记账凭证的基本格式要求：采用汇总记账凭证会计核算形式，所有记账凭证都不能编制多借多贷的记账凭证。在编制转账凭证和付款凭证时，只能编制一借一贷或多借一贷的记账凭证，不能编制一借多贷的记账凭证，即贷方始终只能有一个会计科目；编制收款凭证时，只能编制一借一贷或一借多贷的记账凭证，而不能编制一贷多借的记账凭证，即借方始终只能有一个会计科目；否则，将会失去"汇总"的意义，反而增加总账登记工作量。

在实际工作中，为了尽量简化会计核算手续，如果月份内某一贷方科目的转账凭证数量不多，或有些汇总原始凭证已按贷方科目设置，并按一贷多借的对应关系反映，也可以直接据此登记总分类账，不再编制汇总转账凭证。

3. 会计账簿组织

在汇总记账凭证会计核算形式下，应当设置库存现金日记账和银行存款日记账，总账和日记账一般采用订本账三栏式；明细账应根据实际情况，采用活页账，账页格式可以采用三栏式、数量金额式或多栏式。

（三）记账程序和登账方法

1. 核算程序图（图9-2）

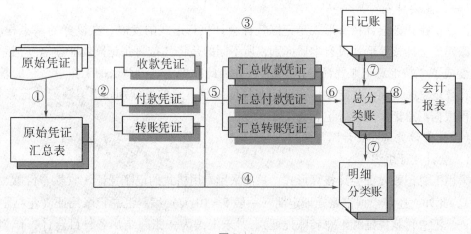

图9-2

2. 核算程序说明

（1）根据原始凭证编制原始凭证汇总表；

（2）根据原始凭证或原始凭证汇总表，编制专用格式记账凭证；

（3）根据收款凭证和付款凭证逐笔登记日记账；

（4）根据原始凭证或原始凭证汇总表及专用格式记账凭证，逐笔登记有关的明细账；

（5）根据专用格式记账凭证定期编制汇总收款凭证、汇总付款凭证和汇总转账凭证；

（6）根据定期编制的汇总收款凭证、汇总付款凭证和汇总转账凭证登记总分类账；

（7）期末，总分类账与日记账核对，总分类账与明细分类账核对；

（8）期末，根据总账和有关明细账编制会计报表。

（四）主要优缺点和适用范围

1．优缺点

汇总记账凭证会计核算形式的优点是：简化总账的登记工作；通过汇总汇账凭证和总账可以反映科目之间的对应关系，便于对经济业务的检查和分析。

汇总记账凭证会计核算形式的缺点是：汇总转账凭证按贷方科目设置，不利于会计核算工作的分工；当转账凭证较多时，编制汇总转账凭证的工作量太大。

2．适用范围

汇总记账凭证会计核算形式一般适应于规模较大、经济业务较多、财会工作分工较细，特别是收付款业务频繁的单位。

四、科目汇总表会计核算形式

（一）主要特点

科目汇总表会计核算形式是指对发生的经济业务，首先根据原始凭证或原始凭证汇总表编制记账凭证，然后根据记账凭证定期编制科目汇总表，再根据科目汇总表登记总分类账的一种会计核算形式。它的主要特点是定期将所有记账凭证编制成科目汇总表，以科目汇总表登记总分类账。

（二）会计凭证和会计账簿组织

采用科目汇总表账务处理程序，会计凭证和会计账簿组织与记账凭证会计核算形式基本相同。

（三）记账程序和登账方法

1．核算程序图（图9-3）

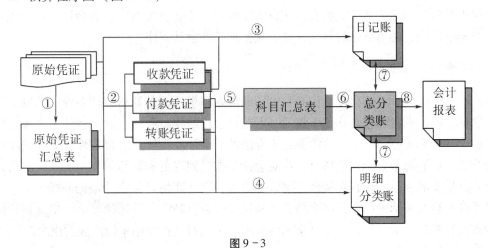

图9-3

2．核算程序说明

（1）根据原始凭证编制原始凭证汇总表；

（2）根据原始凭证或原始凭证汇总表编制记账凭证；

（3）根据记账凭证中的收款凭证和付款凭证逐笔登记库存现金日记账和银行存款日记账；

（4）根据原始凭证或原始凭证汇总表，以及记账凭证，逐笔登记有关的明细分类账；

（5）根据各种记账凭证定期编制科目汇总表；

（6）定期根据科目汇总表汇总登记总分类账；

（7）期末，总分类账与日记账核对，总分类账与明细分类账核对；

（8）期末，根据总账和有关明细账编制会计报表。

（四）主要优缺点和适用范围

1. 优缺点

科目汇总表会计核算形式的优点是：根据科目汇总表登记总账，可以减少登记总账的工作量；定期编制科目汇总表，汇总结果体现了所有账户发生额的相等关系，能够起到记账前的试算平衡作用，保证总账登记的正确性。

科目汇总表会计核算形式的缺点是：总账和科目汇总表都不能反映会计账户之间的对应关系，不便于对经济业务进行分析和检查。

2. 适用范围

适用于规模较大、经济业务较多、业务单纯、记账凭证较多的单位。

第二节　会计核算组织管理

前已述及，会计工作主要包括会计核算工作、会计检查工作和会计分析工作，其中会计核算是会计工作的核心和前提。在会计工作中，为了保证会计核算工作质量，各单位不仅应根据其具体情况选择合适的会计核算组织形式，还必须按照国家的会计法律法规，建立健全会计机构，聘用合格的会计人员，规范地开展会计工作。

一、会计工作规范

会计工作规范是组织会计工作必须遵守的规则和规范，是处理会计事务的原则、程序和方法的总称。在我国，会计工作规范一般包括会计法律、会计准则、会计制度及实施办法。在会计工作规范中，会计法律侧重于合法性，会计准则侧重于合理性，会计制度侧重于合规性，它们都受会计理论指导，都对会计工作起到规范和制约的作用。其中，会计法律是最高层次的规范，它直接体现了国家的意志；会计准则是在会计理论的指导下，根据会计法律的要求来制定；会计制度是由各基层单位自行制定或委托社会会计中介机构制定的内部会计制度，它必须符合会计准则的要求，并只对具体使用单位形成约束力。

（一）会计法律

会计法律有广义和狭义之分。广义的会计法律是指由国家权力机关和行政机关制定的调整各种会计关系的规范性文件的总称，包括会计法律、会计行政法规、会计行政规章等。狭义的会计法律是指由全国人民代表大会及其常务委员会经过一定的法律程序制定的有关会计工作的法律。

1985 年 1 月 21 日，第六届全国人民代表大会常务委员会第九次会议通过了《中华人民共和国会计法》，并于同年 5 月 1 日起施行；为了适应改革开放和经济发展的要求，第八届全国人民代表大会第五次会议于 1993 年 12 月 29 日，通过并公布了第一次修改后的《会计法》，自公布之日起施行；1999 年 10 月 31 日，第九届全国人民代表大会常务委员会第十二次会议修订，自 2000 年 7 月 1 日起施行。再次修订的《会计法》，突出了规范会计行为、保证会计资料质量的立法宗旨，明确了单位负责人的会计责任，完善了会计记账规则和会计监督机制，加大了对违法行为的惩治力度。它的实施不仅使会计工作有法可依，为规范经济和会计秩序提供了重要的法律保证，也在充分发挥会计在加强财务管理和经济管理，提高经济效益，维护社会主义市场经济秩序等方面，都具有十分重要的意义。

（二）会计准则

会计准则是会计确认、计量、记录和报告所依据的标准和规则，是处理会计工作的规范，制定会计制度的依据，评价会计信息质量的标准。世界各国由于不同社会经济背景，会计准则的制定机构不同，会计准则的内容亦不同。1992 年 11 月，我国财政部颁布了《企业会计准则》，并从 1993 年 7 月 1 日起开始实施。这标志着我国会计准则体系的初步建立，使我国会计规范的建设进入了一个与国际惯例逐步接轨的时期。

我国会计准则体系包括基本会计准则和具体会计准则两个层次。1992 年 11 月颁布的《企业会计准则》实际上是一个基本会计准则。2006 年 2 月财政部正式颁布了《企业会计准则——基本准则》，基本会计准则的主要内容是对会计核算的一般原则和对会计要素的确认、计量和报告所做出的规定。具体会计准则以基本会计准则为依据，对经济业务的会计处理及其程序提出了具体要求。从 1997 年开始至 2001 年期间，我国陆续颁布了 16 项具体会计准则。2005 年，财政部先后发布了 22 项会计准则的征求意见稿，此外，对以前的 16 项具体会计准则，也进行了全面的梳理、调整和修订，最终在 2006 年 2 月构建起一套包括 38 项具体会计准则的企业会计准则的完善体系。

（三）会计制度

会计制度是会计行为规范体系的重要组成部分，是国家财政部门根据会计法和会计准则制定的会计核算行为规范，即会计核算制度，是进行会计工作时所应遵循的规则、方法和程序的总称。

我国的会计制度一般分为企业会计制度和预算会计制度。企业会计制度是从事生产经营业务并以盈利为目的的企业法人进行会计核算的规范，预算会计制度则是国家财政部门和行政事业单位进行会计核算的规范。

制定会计制度时一般应遵循以下原则：

（1）会计制度的制定，要以会计法和会计准则为依据。遵守会计准则的统一标准和要求，并与有关会计要素确认、计量规定相协调，符合对会计报表种类、格式、内容的规定。

（2）制定会计制度要与有关法规相协调。如会计制度中规定的会计政策和会计方法要符合国家财政税收等法规要求，并与财务制度、税收制度的内容协调一致。

（3）会计制度的制定应在满足经济管理工作实际需要的前提下，尽量使操作简便易行。我国会计制度①的主要内容包括：有关会计制度的原则规定，一般称为总则，包括会计工作的任务，会计制度所应遵循的原则，会计工作的基本规则等；有关会计业务的具体规定；有关财产清查、成本计算方面的规定；有关会计资料的分析和利用、会计检查方法和程序的规定；有关会计机构设置和会计人员管理方面的规定；有关会计工作交接和会计档案方面的规定等。

（四）其他法规

其他法规是指除上述会计法律、会计准则和会计制度之外的会计工作规范，如有关会计人员的法规，包括《会计人员职权条例》《中华人民共和国注册会计师法》《总会计师条例》，以及有关会计交接工作的规定和会计人员技术职称等规定；有关会计工作的法规、制度，包括《会计基础工作规范》《会计档案管理办法》等。

二、会计机构

（一）设置会计机构的意义

会计机构是由各单位内部会计人员组成的、直接组织和从事会计工作的职能部门。《会计法》第三十六条规定："各单位应当根据会计业务的需要，设置会计机构，或者在有关机构中设置会计人员并指定会计主管人员；不具备设置条件的，应当委托经批准设立从事会计代理记账业务的中介机构代理记账。"建立和健全会计机构，是确保会计工作顺利进行，全面、连续、系统地反映经济活动，及时准确地为经济管理和经营决策提供信息的重要条件。任何相对独立的单位都必须根据国家有关规定设置专门的会计机构，并配备专职的会计人员，依法进行会计工作。

（二）会计机构的组织形式

在单独设置会计机构的单位中，会计机构一般分为集中核算和非集中核算两种形式。

集中核算形式是指整个单位主要的会计处理工作集中在会计部门进行，单位内部的其他部门和下属单位只对本部门发生的经济业务进行原始记录，填制原始凭证，定期将原始凭证或原始凭证汇总表送交会计部门，由会计部门进行审核，然后据以编制记账凭证，登记总分类账和明细分类账，编制会计报表。实行集中核算的优点是可以减少工作层次，简化核算程序，精简机构和人员，节约核算费用，有利于及时掌握全面的经营情况；其缺点是不便于各个基层单位了解本部门经营情况，不便于实行责任管理。集中核算形式一般适用于中、小型企业单位。但在许多现代化大型企业，由于计算机的普遍应用和自动化程度比较高，也可采用集中核算。

非集中核算形式又称分散核算，是指在单位内部除会计部门以外的其他部门和下属单

---

① 2011年10月18日，为了规范小企业会计确认、计量和报告行为，促进小企业可持续发展，发挥小企业在国民经济和社会发展中的重要作用，根据《中华人民共和国会计法》及其他有关法律和法规，财政部制定了《小企业会计准则》，自2013年1月1日起在小企业范围内施行，鼓励小企业提前执行，财政部2004年4月27日发布的《小企业会计制度》同时废止。2012年12月19日，为了进一步规范事业单位的会计核算，提高会计信息质量，根据《中华人民共和国会计法》《事业单位会计准则》和《事业单位财务规则》，财政部对《事业单位会计制度》进行了修订，自2013年1月1日起施行。

位在会计部门的指导下，对其发生的经济业务填制原始凭证或原始凭证汇总表，并分别登记有关的明细分类账；会计部门只进行总分类核算、部分明细分类账核算以及编制会计报表。分散核算的优点是，各职能部门和基层单位能及时了解本部门的经济活动情况，有利于及时分析和解决问题，便于实行责任管理。缺点是不便于会计部门及时、全面地了解整个单位的会计核算资料；由于会计核算工作分散，使得会计核算工作总量增加，从而导致会计人员、核算成本增加。

一个单位采用集中核算还是分散核算，主要取决于该企业的规模大小和经营管理的需要。

需要指出的是，采用集中核算或分散核算不是绝对的。这两种核算形式在一个单位内部可以结合使用。如对某些业务采用集中核算，而对另一些业务采用分散核算。但是不论采用哪一种形式，企业对外的货币资金收付，物资供销，结算款项等，都应由会计部门统一办理，集中管理。

（三）会计工作岗位的设置

会计工作岗位是指在会计机构内设置的职能岗位。一个单位的会计人员的配备与单位的大小、业务的繁简、资产的规模、经营管理的要求、核算的组织形式以及采用什么样的核算手段等都密切相关，具体体现在会计工作岗位的设置上。

设置会计工作岗位，建立岗位责任制，规定各岗位的职责和权限，建立相应的责任制度，有利于会计人员钻研业务，强化会计管理职能，提高会计工作的效率和质量。

会计工作岗位一般可分为会计机构负责人或者会计主管人员、出纳、财产物资核算、工资核算、成本费用核算、财务成果核算、资金核算、往来结算、总账报表、稽核、档案管理等。开展会计电算化和管理会计的单位，可以根据需要设置相应工作岗位，也可以与其他工作岗位相结合。

会计工作岗位，可以一人一岗、一人多岗或者一岗多人。在会计机构内部建立稽核制度的同时，确定岗位时必须坚持内部牵制原则，如出纳人员不得兼管稽核、会计档案保管和收入、费用、债权债务账目的登记工作。

三、会计人员

会计人员是指专门从事会计工作的人员。为了切实完成会计任务，各单位的会计机构都必须按照精简、高效的原则合理配备会计人员，并按其不同的分工明确其职责和权限。国务院于 1978 年 9 月重新修订颁发的《会计人员职权条例》和 1985 年实施的《会计法》都对会计人员的工作职责和权限、技术职称、任免奖惩做了明确的规定。

（一）会计人员职责

根据《会计法》的规定，会计人员的主要职责包括进行会计核算，实行会计监督，拟订本单位办理会计业务的实施办法，参与制定本单位的财务计划、费用预算的编制，分析、考核计划和预算的执行情况等。会计人员具体的工作职责有：

（1）按照国家财务制度的规定，认真编制并严格执行财务计划、预算，遵守各项收入制度、费用开支范围和开支标准，分清资金渠道，合理使用资金，保证完成财政上缴任务。

（2）按照国家会计制度的规定，记账、算账、报账，做到手续完备，内容真实，数字准确，账目清楚，日清月结，按期报账。

（3）按照银行制度的规定，合理使用贷款，加强现金管理，做好结算工作。

（4）按照经济核算原则，定期检查、分析财务计划、预算的执行情况，挖掘增收节支的潜力，考核资金使用效果，揭露经营管理中的问题，及时向领导提出建议。

（5）按照国家会计制度的规定，妥善保管会计凭证、账簿、报表等档案资料。

（6）遵守、宣传、维护国家财政制度和财经纪律，同一切违法乱纪行为作斗争。

（二）会计人员权限

为了保障会计人员履行职责，国家赋予他们下列工作权限：

（1）会计人员有权要求本单位有关部门、人员认真执行国家批准的计划、预算，遵守国家财经纪律和财务会计制度；如有违反，会计人员有权拒绝付款、拒绝报销或拒绝执行，并向本单位领导人报告。对于弄虚作假、营私舞弊、欺骗上级等违法乱纪行为，会计人员必须坚决拒绝执行，并向本单位领导人或上级机关、财政部门报告。

会计人员对于违反制度、法令的事项，不拒绝执行，又不向领导或上级机关、财政部门报告的，应同有关人员一起负连带责任。

（2）会计人员有权参与本单位编制计划，制定定额，签订经济合同，参加有关的生产、经营管理会议。领导人和有关部门对会计人员提出的有关财务开支和经济效果方面的问题和意见，要认真考虑，合理的意见要加以采纳。

（3）会计人员有权监督、检查本单位有关部门的财务收支、资金使用和财产保管、收发、计量、检验等情况。有关部门要提供资料，如实反映情况。

（三）会计人员职业道德

会计人员职业道德是会计人员在会计职业活动中应当遵守的道德规范和职业操守。在财政部颁发的《会计基础工作规范》中，要求会计人员在会计工作中应当遵守职业道德，树立良好的职业品质，严谨的工作作风，严守工作纪律，努力提高工作效率和工作质量。国家对会计人员职业道德的具体要求如下：

（1）热爱本职工作，努力钻研业务，使自己的知识和技能适应所从事工作的要求。

（2）熟悉财经法律、法规、规章和国家统一的会计制度，并结合会计工作进行广泛宣传。

（3）会计人员应当按照会计法律、法规和国家统一会计制度规定的程序和要求进行会计工作，保证所提供的会计信息合法、真实、准确、及时、完整。

（4）办理会计事务应当实事求是、客观公正。

（5）熟悉本单位的生产经营和业务管理情况，运用掌握的会计信息和会计方法，为改善单位内部管理、提高经济效益服务。

（6）保守本单位商业秘密。除法律规定和单位领导人同意外，不能私自向外界提供或者泄露单位的会计信息。

会计人员违反职业道德的，由所在单位进行处罚；情节严重的，由会计证发证机关吊销其会计证。

财政部门、业务主管部门和各单位应当定期检查会计人员遵守职业道德的情况，并作为会计人员晋升、晋级、聘任专业职务、表彰奖励的重要考核依据。

（四）会计人员专业职务

1. 会计人员从业资格

按照国家《会计从业资格管理办法》[①] 中有关规定，无论具有何种学历的人员，凡在国家机关、社会团体、公司、企业、事业单位和其他组织从事会计工作的人员必须取得会计从业资格。各单位应当根据会计业务需要配备持有会计证的会计人员。我国会计人员的从业资格证由国家各级财政部门统一考试颁证。不具备会计从业资格的人员，不得从事会计工作，不得参加会计专业技术资格考试或评审、会计专业职务的聘任，不得申请取得会计人员荣誉证书。因此，对于从事会计工作的人员来讲，取得会计从业资格是必经程序。

2. 会计人员专业职务

会计专业职务，是根据各单位会计部门所承担的会计工作任务而设置的工作岗位。《会计专业职务试行条例》中明确规定，会计专业职务设高级会计师、会计师、助理会计师、会计员。高级会计师为高级职务，会计师为中级职务，助理会计师、会计员为初级职务。国家还对各级职务的任职条件和基本职责都做了具体规定。

此外，国家规定会计人员应当按照有关规定参加会计业务的培训。各单位应当合理安排会计人员的培训，保证会计人员每年有一定时间用于学习和参加培训。

四、会计档案

（一）会计档案管理的意义

会计档案是记录和反映各单位经济业务的重要史料和证据，是国家档案的重要组成部分，也是各单位的重要档案之一。会计档案主要包括会计凭证、会计账簿和会计报表等会计核算资料，但不包括费用预算、工作计划、管理制度等文书档案管理的文件材料。会计档案管理对于会计工作以及各项经济管理活动都具有十分重要的意义，具体表现在以下几个方面：

（1）会计档案管理是检查、监督经济活动的原始依据；

（2）会计档案管理是维护社会主义市场经济正常秩序的有力工具；

（3）加强会计档案管理有利于促进各单位提高管理水平；

（4）会计档案具有重要的史料价值，可以为经济科学研究提供历史的原始资料。

为了加强会计档案的科学管理，统一全国会计档案制度，做好会计档案的收集、归档与保管工作，财政部和国家档案管理局联合制定并颁布了《会计档案管理办法》，统一规定会计档案的立卷、归档、保管、调阅和销毁等具体规定。各单位应按国家统一规定，依法建立健全具体的管理制度和管理办法。大、中型企业应建立会计档案室，小型企业应有会计档案柜并指定专人负责。

（二）会计档案的收集归档

各单位在一定期间终了后，有关会计人员应对当期会计资料严格审核，确保其完整、

---

① 2012 年 12 月 10 日，经财政部 2012 年 12 月 5 日部务会议修订通过，颁发了修订后的《会计从业资格管理办法》，自 2013 年 7 月 1 日起施行。财政部 2005 年 1 月 22 日发布的《会计从业资格管理办法》同时废止。

准确，使其符合会计制度的规定，在此基础上将会计资料整理、归档、立卷保存。

在填制会计凭证时，应按内部分工进行传递，并办理有关签章手续。在此之后，按编号顺序和有关规定装订成册。会计凭证一般每年装订一次，在封面上注明凭证种类、企业名称、年度月份、起讫日期，然后加具封签，由会计主管和档案管理人员盖章，以防拆毁。对于需要单独保管的原始凭证，也可以单独装订，但要在凭证中加注说明，以备查用。装订后的会计凭证，即可归档保管。

各种账簿在立档时，除跨年度继续使用的明细账外，应于年度终了后造册登记。对于活页账和卡片账在年度终了后，要编号装订，加具扉页，以注明企业名称、所属时期、页数，以及由记账人员签名盖章。

会计报表编制完毕后，将留存部分按月报、季报、半年度报、年度报归类，若上级主管部门在批复中有所变更，则应将批复和更正后的资料一并归档保存。

其他会计资料，如验资报告、查账报告、财会制度、合同、章程、文件等也应认真审核，整理归档。

各单位当年的会计档案，在会计年度终了后，可暂时由财会部门保管一年，期满后，由财会部门编造清册，移交本单位的档案部门保管。

当单位发生撤销、合并等重大事件时，应将单位所有会计档案移交给指定的单位，并按规定办理交接手续。

会计档案在保管时要严格执行安全和保密制度，做到不丢失、不破损、不霉烂、不被虫咬，会计档案的信息不超过规定的传递范围；要严格执行检查、保管制度，要有专人负责保管，有关单位人员要定期检查会计档案的保管情况，严格按规定的程序、技术方法处理档案管理中的问题。

保管会计档案的目的是为了利用。调阅会计档案应履行一定的手续。对调阅的档案，应设置"会计档案调阅登记簿"，详细登记调阅日期、调阅人、调阅理由、归还日期等。本单位人员调阅会计档案，须经会计主管人员同意。外单位人员调阅会计档案，要有正式介绍信，经单位领导批准。对借出的档案要及时督促归还。未经批准，调阅人员不得将会计档案携带外出，不得擅自摘录有关数字。遇特殊情况需要影印复制会计档案的，必须经过本单位领导批准，并在"会计档案调阅登记簿"内详细记录会计档案影印复制的情况。

（三）会计档案的保管期限及销毁

会计档案的保管期限，根据其特点分为永久保管和定期保管两类。以企业和其他组织会计档案为例，年度会计报表及某些涉外的会计凭证、账簿，要求永久保管；其他会计资料属于定期保管。定期保管的期限分为 3 年、5 年、10 年、15 年、25 年五种，详见表 9-1。各种会计档案的保管期限，从会计年度终了后的第一天算起。

表 9-1　　　　　　　　　　企业和其他组织会计档案保管期限表

序号	档案名称	保管期限	备　注
一	会计凭证类		
1	原始凭证	15 年	
2	记账凭证	15 年	
3	汇总凭证	15 年	
二	会计账簿类		
4	总账	15 年	包括日记总账
5	明细账	15 年	
6	日记账	15 年	现金和银行存款日记账保管 25 年
7	固定资产卡片		固定资产报废清理后保管 5 年
8	辅助账簿	15 年	
三	财务报告类		包括各级主管部门汇总财务报告
9	月、季度财务报告	3 年	包括文字分析
10	年度财务报告（决算）	永久	包括文字分析
四	其他类		
11	会计移交清册	15 年	
12	会计档案保管清册	永久	
13	会计档案销毁清册	永久	
14	银行余额调节表	5 年	
15	银行对账单	5 年	

对于定期保管的会计档案，保管期满时，应规定由档案的保管部门提出销毁意见，再由财会部门鉴定审查，编制会计档案销毁清册，填写"会计档案销毁报告单"，写明要销毁的会计档案的类别、名称、册（张）数及所属日期等，并报请主管部门审批，经批准后方可销毁。

各单位在销毁会计档案时，应由财务会计和档案部门共同派员负责监销；各级主管部门销毁会计档案时，还应由同级财政部门、审计部门派员参加监销；各级财政部门销毁会计档案时，由同级审计部门派员参加监销。会计档案销毁以前，监销人员应当认真清点核对，销毁后，还应在"会计档案销毁报告单"（要求长期保存）上签名盖章，并将销毁情况报告单位领导。

 课后练习

一、单项选择

1. 下列中属于最基本的会计核算形式的是（　　　）。
   A. 记账凭证会计核算形式　　　　　　B. 科目汇总表会计核算形式
   C. 汇总记账凭证会计核算形式　　　　D. 日记总账会计核算形式

2. 记账凭证会计核算形式的主要特点是（　　　）。
   A. 直接根据记账凭证登记总账　　　　B. 直接根据记账凭证登记明细账
   C. 定期编制科目汇总表　　　　　　　D. 直接根据科目汇总表登记总账

3. 各种会计核算形式的主要区别在于（　　　）。
   A. 登记总账的依据和方法不同　　　　B. 登记明细账的依据和方法不同
   C. 会计凭证的种类不同　　　　　　　D. 登记日记账的依据和方法不同

4. 直接根据记账凭证逐笔登记总分类账是（　　　）的主要特点。
   A. 记账凭证会计核算形式　　　　　　B. 科目汇总表会计核算形式
   C. 汇总记账凭证会计核算形式　　　　D. 多栏式日记账会计核算形式

5. 在科目汇总表会计核算形式下，一般应采用（　　　）的记账凭证。
   A. 专用　　　　　　　　　　　　　　B. 多借多贷
   C. 一借一贷　　　　　　　　　　　　D. 一贷多借

6. 科目汇总表的汇总范围是（　　　）。
   A. 全部科目的借方余额　　　　　　　B. 全部科目的贷方余额
   C. 全部科目的借、贷方发生额　　　　D. 部分科目的借、贷方发生额

7. 汇总记账凭证会计核算形式适用于（　　　）的企业。
   A. 规模较大、经济业务较多　　　　　B. 规模较小、经济业务不多
   C. 规模较大、经济业务不多　　　　　D. 规模较小、经济业务较多

8. 汇总付款凭证是根据（　　　）汇总编制而成的。
   A. 原始凭证　　　　　　　　　　　　B. 汇总原始凭证
   C. 付款凭证　　　　　　　　　　　　D. 收款凭证

9. 汇总记账凭证会计核算形式是根据（　　　）登记总分类账。
   A. 原始凭证　　　　　　　　　　　　B. 记账凭证
   C. 汇总记账凭证　　　　　　　　　　D. 分录日记账

10. 汇总记账凭证会计核算形式（　　　）。
    A. 能够清楚地反映各个科目之间的对应关系
    B. 不能清楚地反映各科目之间的对应关系
    C. 能够综合反映企业所有的经济业务
    D. 能够序时反映企业所有的经济业务

11. 除当年形成的会计档案外，单位未设立档案部门的，其会计档案保管应在（　　　）。

    A. 档案局

    B. 单位财务会计内部指定专人

    C. 单位的档案部门

    D. 其他单位的档案部门

二、多项选择

1. 各种会计核算形式的相同之处是（　　　）。

    A. 根据原始凭证编制汇总原始凭证

    B. 根据原始凭证或汇总原始凭证，以及记账凭证登记明细分类账

    C. 根据原始凭证和收、付款凭证登记日记账

    D. 根据总账和明细账编制会计报表

2. 记账凭证会计核算形式适用于（　　　）的企业。

    A. 经济业务量少   B. 会计凭证不多

    C. 规模不大   D. 规模大

3. 以记账凭证为依据，按有关账户的贷方设置，按借方账户归类的有（　　　）。

    A. 汇总收款凭证   B. 汇总转账凭证

    C. 汇总付款凭证   D. 科目汇总表

4. 科目汇总表能够（　　　）。

    A. 起到试算平衡的作用   B. 反映各科目的借、贷方本期发生额

    C. 不反映各科目之间的对应关系   D. 反映各科目的期末余额

5. 汇总记账凭证会计核算形式下，总分类账是依据（　　　）登记的。

    A. 汇总收款凭证   B. 汇总付款凭证

    C. 汇总转账凭证   D. 转账凭证

6. 汇总记账凭证会计核算形式下，记账凭证一般应采用（　　　）形式。

    A. 一借一贷   B. 一借多贷

    C. 一贷多借   D. 多借多贷

7. 采用科目汇总表会计核算形式时，月末应将（　　　）与总分类账进行核对。

    A. 现金日记账   B. 银行存款日记账

    C. 明细分类账   D. 科目汇总表

8. 企业会计凭证保管的内容包括（　　　）。

    A. 整理会计凭证

    B. 装订会计凭证

    C. 归档存查会计凭证

    D. 将会计凭证移交检察机关

三、正误判断

1. 各种会计核算形式的区别主要表现在登记总账的依据和方法不同。（　　　）

2. 任何会计会计核算形式的第一步都必须编制汇总原始凭证。（　　　）

3. 记账凭证会计核算形式是其他会计核算形式的基础。 （　　）

4. 记账式凭证会计核算形式适用于规模小、业务量多、凭证也较多的单位。 （　　）

5. 科目汇总表会计核算形式下，总分类账均应依据科目汇总表登记。 （　　）

6. 采用科目汇总表核算形式，总分类明细账和日记账都应该根据科目汇总表登记。

（　　）

7. 科目汇总表不仅可以起到试算平衡的作用，而且可以反映账户之间的对应关系。

（　　）

8. 科目汇总表会计核算形式，是以科目汇总表作为登记总账和明细账的依据。

（　　）

9. 科目汇总表会计核算形式下，总分类账须逐日逐笔地登记。 （　　）

10. 汇总记账凭证可以明确地反映账户之间的对应关系。 （　　）

11. 会计档案的保管期限分为永久和定期两类。定期保管期限分为 3 年、5 年、10 年、15 年、25 年。 （　　）

12. 会计档案的保管期限为最低保管期限，从会计年度终了后的第一天算起。（　　）

第十章 会计电算化

本章教学内容提示

　　本章主要介绍会计电算化的概念、作用和特点以及会计电算化发展的趋势、财务软件模块功能的划分；并介绍通用财务软件的操作基本方法、企业以计算机电子账替代手工账的条件和电算化档案的管理要求。

本章教学要点概览

概念

G1 狭义会计电算化

G2 广义会计电算化

G3 会计电算软件

G4 会计账套

分析

F1 会计软件的适用范围

F2 会计核算软件功能模块

F3 会计电算化档案的基本内容

程序

C1 会计软件操作的基本流程

C2 会计软件系统初始化设置的基本流程

C3 日常账务处理的基本流程

实务

S1 通用会计软件的操作

S2 会计电算化档案管理的方法

第一节　会计电算化系统概述

一、会计电算化的含义

"会计电算化"一词是 1981 年 8 月财政部和中国会计学会在长春市召开的"财务、会计、成本应用电子计算机专题讨论会"上正式提出来的，是电子计算机信息技术在会计工作中应用的简称。

随着我国会计电算化事业的发展，会计电算化的概念也在发展，有狭义和广义之分。狭义的会计电算化是指以电子计算机为主体的当代电子信息技术在会计工作中的应用；广义的会计电算化是指与实现会计工作电算化有关的所有工作，包括会计电算化软件的开发和应用，会计电算化人才的培训，会计电算化的宏观规划，会计电算化的制度建设，会计电算化软件市场的培育与发展等。人们通常所说的会计电算化是指狭义的会计电算化。

从会计电算化实现的功能来看，会计电算化主要内容分为会计核算电算化和会计管理电算化。会计核算电算化是会计电算化的初级阶段，主要是运用计算机代替手工核算，完成日常会计核算业务。主要工作内容包括：设置会计科目电算化、填制会计凭证电算化、登记会计账簿电算化、成本核算电算化、编制会计报表电算化等。会计管理电算化是在会计核算电算化的基础上，利用会计核算提供的数据和其他有关信息，借助计算机会计管理软件提供的功能和信息，帮助财会人员合理地筹措和运用资金，以达到节约生产成本和费用开支，提高经济效益的目的。会计管理电算化的主要任务是进行会计预测、编制财务计划、进行财务控制和开展会计分析等。

二、会计电算化的作用

实现会计电算化将是会计发展史上的一次重大变革，在市场经济环境中，其意义不仅仅在于节省人力、时间，在转换企业经营机制，增强企业竞争能力，提高企业经营管理水平等方面都具有重要作用。具体表现在以下几方面：

（一）提高会计数据处理的时效性和准确性，提高会计核算的水平和质量，减轻会计人员的劳动强度

首先，在会计电算化条件下，会计凭证录入计算机后，即可审核入账，产生最新的账户余额和发生额资料。手工操作条件下表现为一个周期（月、季、年）的会计循环在会计电算化条件下能以实时方式完成，因此，极大地提高了会计数据处理的时效性。其次，在手工操作条件下，会计核算不规范，核算工作出现误差是不可避免的现象。实现会计电算化后，可以实现对经营管理过程的事中控制和管理，还可通过计算机管理决策模型对各项管理活动进行事先预测和决策。最后，在会计电算化条件下，除会计凭证由人工录入和审核外，其余各项工作都由计算机自动完成。会计人员可以从繁重的记账、算账、报账中解脱出来，凭借计算机的自动化处理，能及时完成各项会计核算任务。这极大地提高了会计

人员的工作效率，减轻了劳动强度。

（二）提高经营管理水平，使财务会计管理由事后管理向事中控制、事先预测转变，为管理信息化打下基础

首先，在手工操作条件下，受人工处理信息能力的限制，日常企业管理很难建立在科学及时的定量决策基础上，管理和决策的随意性很大。会计电算化的实现，使准确及时地提供各类管理所需信息成为可能，提高了经营管理水平。其次，在手工操作条件下，受人工处理信息能力的限制，日常企业管理是建立在事后定期核算管理基础上的。实现会计电算化后，可以实现对经营管理过程的事中控制、反馈和管理，还可通过计算机管理决策模型对各项管理活动进行事先预测和决策。最后，会计电算化的实现，将为企业全面管理信息化奠定基础。这是因为会计信息是企业管理信息中的最重要的一个子集。企业组织的全部成员均在一定程度上参与会计数据的产生，并且所有管理人员均在一定程度上利用会计信息。在实际工作中，企业管理信息系统的建立往往是从会计信息系统开始的，以会计信息系统为中心发展起来。

（三）推动会计技术、方法、理论创新和观念更新，促进会计工作进一步发展

会计电算化的产生和发展，使传统会计学的理论和实践都受到了影响，许多地方需要改革，才能适应这一情况。电算化会计不仅使传统会计使用的介质、工具、簿记格式等形式上都发生了变化，而且对会计的核算方式、程序、内容和方法，以及控制、管理制度都提出了变化的要求，涉及了会计学的理论问题。因此，电算化会计的发展，不是一次微小的变动，而是一场深刻的变革，是会计学发展历史上的一次改革。电算化会计的发展，必然对会计理论和会计实践提出许多新的问题和新的要求，从而促进会计理论与实践的进一步发展和提高。

三、会计电算化的基本特点

会计电算化与手工会计操作相比有如下的特点：

（1）会计电算化以现代化信息处理技术为主要工具，采集、存储、处理、分析、传递、反馈会计信息。

（2）数据采集要求标准化和规范化，确保会计信息的真实、全面、及时、安全和可靠。在会计电算化中要改变以往会计凭证不统一的状况，采取统一的编码，统一的数据输入格式，并加强对输入数据的校验，保证输入数据的可靠性。

（3）数据处理方式集中化和自动化。数据处理集中化是指在实理会计电算化以后，由原来各个业务岗位的核算工作统一为电子计算机处理。数据处理自动化是指在数据处理过程中，人工干预明显减少，将由程序统一处理。

（4）会计信息载体无纸化。在会计电算化中，传统的会计证、账、表信息转化为光、电、磁性存储介质。

（5）财务和业务的协同处理。财务和企业内部业务的协同，业务流程中产生的信息需要和资金流管理相协调，一旦产生财务信息，要并行送入会计信息系统进行处理，会计信息系统同样应及时将产生的有关数据送给业务系统，从而保证财务与业务步调一致、协同操作。

四、常用会计电算化软件

会计电算化软件，是指专门用于会计核算工作的计算机应用软件，包括采用各种计算机语言编制的用于会计核算工作的计算机程序。

（一）会计核算软件的适用范围

会计核算软件按照不同的适用范围可分为专用会计核算软件和通用会计核算软件。专用会计核算软件一般是指由使用单位根据自身会计核算与管理的需要自行开发或委托其他单位开发，供本单位使用的会计核算软件。通用会计核算软件一般是指由专业软件公司研制，公开在市场上销售，能适应不同行业、不同单位会计核算与管理基本需要的会计核算软件。

会计核算软件是在分析手工会计核算的基本功能、基本工作流程、基本操作方法和规则的基础上，通过系统分析、设计会计核算系统功能模块结构，然后再用计算机语言或数据库语言将系统设计的逻辑模型编成程序，最终形成会计核算软件。所以各种财务软件的操作流程一致，主要的差别在于操作界面上的差异。目前我国通用会计核算软件以商品化软件为主。例如：用友软件、金蝶软件、管家婆软件等均是通用会计核算软件。

其中用友财务软件中，用友通面向小型企业、用友 U6、用友 U8 系统面向大小型企业、用友 U9、用友 NC 系统主要面向集团企业。因此，不同层次的用户应该选择适合企业特色的电算化软件。金蝶和用友一样，由财务软件开发成功转型到企业资源计划（ERP）软件，金蝶 K/3V10 以企业绩效管理为核心，与企业的管理实践相结合。

（二）通用会计核算软件的选择

《会计电算化工作规范》指出："选择通用会计软件应注意软件的合法性、安全性、正确性、可扩充性和满足审计要求等方面的问题，以及软件服务的便利，软件的功能应该满足本单位当前的实际需要，并考虑到今后工作发展的要求。"其中：

（1）合法性。合法性主要是指会计核算软件应该符合国家会计制度以及《会计核算软件基本功能规范》的要求。

（2）安全性。安全性主要指会计核算软件防止会计信息被泄漏和破坏的能力，以及防错、查错和纠错的能力。

（3）正确性。会计核算软件必须能够正确处理会计业务，产生并输出内容和格式都是正确的账簿和报表，为管理提供完整和正确的会计信息。

（4）可扩充性。主要指会计核算软件可以灵活地扩充功能，以适应会计核算和财务管理发展的需求。

（5）会计核算软件操作的方便性。会计核算软件的操作是否方便将直接影响软件的使用和效率的发挥，主要从两个方面进行：一是会计核算软件的流程和操作是否容易理解和学习；二是会计核算软件的操作是否简单方便。

（6）售后服务的可靠性和软件公司的实力。会计核算软件不同于一般的商品，它的使用会有一定的难度，因此要求软件开发和经销单位必须提供可靠的售后服务。

五、会计核算软件的功能模块

电算化会计核算系统的功能结构相对比较规范。一般可以划分为账务处理、应收/应付款核算、工资核算、固定资产核算、存货核算、销售核算、成本核算、会计报表生成与汇总、财务分析等几大功能模块，其功能结构如图 10-1 所示，会计核算软件的主要功能模块往往也称为子系统。

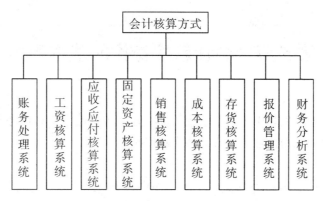

图 10-1　会计核算模块功能划分

账务处理模块是会计核算软件的核心模块，该模块以机制记账凭证为接口与其他功能模块有机地连接在一起，构成完整的会计核算系统。工资核算、固定资产核算、存货核算、成本核算、应收/应付核算子系统均实现了相应的各项会计业务的明细分类核算，如图 10-2 所示。

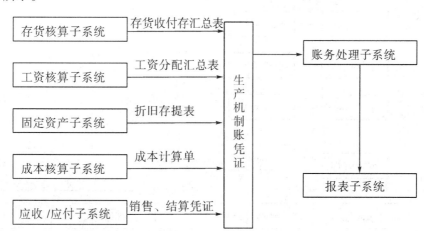

图 10-2　账务处理系统与其他子系统的关系

六、会计电算化的发展趋势

会计电算化工作有以下几个方面的发展趋势：

（1）网络环境下的电算化会计信息系统的应用。会计电算化从企业局部应用逐渐覆盖到整个企业集团。

（2）全面普及以计算机替代手工操作处理会计数据，会计电算化水平不断向深度和广度两方面发展。

（3）与企业管理信息系统的整合。

（4）企业会计电算化推动行业与地区电算化的发展。

（5）会计软件与电算化管理向规范化、标准化方向发展。

（6）商品化会计软件通过与定点开发的专用软件互为补充结合起来。

第二节　会计软件操作的基本程序

在计算机会计账务处理中，为了适应计算机处理的特点，在具体处理流程方面突破了传统手工处理方式，从而使账务处理效率大幅度提高。

虽然不同财务软件总账系统的数据处理流程不尽相同，但基本的设计思路大同小异。典型的总账处理系统的数据处理流程图如图 10－3 所示，按照初始设置、凭证填制、审核、记账、查账、结账等流程操作。

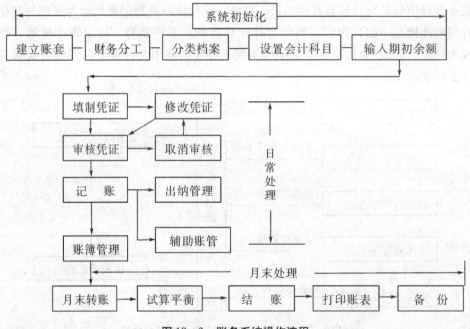

图 10－3　账务系统操作流程

（1）初始化。初始化根据使用单位的业务特点来建立账务处理系统的基础数据和应用环境。大多数商品化财务软件，都因为具备功能强大的初始化设置能力，能够满足不同业务特点、不同行业单位、不同核算规则的核算要求。

（2）凭证处理。提供凭证的输入、修改、删除、审核、分册、汇总等功能。

（3）账簿管理。提供记账、结账、查询、打印账簿等功能。

（4）数据管理。数据管理完成数据备份、数据恢复、日志管理、删除历史数据等功能。

一、系统初始化设置

实际的会计工作中，绝大多数单位都是使用通用商品化会计软件。通用会计软件的使用，首先要做的工作就是进行初始设置。初始设置包括账套设置、财务分工、账簿初始化三大部分：

（一）账套设置

账套是电算化会计数据中的一套标签性的参数，大多数账务处理系统都允许设置多套账。在首次使用账务处理系统时，应先建立账套，并确定账套参数。

（1）使用单位设置。使用单位，是会计核算的主体。使用账务处理系统前，首先要确定账套使用单位。

（2）设置记账本位币。我国国内企业一般以人民币为记账本位币。业务收支以外币为主的企业，可以选定某种外币作为记账本位币。记账本位币设定后，一般不能再行更改。

（3）设置科目编码规则。科目编码是会计科目的数字代码；电算化方式下，科目编码尤其重要。科目编码的作用主要有：便于反映科目之间的逻辑关系；便于计算机识别；减少凭证输入的工作量。

设置科目编码的规则就是规定科目的级数及每级科目的编码长度：一级科目编码一般由制度统一规定，明细科目的编码则由企业根据需要确定。

（4）设置会计期间。会计期间的设置包括结账日期设置、账套启用时间设置。结账日期是每月结账的实际日期，除了某些比较特殊的单位，一般为每月月末。账套启用时间是手工核算到计算机核算的交接日。

（二）财务分工

它包括操作员代码、操作员姓名、口令、权限等内容的设置。权限设置就是根据业务分工对使用系统人员的权限进行设置，避免与业务无关人员对系统的操作。为保证系统数据的安全与保密，一般由财务主管或系统管理员行使该权利。

（三）账簿初始化

账簿初始化，是通用账务处理系统使用前必须进行的工作。账簿初始化包括：

（1）会计科目设置。多数通用账务处理系统，已经将一级科目和部分二级科目分行业预置，使用时可以直接导入。然后，根据自身的业务特点进行修改设置。会计科目设置的内容有科目编码、科目名称、科目类型、余额方向、辅助核算设置。

（2）期初余额输入。初次使用账务处理系统时，通过该功能录入账户的初始余额。一般只需录入最末级账户的余额，非末级账户的余额由软件自动计算生成。部分软件还提供输入年初到账套启用期间的发生额功能。如果采用辅助核算，则需录入辅助账的初始数据。输入完成后，进行试算平衡，由软件自动检查是否符合余额和发生额的平衡公式，以保证初始数据的正确性。

（3）往来辅助账目设置。在实务中，一些往来账户，如应收账款、应付账款、其他应收款、其他应付款等，其明细账很多，用科目进行核算太过繁琐。电算化方式下，该类业务通常采用辅助核算的方式，设置辅助账代替明细账。

二、日常账务处理

初始化工作完成后，就进入日常的账务处理工作。

（一）凭证处理

凭证处理是账务处理日常工作的第一步，使用最频繁，工作量最大。凭证处理的功能包括凭证录入、凭证修改和凭证审核。

1. 凭证录入

账务系统的凭证按来源分成两种：

（1）手工录入凭证是根据原始凭证手工编制的凭证，通常采用键盘录入方式输入计算机。

（2）机制凭证是各子系统向账务系统传递的凭证以及账务系统生成的自动转账凭证。

凭证录入时，需要软件自动进行一些校验，通过校验的凭证才能保存，以减少凭证录入的错误。校验的内容一般包括日期校验、科目校验、平衡校验以及完整性校验。日期校验是检查凭证日期先后和凭证号大小的关系是否合理。科目校验是对科目存在性，是否明细以及是否符合凭证类别的限制条件进行检查。平衡校验检查凭证的借贷双方金额合计是否相等。完整性校验是检查凭证应具备的要素是否输入完毕。

2. 凭证修改

凭证录入时发生错误难以完全避免。未审核的凭证，制单人可以直接修改。已经审核的凭证，也可由审核人员取消审核，再进行修改。

3. 凭证审核

凭证审核是指具有审核权的操作员按照会计制度的要求，对制单人填制的记账凭证进行规范性、合法性和正确性的检查。审核人员依据原始凭证对凭证进行审核，通过审核的凭证，调用审核签字功能，由计算机进行签字确认。

（二）记账

记账是由有记账权限的人员调用记账功能，计算机自动登记账簿、更新科目的发生额、余额资料。记账可以在月末进行，也可在日常进行。记账凭证一经记账，就不能再进行修改。

（三）账簿管理

账务处理系统主要生成三类账簿：日记账、总账、明细账。账簿输出包括账簿查询、账簿打印和文件输出三种方式。

（四）银行对账

银行对账是指将银行记录的银行存款收付记录与单位登记的银行日记账相互核对，以核对出银行与企业因记账时间不同产生的未达账项，并编制银行存款余额调节表。电算化条件下，银行对账包括录入初始数据、录入银行对账单、自动对账、手工对账、余额调节表等功能。

三、月末处理

（一）结账

在当期业务已经处理完毕，所有凭证已经录入并已记账时，可进行期末结账。结账后，该期的数据只能查询，不能再做更改性操作，结账必须按其顺序进行。在每一会计年度的最后一个期间进行结账时，计算机将下一年度核算需要的数据自动转入下一年度。

（二）会计数据的备份与恢复

由于计算机在运行时，经常会受到来自各方面因素的干扰，如人的因素、硬件的因素、软件或计算机病毒等因素，引起会计数据被破坏。因此，必须对数据进行及时的备份与恢复。这是财会人员最易掌握的数据安全的技术。

（1）会计数据备份，即账套输出，就是将财务软件所产生的数据备份到硬盘、软件或可写光盘保存起来。会计数据备份工作可经常进行。

（2）会计数据引入，即账套引入，是指把存储在硬盘、软件或可写光盘的数据恢复到硬盘上指定目录下，即利用现有数据恢复到最近状态。

第三节　会计电算化资料的管理要求

一、以电子账替代手工账的条件

采用计算机电子账替代手工记账，使广大财会人员摆脱繁重的手工操作，是会计电算化的目标之一。但是有了一个好的软件并不能保证会计数据处理的安全、可靠，企业还必须在人员、设备、管理制度等方面具备一定的条件。具体地说，采用计算机替代手工记账的单位必须具备以下基本条件：

（1）配有适用的会计软件，并且计算机电子账与手工进行会计核算双轨运行三个月以上，计算机与手工核算的数据相一致，软件运行安全可靠。

（2）配有专用的或主要用于会计核算工作的计算机或计算机终端。计算机硬件的配备方式有单机系统、多机松散系统、多用户系统、计算机局域网络系统。各单位可根据实际情况和工作状况进行选择，并配置相应的系统软平台。设备配置既要讲究成本效益原则，又要有一定的超前意识，满足会计核算的需要。

（3）配有与会计电算化工作需要相适应的专职人员，其中上机操作人员应已具备会计电算化初级以上专业知识和操作技能，取得财政部门核发的有关培训合格证书。人才是会计电算化成功的关键，在准备替代手工记账之前必须指定会计电算化初期的会计电算化上岗人员，并完成各会计电算化岗位人员的培训。其他暂时不能上岗的会计人员，在完成并行期间手工记账的同时，也应开始参加会计电算化的培训，分期分批做好上岗准备。

二、会计电算化档案管理的基本要求

电算化会计档案管理是重要的会计基础工作，单位必须加强对会计档案管理工作的领

导，建立健全会计档案的立卷、归档、保管、调阅和销毁管理制度，切实地把会计档案管好。会计电算化档案的基本要求如下：

（一）采用电子计算机进行会计核算的单位，应当保存打印出的纸质会计档案

计算机内会计数据的打印输出和保存是替代手工记账单位的重要工作。采用电子计算机打印输出书面会计凭证、账簿、报表的，必须符合国家统一会计制度的要求；如果采用中文或中外文对照，字迹一定要清晰。这些作为会计档案保存的资料，其保存期限按《会计档案管理办法》的规定执行。

（二）会计电算化档案包括机内会计数据、软盘等备份的会计数据，以及打印输出的会计凭证、账簿、报表等数据

存储在计算机中的会计数据（以磁性介质或光盘存储的会计数据），是在会计电算化情况下新的会计档案形式。作为会计档案保存，其保存期限同《会计档案管理办法》中规定的相应会计数据（书面形式的会计账簿、报表）一致。各单位每年形成的会计档案，都应由财务会计部门按照归档的要求，负责整理立卷或装订成册。当年的会计档案在会计年度终了后，可暂由本单位财务会计部门保管一年。期满后，原则上应由财务会计部门编造清册移交本单位档案部门保管。各单位对会计档案必须进行科学管理，做到妥善保管、存放有序、查找方便。

（三）系统开发资料和会计软件系统也应视同会计档案保管

会计软件的全套文档资料，以及会计软件程序，均应视同会计档案进行保管，在保管过程中要特别注意版本的升级管理。会计电算化系统开发过程中的资料一般有系统分析书、系统设计书、软件测试报告、各种编码说明、代码清单、各种解决方案等，这些都应视同会计档案保管，保管期截止该系统停止使用或有重大更改后5年。

（四）会计电算化档案管理要严格按照财政部有关规定，并由专人负责

（1）严格执行安全和保密制度，会计档案不得随意堆放，严防毁损、散失和泄密。

（2）各种会计资料包括打印出来的会计资料以及存储会计资料的软盘、硬盘、计算机设备、光盘、微缩胶片等，未经单位领导同意，不得外借和拿出单位。

（3）经领导同意借阅的会计资料，应该履行相应的借阅手续，经手人必须签字记录。存放在磁介质上的会计资料借阅归还时，还应该认真检查病毒，防止感染病毒。

（4）大中型企业应采用磁带、磁盘、光盘、微缩胶片等介质存储会计数据，尽量少采用软盘存储会计档案。

（5）存有会计信息的磁性介质及其他介质，在未打印成书面形式输出之前，应妥善保管并留有副本。一般说来，为了便于利用计算机进行查询及在电算化系统出现故障时进行恢复，这些介质都应视同会计资料或档案进行保存，直至其中会计信息完全过时为止。

（6）对存档的会计资料要检查记账凭证上录入员的签名或盖章、稽核人员的签名或盖章、会计主管人员的签名或盖章，收付款记账凭证还应由出纳人员签名和盖章。

（7）对违反会计档案管理制度的，应该进行检查纠正，情节严重的，应当报告本单位领导或财政、审计机关严肃处理。

（五）保密和安全措施

对会计电算化档案管理要做到防磁、防火、防潮和防尘工作，重要会计档案应准备双

份，存放在两个不同的地点，最好是在两个不同的建筑物内。对采用存储介质保存的会计档案，要定期进行检查，定期进行复制，防止由于存储介质损坏而使会计档案丢失。

课后练习

一、单项选择

1. 以下软件中，不应视为会计核算软件的是（　　）。
   A. 财务处理软件　　　　　　　　B. 固定资产核算软件
   C. 工资核算软件　　　　　　　　D. 人力资源管理软件

2. 会计电算化的主要内容分为（　　）。
   A. 会计核算电算化
   B. 会计管理电算化
   C. 会计核算电算化和会计管理电算化
   D. 会计应用电算化

3. 会计数据处理过程可以简单概括为（　　）。
   A. 输入 -> 计算 -> 打印　　　　B. 输入 -> 处理 -> 输出
   C. 输入 -> 分类 -> 打印　　　　D. 输入 -> 处理 -> 打印

4. 根据会计的职能划分，电算化会计信息系统一般不包括的子系统是（　　）。
   A. 企业资源计划系统　　　　　　B. 电算化会计核算系统
   C. 电算化会计管理系统　　　　　D. 电算化会计决策支持系统

5. 账务处理模块是会计核算软件的核心。它以（　　）为接口与其他功能模块有机地连在一起，构成完整的会计核算系统。
   A. 机制原始凭证　　　　　　　　B. 机制记账凭证
   C. 汇总记账凭证　　　　　　　　D. 会计报表

6. 以计算机替代手工记账要求计算机账与手工账连续运行（　　），且计算机账与手工账结果完全一致。
   A. 1 个月　　　　　　　　　　　B. 2 个月
   C. 3 个月以上　　　　　　　　　D. 不存在时间要求

7. 对会计软件的全套文档资料以及会计软件程序，保管截止日期是该软件停止使用或有重大更改之后（　　）年。
   A. 1　　　　　　B. 2　　　　　　C. 3　　　　　　D. 5

8. 会计核算软件中采用的（　　）名称，必须符合国家统一会计制度的规定。
   A. 总账科目　　　　　　　　　　B. 明细科目
   C. 二级科目　　　　　　　　　　D. 三级科目

9. 在给会计赋予权限中，下列中正确的是（　　）。
   A. 初始化、记账、报表　　　　　B. 制单、审核、打印

C. 审核、记账、结账   D. 制单、记账、报表

10. 使用会计核算软件进行初始建账时，第一步是（   ）。

　　A. 输入凭证   B. 凭证类型

　　C. 设置会计科目   D. 录入初始余额

二、多项选择

1. 广义的会计电算化是指与实现会计工作电算化有关的所有工作，包括（   ）。

　　A. 会计电算化软件的开发和应用及软件市场的培育与发展

　　B. 会计电算化的宏观规划

　　C. 会计电算化的制度建设

　　D. 会计电算化人才的培训

2. 我国会计电算化的管理体制是（   ）。

　　A. 财政部管理全国的会计电算化工作

　　B. 地方各级财政部门管理本地区的会计电算化工作

　　C. 行政许可法实施后，财政部门不再管理会计电算化工作

　　D. 各单位可结合本单位具体情况，自行组织实施本单位的会计电算化工作

3. 软件操作岗位与（   ）为不相容岗位。

　　A. 审核记账岗位   B. 电算维护岗位

　　C. 电算审查岗位   D. 会计主管岗位

4. 计算机替代手工记账的基本要求是（   ）。

　　A. 配有合适的会计软件，连续运行 3 个月以上，且计算机账与手工账完全一致

　　B. 配有专用的或主要用于会计核算的计算机或终端

　　C. 配有与电算化工作相适应的专职人员

　　D. 建立健全内部管理制度

5. 对会计电算化档案要做到（   ）。

　　A. 防磁   B. 防火   C. 防潮   D. 防尘

6. 财政部发布的涉及会计电算化的一系列相关国家统一会计制度包括（   ）。

　　A.《会计电算化管理办法》   B.《会计电算化工作规范》

　　C.《会计基础工作规范》   D.《会计档案管理办法》

7. 采用计算机替代手工账的单位，应当建立的制度包括（   ）。

　　A. 操作管理制度   B. 硬件管理制度

　　C. 软件管理制度   D. 档案管理制度

三、正误判断

1. 广义的会计电算化是指与实现会计工作电算化相关的所有工作。   （   ）

2. 会计核算软件是指专门用于会计核算工作的计算机应用软件，只包括用部分计算机语言编制的计算机程序。   （   ）

3. 凡是具备相对独立完成会计数据输入、处理和输出功能模块的软件，均可视为

会计核算软件。 （　）

4. 企业应用的企业资源计划不属于会计核算软件范畴。 （　）

5. 专用会计核算软件一般是指由专业软件公司研制，公开在市场上销售，能适应不同行业、不同单位会计核算与管理基本需要的会计核算软件。 （　）

6. 目前我国通用会计核算软件以商品化软件为主。 （　）

7. 专用会计核算软件一般是指由使用单位自行开发或委托其他单位开发，供本单位使用的会计核算软件。 （　）

8. 账务处理模块是会计核算软件的核心模块，该模块以原始凭证为接口与其他功能模块有机地连接在一起，构成完整的会计核算系统。 （　）

9. 实行会计电算化后不需要保存打印出的纸质会计档案。 （　）

10. 凭证业务量多，工作阶段性强的单位，每月可以多次使用记账功能。 （　）

附录： 课后练习参考答案

第一章 总论

一、单项选择

1. D 2. B 3. A

二、多项选择

1. ABD 2. ABD 3. ABC

三、正误判断

1. √ 2. √ 3. √ 4. √ 5. √

第二章 会计要素和会计等式

一、单项选择

1. C 2. A 3. B 4. C 5. D 6. D 7. B 8. C 9. C 10. B

二、多项选择

1. AB 2. BCD 3. ABCD 4. BCD 5. ABCE

三、正误判断

1. × 2. × 3. × 4. × 5. × 6. √ 7. × 8. × 9. √ 10. ×

第三章 会计账户和复试记账

一、单项选择

1. A 2. A 3. B 4. D 5. B 6. D 7. A 8. D 9. D 10. C

11. A 12. A 13. A 14. B 15. C 16. C 17. C 18. B 19. A 20. C

21. B 22. D 23. B 24. D 25. A 26. A 27. A 28. D 29. C 30. C

二、多项选择

1. ABCD 2. ABCD 3. ABD 4. ABCD 5. AC

6. ACD 7. ABCD 8. ABD 9. AB 10. ACD

11. AD 12. ABCD 13. ABCD 14. BCD 15. BD

16. ABC 17. BC 18. ABCD

三、正误判断

1. √ 2. √ 3. × 4. × 5. √ 6. √ 7. √ 8. × 9. √ 10. ×

11. √ 12. √ 13. × 14. × 15. √ 16. × 17. √ 18. × 19. ×
20. ×

第四章 主要生产经营过程的核算

一、单项选择

1. B 2. B 3. B 4. C 5. C 6. B 7. A 8. A 9. A 10. B
11. C 12. B 13. B 14. A 15. C 16. A 17. B 18. A 19. C 20. A
21. C 22. C 23. B 24. B 25. A 26. B 27. B 28. A 29. B 30. B
31. B 32. C

二、多项选择

1. AD 2. ABCD 3. ABCD 4. AD 5. BCD 6. AC

三、正误判断

1. √ 2. × 3. √ 4. × 5. × 6. × 7. √ 8. × 9. × 10. ×
11. √ 12. √ 13. × 14. √ 15. √ 16. × 17. × 18. √ 19. ×
20. √

第五章 会计凭证

一、单项选择

1. A 2. C 3. A 4. A 5. D 6. B 7. C 8. C 9. A 10. D
11. C 12. C 13. A 14. C 15. B 16. D 17. C 18. C 19. B 20. A
21. B 22. A 23. C

二、多项选择

1. ABC   2. AC   3. ABCD   4. ABCD   5. ABD
6. BC   7. AC   8. ABC   9. ABCD   10. BC
11. BC   12. ABD   13. BCD   14. CD   15. CD
16. ABCD 17. ABD 18. ABC 19. CD   20. CD
21. ABD   22. ABCD 23. ABC 24. ABCD

三、正误判断

1. √   2. √   3. √   4. √   5. × 6. × 7. √ 8. × 9. × 10. ×
11. × 12. √ 13. × 14. × 15. √ 16. √ 17. √ 18. √ 19. ×
20. √ 21. ×

第六章 会计账簿

一、单项选择

1. A   2. A   3. B 4. B   5. D   6. B 7. B 8. A 9. C 10. B
11. D 12. A 13. C 14. C 15. B 16. B 17. B 18. A

二、多项选择

1. ACD   2. ACD   3. AB   4. CD   5. AD

6. CD　　7. ABC　　8. ABC　9. AC　10. ACD

11. ABCD　　12. ABCD

三、正误判断

1. ×　2. ×　3. √　4. √　5. ×　6. ×　7. √　8. ×　9. ×　10. ×

11. ×　12. ×　13. √　14. √　15. ×

第七章　财产清查

一、单项选择

1. A 2. A 3. B 4. B 5. B 6. A 7. C 8. C 9. C 10. A

11. C 12. D 13. C 14. B 15. C

二、多项选择

1. BD 2. ABCD 3. ABCD 4. CD 5. AB 6. BC 7. AC 8. ABCD 9. BC

10. ABD

三、正误判断

1. √　　2. ×　　3. ×　4. √　5. √　6. ×　7. √　8. ×　9. √　10. ×

11. ×　12. ×

第八章　财务报表

一、单项选择

1. A　　2. D 3. C　4. C　5. B　6. A　7. A　8. D　9. C　10. C

11. A　12. B 13. A　14. B　15. A　16. C　17. A　18. B　19. A　20. B

21. B　22.. D

二、多项选择

1. ABCD 2. ABCD 3. ABC 4. ABC 5. ABCD

6. CD　　7. BCD　8. ACD 9. AC.

三、正误判断

1. √　2. √　3. ×　4. ×　5. √　6. ×　7. √　8. ×　9. ×　10. ×

第九章　会计核算工作组织

一、单项选择

1. A 2. A 3. A 4. A 5. A 6. C 7. A 8. C 9. C 10. A

11. B

二、多项选择

1. ABCD 2. ABC 3. BC 4. AB 5. ABC 6. ABC 7. ABC 8. ABC

三、正误判断

1. √　2. ×　3. √　4. ×　5. √　6. ×　7. ×　8. ×　9. ×　10. √

11. √　12. √

第十章　会计电算化

一、单项选择

1．D　2．C　3．B　4．A　5．B　6．C　7．D　8．A　9．D　10．C

二、多项选择

1．ABCD　2．ABCD　3．AC　4．ABCD　5．ABCD　6．ABCD　7．ABCD

三、正误判断

1．√　2．√　3．×　4．√　5．×　6．√　7．√　8．√　9．×　10．√

参考文献

1. 中华人民共和国财政部. 会计基础工作规范 ［M］. 北京：经济科学出版社，1996.

2. 中华人民共和国财政部. 企业会计制度 ［M］. 北京：经济科学出版社，2001.

3. 中华人民共和国财政部. 企业会计准则 ［M］. 北京：经济科学出版社，2001.

4. 杨纪琬，娄尔行，葛家澍，等. 会计原理 ［M］. 2 版. 北京：中国财政经济出版社，1988.

5. 娄尔行. 基础会计 ［M］. 上海：上海三联书店，1998.

6. 葛家澍，刘锋. 会计导论 ［M］. 2 版. 上海：立信会计出版社，2000.

7. 王俊成. 会计学基础 ［M］. 北京：中国财政经济出版社，1997.

8. 王俊生. 基础会计学 ［M］. 北京：中国财政经济出版社，1999.

9. 于玉林. 基础会计学 ［M］. 2 版. 北京：中央广播电视大学出版社，2009.

10. 于玉林. 会计基础实验 ［M］. 北京：经济科学出版社，2004.

11. 李海波. 新编会计学原理——基础会计 ［M］. 上海：立信会计出版社，2001.

12. 郭惠云. 基础会计 ［M］. 2 版. 大连：东北财经大学出版社，2006.

13. 刘尚林，杨明海. 基础会计学 ［M］. 北京：对外经济贸易大学出版社，2006.

14. 李宗民. 基础会计学 ［M］. 北京：清华大学出版社，2007.